公益財団法人 全国商業高等学校協会 主催
文部科学省 後援

令和５年度　第９７回
簿記実務検定試験
第２級

（令和６年１月２８日実施）

時間　１０時５０分から１２時２０分（制限時間９０分）

注意事項

1　監督者の指示があるまで，問題を開いてはいけません。

2　問題用紙は１ページから７ページまであります。

3　問題用紙の落丁や印刷が不鮮明である場合には，挙手をして監督者の指示に従いなさい。なお，問題についての質問には応じません。

4　解答はすべて解答用紙に記入しなさい。

5　途中退室は原則できません。

6　試験終了後，問題用紙も回収します。

受験番号

1 下記の取引の仕訳を示しなさい。ただし，勘定科目は，次のなかからもっとも適当なものを使用すること。

現　　金	当座預金	受取手形	電子記録債権	
売 掛 金	仮払消費税	支払手形	電子記録債務	
買 掛 金	仮受消費税	売　　上	受取利息	
仕　　入	支払利息			

a．群馬商店は，得意先の高崎商店に対する売掛金 ¥768,000 について，同店の承諾を得て，電子債権記録機関に電子記録債権の発生記録の請求をおこなった。

b．さきに，東京商店に対する買掛金の支払いのために振り出した約束手形 ¥417,000 について，支払期日の延期を申し出て，同店の承諾を得た。よって，支払期日の延期にともなう利息 ¥2,000 を加えた新しい手形を振り出して，旧手形と交換した。

c．徳島商店は，商品 ¥385,000（消費税 ¥35,000 を含む）を売り渡し，代金は掛けとした。ただし，消費税の処理方法は税抜き方式により，仮受消費税勘定を用いている。

2 次の各問いに答えなさい。

(1) 令和5年12月31日における栃木商店（決算年1回 12月31日）の次の建物台帳と総勘定元帳（一部）によって（ ア ）から（ エ ）の金額を答えなさい。

建　物　台　帳

所 在 地　栃木県栃木市片柳町5-1-30　　耐用年数　22年
用　　途　店　舗　　償却方法　定額法
登録番号　1501　　残存価額　零（0）

日付 年	月	日	摘要	取得価額	償却額	残高	備考
2	1	1	小切手払い	39,600,000		39,600,000	
	12	31	減価償却（1期目）		1,800,000	37,800,000	
3	12	31	減価償却（2期目）		（　　）	（ ア ）	
4	12	31	減価償却（3期目）		（　　）	（　　）	
5	12	31	減価償却（4期目）		（　　）	（　　）	

令和5年12月31日における総勘定元帳（一部）

建　　物

1/1	前期繰越	（　　）	12/31	**次期繰越**	（ イ ）

建物減価償却累計額

12/31	**次期繰越**	（　　）	1/1	前期繰越	（ ウ ）
			12/31	減価償却費	（ エ ）
		（　　）			（　　）

(2) 次の文の［　　］にあてはまるもっとも適当な語を，下記の語群のなかから選び，その番号を記入しなさい。

a．簿記には，すべての取引について発生した順に記録をする仕訳帳と，財務諸表を作成するときに資料となる総勘定元帳の2つの帳簿がある。これらは，簿記の仕組みを支える最低限必要な帳簿であるため［　　］という。

1．複式簿記　　2．集合勘定　　3．補助簿　　4．主要簿

b．商品売買に関する取引を3分法で記帳するとき，商品を売り渡した場合は，売上勘定に記入する。この売上勘定を英語では［　　］という。

1．Purchases account　　2．Sales account　　3．Cash account　　4．Checking account

(3) 支店会計が独立している高知商店（個人企業　決算年1回　12月31日）の下記の資料によって，次の金額を計算しなさい。

ア．本支店合併後の現金
イ．本支店合併後の当座預金
ウ．本支店合併後の買掛金
エ．本支店合併後の当期純利益

資　　料

i　12月30日における元帳勘定残高（一部）

	本　店	支　店
現　　金	¥　405,000	¥　75,000
当座預金	1,347,000	342,000
売 掛 金	1,182,000	431,000
支払手形	371,000	―――
買 掛 金	804,000	415,000
本　　店	―――	634,000（貸方）
支　　店	634,000（借方）	―――

ii　12月31日における本支店の取引
① 本店は，支店の売掛金 ¥81,000 を現金で受け取った。
支店は，その報告を受けた。
② 本店は，支店の広告料 ¥35,000 を小切手を振り出して立て替え払いした。
支店は，その報告を受けた。

iii　12月31日における本支店間以外の取引
① 本店は，土佐商店に対する本店の買掛金 ¥192,000 の支払いのため，約束手形を振り出して支払った。

iv　当期における本支店それぞれの収益総額および費用総額

本店	収益総額	¥19,105,000
	費用総額	¥18,304,000
支店	収益総額	¥　5,891,000
	費用総額	¥　5,746,000（資料 ii ②の広告料も含まれている）

v　資料 ii，iii の取引処理後における本支店合併後の貸借対照表

貸 借 対 照 表

高知商店　　　　令和5年12月31日　　　　（単位：円）

資　産	金　額	負債・純資産	金　額
現　　金	（　ア　）	支払手形	（　　　）
当座預金	（　イ　）	買 掛 金	（　ウ　）
売 掛 金	（　　　）	借 入 金	600,000
商　　品	898,000	資 本 金	3,000,000
備　　品	1,491,000	当期純利益	（　エ　）
	（　　　）		（　　　）

公益財団法人 全国商業高等学校協会主催・文部科学省後援

第97回 簿記実務検定 2級 商業簿記 〔解答用紙〕

1

	借方	貸方
a		
b		
c		

2

(1)

ア	¥	イ	¥
ウ	¥	エ	¥

(2)

a		b	

(3)

ア	¥	イ	¥
ウ	¥	エ	¥

1 得点		2 得点		3 得点		4 得点		5 得点	
6 得点		総得点							

試験場校	受験番号

3

(1)

ア	¥
イ	¥
ウ	¥

(2)

¥

4

(1)

総勘定元帳

現	金 1
1/ 1 41,000	

当座預金	2
1/ 1 762,000	

売掛金	4
1/ 1 235,000	

買掛金	9
	1/ 1 539,000
	4 80,000

売	上 13

仕	入 15
1/ 4 80,000	

発送費	18

(2) (注意) 現金出納帳, 仕入帳, 買掛金元帳, 商品有高帳は締め切ること。

現金出納帳

9

令和5年		摘要	収入	支出	残高
1	1	前月繰越	41,000		41,000

第97回　全商簿記実務検定　第2級

解答編

実教出版

公益財団法人 全国商業高等学校協会主催・文部科学省後援

第97回 簿記実務検定 2級 商業簿記〔解 答〕

1

採点基準は，当社の設定によるものです。 @4点×3＝12点

	借方		貸方		
a	電子記録債権	768,000	売掛金	768,000	❶
b	支払手形 支払利息	417,000 2,000	支払手形	419,000	❷
c	売掛金	385,000	売上 仮受消費税	350,000 35,000	❸

解説

❶ 売掛金を電子債権記録機関に「発生記録」の請求をおこなった場合，債権者は電子記録債権勘定（資産の勘定）の借方に記入し増加させ，売掛金勘定（資産の勘定）の貸方に記入し減少させる。

❷ 手形の書き換えによって旧手形の債務は消滅し，新手形の債務が発生する。そこで，手形の振出人は，旧手形の支払手形勘定（負債の勘定）を借方に記入し減少させ，同時に新手形の支払手形勘定を貸方に記入し増加させる。

❸ 売上に対する消費税は，消費者から企業が預かったものであるため，仮受消費税勘定(負債の勘定）の貸方に記入する。

2

@2点×10＝20点

(1)

ア	¥ 36,000,000	イ	¥ 39,600,000
ウ	¥ 5,400,000	エ	¥ 1,800,000

解説

定額法を採用しているため，毎期の減価償却額は（取得価額¥39,600,000－残存価額¥0）÷耐用年数22年＝¥1,800,000であり，各期の決算整理仕訳を示すと次のようになる。

2年12月31日 （借）減価償却費 1,800,000 （貸）建物減価償却累計額 1,800,000
3年12月31日 （借）減価償却費 1,800,000 （貸）建物減価償却累計額 1,800,000
4年12月31日 （借）減価償却費 1,800,000 （貸）建物減価償却累計額 1,800,000
5年12月31日 （借）減価償却費 1,800,000 （貸）建物減価償却累計額 1,800,000

上記の仕訳より，アは2年12月31日の残高¥37,800,000－減価償却費¥1,800,000＝¥36,000,000であることがわかる。また，間接法を用いているため，イは取得価額の¥39,600,000である。ウは4年12月31日までの建物減価償却累計額であるため，減価償却費¥1,800,000×3年＝¥5,400,000である。エは5年12月31日の仕訳より¥1,800,000であることがわかる。

建物台帳と総勘定元帳の記入をおこなうと，次のようになる。

建物台帳

所在地 栃木県栃木市片柳町5-1-30　耐用年数 22年
用途 店舗　償却方法 定額法
登録番号 1501　残存価額 零（0）

年	月	日	摘要	取得価額	償却額	残高	備考
2	1	1	小切手払い	39,600,000		39,600,000	
	12	31	減価償却（1期目）		1,800,000	37,800,000	
3	12	31	減価償却（2期目）		(1,800,000)	(36,000,000)	
4	12	31	減価償却（3期目）		(1,800,000)	(34,200,000)	
5	12	31	減価償却（4期目）		(1,800,000)	(32,400,000)	

建物

1/1	前期繰越	(39,600,000)	12/31	次期繰越	(39,600,000)

建物減価償却累計額

12/31	次期繰越	(7,200,000)	1/1	前期繰越	(5,400,000)
			12/31	減価償却費	(1,800,000)
		(7,200,000)			(7,200,000)

(2)

a	4 ❶	b	2 ❷

解説

❶ 仕訳帳と総勘定元帳の2つは，すべての取引が記入され，簿記の仕組みを支えるうえで欠かすことができない帳簿であるため主要簿といい，特定の取引や勘定の明細を記入し，主要簿の記録を補う役割をもつ帳簿を補助簿という。

❷ 1．Purchases account 仕入勘定　2．Sales account 売上勘定
3．Cash account 現金勘定　4．Checking account 当座預金

(3)

ア	￥ 561,000 ❶	イ	￥ 1,654,000 ❷
ウ	￥ 1,027,000 ❸	エ	￥ 946,000 ❹

解説

本支店合併後の各金額は，資料ⅰの12月30日における元帳勘定残高を合算し，資料ⅱおよび資料ⅲを加算・減算することで求められる。

資料ⅱ

① 本店 （借）現　　金 81,000 （貸）支　　店 81,000
　支店 （借）本　　店 81,000 （貸）売 掛 金 81,000

② 本店 （借）支　　店 35,000 （貸）当座預金 35,000
　支店 （借）広 告 料 35,000 （貸）本　　店 35,000

資料ⅲ

① 本店 （借）買 掛 金 192,000 （貸）支払手形 192,000

❶ 本支店合併後の現金
本店￥405,000＋支店￥75,000＋資料ⅱ①本店￥81,000＝￥561,000

❷ 本支店合併後の当座預金
本店￥1,347,000＋支店￥342,000－資料ⅱ②本店￥35,000＝￥1,654,000

❸ 本支店合併後の買掛金
本店￥804,000＋支店￥415,000－資料ⅲ①本店￥192,000＝￥1,027,000

❹ 本支店合併後の当期純利益
本店の当期純利益
収益￥19,105,000－費用￥18,304,000＝当期純利益￥801,000
支店の当期純利益（※資料ⅱ②の広告料が費用総額に含まれていることに注意する）
収益￥5,891,000－費用￥5,746,000＝当期純利益￥145,000
本店の当期純利益￥801,000＋支店の当期純利益￥145,000
＝本支店合併後の当期純利益￥946,000
または，本支店合併後の貸借対照表の貸借差額で求める。
上記より，本支店合併後の貸借対照表は次のようになる。

貸借対照表

高知商店　令和5年12月31日　（単位：円）

資産	金額	負債・純資産	金額
現金	(561,000)	支払手形	(563,000)
当座預金	(1,654,000)	買掛金	(1,027,000)
売掛金	(1,532,000)	借入金	600,000
商品	898,000	資本金	3,000,000
備品	1,491,000	当期純利益	(946,000)
	(6,136,000)		(6,136,000)

3

@2点×4＝8点

(1)

ア	￥ 946,800
イ	￥ 301,000
ウ	￥ 2,108,000

(2)

￥ 3,560,000

解説

(1) 追加取引を伝票に記入し，仕訳集計表を作成する。仕入・売上の各取引については，代金決済条件にかかわらず，すべて，いったん掛け取引として処理する方法で起票することに注意する。

《追加取引の仕訳》
（借）売 掛 金 58,000 （貸）売　　上 58,000……振替伝票
（借）現　　金 58,000 （貸）売 掛 金 58,000……入金伝票
（借）備　　品 291,000 （貸）現　　金 291,000……出金伝票

仕訳集計表

令和6年1月10日

借方	元丁	勘定科目	元丁	貸方
359,100		現金		946,800
486,200		普通預金		201,400
245,000		売掛金		342,300
85,400		前払金		
291,000		備品		
301,000		買掛金		269,500
		前受金		100,000
		売上		245,000
		受取手数料		3,000
269,500		仕入		
67,400		広告料		
3,400		消耗品費		
2,108,000				2,108,000

(2)　1月9日の普通預金勘定残高￥3,275,200(借方)＋出金伝票￥400,000(借方)－振替伝票￥67,400(貸方)－振替伝票￥134,000(貸方)＋振替伝票￥86,200(借方)＝￥3,560,000

普　通　預　金

	(残高)	3,275,200	1/10　仕訳集計表	201,400
1/10	仕訳集計表	486,200	￥3,560,000	

●ポイント

追加取引は，仕訳をして起票すべき伝票を確定する。
起票された伝票を仕訳で示すと次のようになる。

入金伝票

(借)	現金	359,100	(貸) 売掛金	42,600
			売掛金	56,800
			前受金	100,000
			受取手数料	3,000
			売掛金	98,700
〈追〉			売掛金	58,000

出金伝票

(借)	買掛金	38,000	(貸) 現金	946,800
	買掛金	129,000		
	消耗品費	3,400		
	前払金	85,400		
	普通預金	400,000		
〈追〉	備品	291,000		

振替伝票

(借)	売掛金	187,000	(貸) 売上	187,000
	仕入	269,500	買掛金	269,500
	広告料	67,400	普通預金	67,400
	買掛金	134,000	普通預金	134,000
	普通預金	86,200	売掛金	86,200
〈追〉	売掛金	58,000	売上	58,000

4

●印@3点×8＝24点

(1)

総　勘　定　元　帳

現　金　1

1/1	41,000	1/15	140,000 ❸		
❷ 12	200,000	25	17,000 ❾		

当座預金　2

❹ 1/1	762,000	1/12	200,000 ❷
17 ●	604,000	23	148,000 ❻
		29	391,000 ❿

売掛金　4

1/1	235,000	1/17	604,000 ❹
❶ 11 ●	369,000		
❽ 25	270,000		

買掛金　9

❻ 1/23	148,000	1/1	539,000
❼ 24	53,000	4	80,000
❿ 29	391,000	22	263,000 ❺

売上　13

		1/11	369,000 ❶
		25	270,000 ❽

仕入　15

1/4	80,000	1/24	53,000 ❼
❸ 15	140,000		
❺ 22	263,000		

発送費　18

❾ 1/25 ●	17,000		

(2)

現　金　出　納　帳　　9

令和5年		摘要	収入	支出	残高
1	1	前月繰越	41,000		41,000
●	12	当座預金口座より引き出し　小切手#ZS35007	200,000		241,000 ❷
	15	君津商店から仕入れ		140,000	101,000 ❸
	25	発送費支払い		17,000	84,000 ❾
	31	次月繰越		84,000	
			241,000	241,000	⓫

仕　入　帳　　10

令和5年		摘要		内訳	金額
1	4	館山商店	掛け		
		B品　200個	@￥400		80,000
●	15	君津商店	現金		
		C品　400個	@￥350		140,000 ❸
	22	成田商店	掛け		
		A品　250個	@￥840	210,000	❺
		D品　100 〃	〃 〃530	53,000	263,000
	24	成田商店	掛け返品		
		D品　100個	@￥530		53,000 ❼
	31		総仕入高		483,000
	〃		仕入返品高		53,000 ⓬
			純仕入高		430,000

買掛金元帳

成田商店　1

令和5年		摘要	借方	貸方	借または貸	残高	
1	1	前月繰越		391,000	貸	391,000	
	22	仕入れ		263,000	〃	654,000	❺
	24	返品	53,000		〃	601,000	❼
	29	支払い	391,000		〃	210,000	❿
	31	次月繰越	210,000				⓭
			654,000	654,000			

館山商店　2

令和5年		摘要	借方	貸方	借または貸	残高	
1	1	前月繰越		148,000	貸	148,000	
	4	仕入れ		80,000	〃	228,000	
	23	支払い	148,000		〃	80,000	❻
	31	次月繰越	80,000				⓭
			228,000	228,000			

商品有高帳

(先入先出法)　品名　A品　単位：個

令和5年		摘要	受入 数量	受入 単価	受入 金額	払出 数量	払出 単価	払出 金額	残高 数量	残高 単価	残高 金額	
1	1	前月繰越	400	820	328,000				400	820	328,000	
	11	浦安商店				300	820	246,000	100	820	82,000	❶
	22	成田商店	250	840	210,000				{ 100	820	82,000	
									{ 250	840	210,000	❺
	25	浦安商店				{ 100	820	82,000				
						{ 50	840	42,000	200	840	168,000	❽
	31	次月繰越				200	840	168,000				⓮
			650		538,000	650		538,000				

解説

❶ 1/11 (借) 売掛金 369,000　(貸) 売上 369,000
売掛金勘定の借方，売上勘定の貸方に日付・金額を記入する。
A品を売り上げたため，商品有高帳の払出欄に記入する。

❷ 1/12 (借) 現金 200,000　(貸) 当座預金 200,000
現金勘定の借方，当座預金勘定の貸方に日付・金額を記入する。
現金勘定が増加したため，現金出納帳の収入欄に記入する。

❸ 1/15 (借) 仕入 140,000　(貸) 現金 140,000
仕入勘定の借方，現金勘定の貸方に日付・金額を記入する。
現金勘定が減少したため，現金出納帳の支出欄に記入する。
商品を仕入れたため，仕入帳に記入する。

❹ 1/17 (借) 当座預金 604,000　(貸) 売掛金 604,000
当座預金勘定の借方，売掛金勘定の貸方に日付・金額を記入する。
現金で受け取っているが，ただちに当座預金に預け入れたため，現金出納帳に記入しない点に注意する。

❺ 1/22 (借) 仕入 263,000　(貸) 買掛金 263,000
仕入勘定の借方，買掛金勘定の貸方に日付・金額を記入する。
商品を仕入れたため，仕入帳に記入する。
成田商店に対する買掛金が増加したため，買掛金元帳の成田商店勘定の貸方欄に記入する。
A品を仕入れたため，商品有高帳の受入欄に記入する。先入先出法のため，11日の残高と区別して記入する点に注意する。

❻ 1/23 (借) 買掛金 148,000　(貸) 当座預金 148,000
買掛金勘定の借方，当座預金勘定の貸方に日付・金額を記入する。
館山商店に対する買掛金が減少したため，買掛金元帳の館山商店勘定の借方欄に記入する。

❼ 1/24 (借) 買掛金 53,000　(貸) 仕入 53,000
買掛金勘定の借方，仕入勘定の貸方に日付・金額を記入する。
商品を返品したため，仕入帳に赤字で記入する。
成田商店に対する買掛金が減少したため，買掛金元帳の成田商店勘定の借方欄に記入する。

❽ 1/25 (借) 売掛金 270,000　(貸) 売上 270,000
売掛金勘定の借方，売上勘定の貸方に日付・金額を記入する。
A品を売り上げたため，商品有高帳の払出欄に記入する。先入先出法のため，まず@¥820の商品から払い出す点に注意する。

❾ 1/25 (借) 発送費 17,000　(貸) 現金 17,000
発送費勘定の借方，現金勘定の貸方に日付・金額を記入する。
現金勘定が減少したため，現金出納帳の支出欄に記入する。

❿ 1/29 （借）買　　掛　　金 *391,000*　　（貸）当　座　預　金 *391,000*

買掛金勘定の借方，当座預金勘定の貸方に日付・金額を記入する。

成田商店に対する買掛金が減少したため，買掛金元帳の成田商店勘定の借方欄に記入する。

⓫ 現金出納帳の支出欄に残高を記入し，締め切る。

⓬ 仕入帳の総仕入高には赤字以外の合計金額を記入する。
仕入返品高は赤字で記入した金額の合計金額を記入する。
総仕入高から仕入返品高を控除した金額を純仕入高として記入する。

⓭ 買掛金元帳の借方欄に残高を記入し，締め切る。

⓮ 商品有高帳の払出欄に残高を記入し，締め切る。

●ポイント

証ひょうの読み取り

取引の記帳は，取引の事実を証明する書類（証ひょう）にもとづいておこなう。本問の証ひょうを用いて，読み取りのポイントを示すと，次のようになる。

小切手

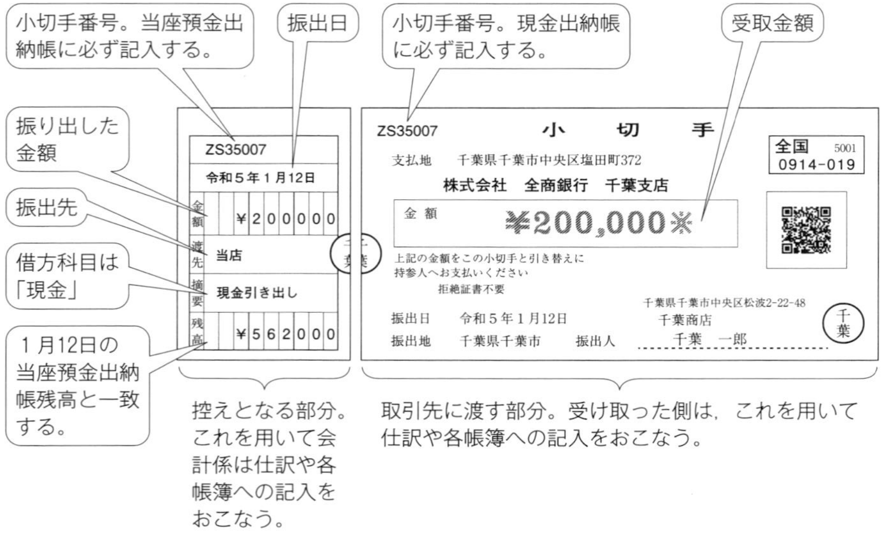

領収証

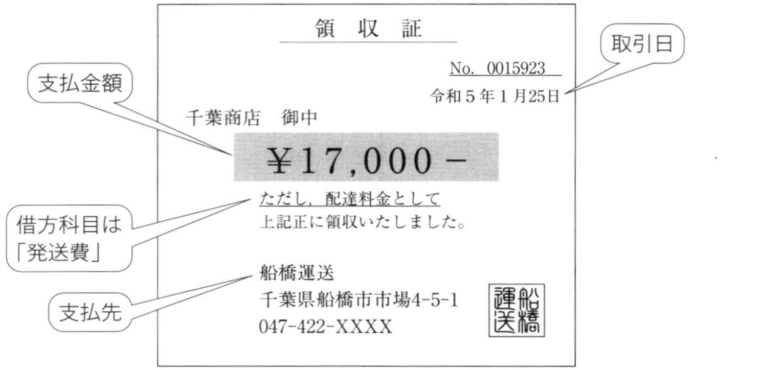

請求書

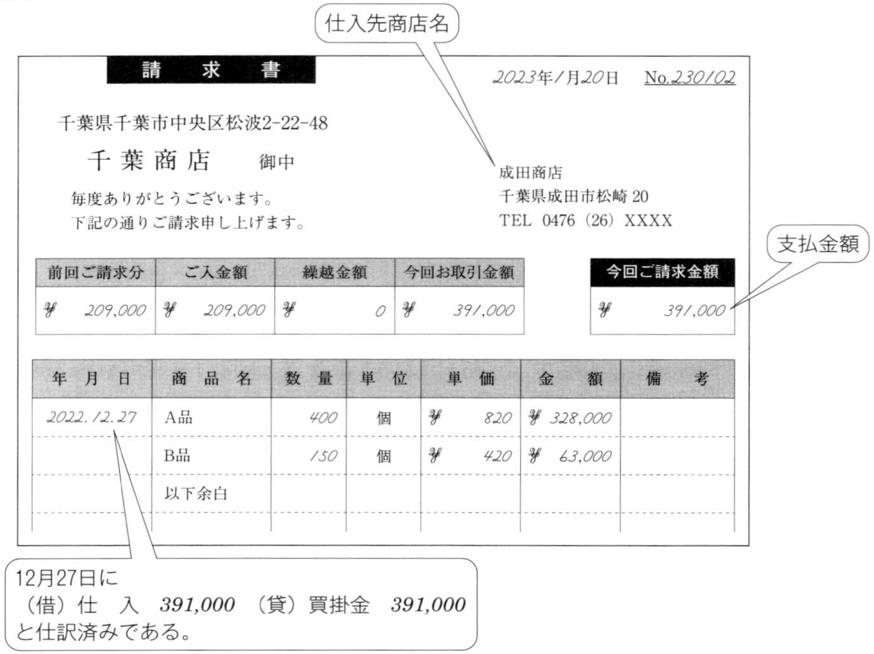

5

●印@3点×8＝24点

(1)

貸借対照表

埼玉商店　令和5年12月31日　(単位：円)

資産		金額	負債および純資産	金額
現金		410,000	支払手形	918,000
当座預金		2,460,000	電子記録債務	200,000
受取手形	(1,200,000)		買掛金	1,075,000
貸倒引当金	(❶ 12,000)	● 1,188,000	借入金	1,600,000
売掛金	(●1,300,000)		(未払利息)	● 12,000
貸倒引当金	(❶ 13,000)	1,287,000	(従業員預り金)	340,000
有価証券	❸	● 2,625,000	資本金	7,000,000
商品		1,409,000	(当期純利益)	● 702,000
(前払保険料)		❹ 126,000		
(未収地代)		● 18,000		
備品	(1,500,000)			
減価償却累計額	(❷1,176,000)	● 324,000		
土地		2,000,000		
		11,847,000		11,847,000

(2)

￥ 21,956,000 ● ❺

解説

〈付記事項の仕訳〉

① (借) 当座預金 150,000　(貸) 売掛金 150,000

〈決算整理仕訳〉

	借方科目	金額	貸方科目	金額
a.	(借) 仕入	1,620,000	(貸) 繰越商品	1,620,000
	繰越商品	1,409,000	仕入	1,409,000
b.	(借) 貸倒引当金繰入	16,000❶	(貸) 貸倒引当金	16,000
c.	(借) 減価償却費	216,000❷	(貸) 備品減価償却累計額	216,000
d.	(借) 有価証券評価損	75,000❸	(貸) 有価証券	75,000
e.	(借) 前払保険料	126,000❹	(貸) 保険料	126,000
f.	(借) 支払利息	12,000	(貸) 未払利息	12,000
g.	(借) 未収地代	18,000	(貸) 受取地代	18,000

❶ 貸倒引当金繰入　(受取手形￥1,200,000＋売掛金￥1,450,000－付記事項①￥150,000)×1％－貸倒引当金残高￥9,000＝￥16,000

❷ 減価償却費　(備品￥1,500,000－備品減価償却累計額￥960,000)×40％＝￥216,000

❸ 有価証券評価損　時価￥2,625,000(1,500株×￥1,750)－帳簿価額￥2,700,000＝(－)￥75,000

❹ 前払保険料　￥168,000×$\frac{9か月(次期1月分から9月分)}{12か月(当期10月分から次期9月分)}$＝￥126,000

❺ 損益計算書に記載する売上原価の金額

売上原価の金額は決算整理後の仕入勘定の残高である。計算式で示すと次のようになる。

売上原価￥21,956,000＝期首商品棚卸高￥1,620,000＋当期商品仕入高￥21,745,000－期末商品棚卸高￥1,409,000

●ポイント

本問について，損益計算書を作成すると次のようになる。

損益計算書

埼玉商店　令和5年1月1日から令和5年12月31日まで　(単位：円)

費用	金額	収益	金額
売上原価	21,956,000	売上高	28,576,000
給料	3,984,000	受取地代	216,000
貸倒引当金繰入	16,000		
減価償却費	216,000		
支払家賃	1,452,000		
保険料	168,000		
租税公課	175,000		
支払利息	48,000		
有価証券評価損	75,000		
当期純利益	702,000		
	28,792,000		28,792,000

6

@４点×３＝12点

	借方		貸方		
a	当座預金	48,000,000	資本金	27,000,000	
			資本準備金	21,000,000	❶
	株式交付費	250,000	当座預金	250,000	
b	損益	914,000	繰越利益剰余金	914,000	❷
c	仮払法人税等	790,000	当座預金	790,000	❸

解説

❶ 原則，払込金は資本金に計上するが，例外として払込金額の２分の１を超えない額を資本金として計上しないことが認められている。資本金として計上しない部分（30,000株×@￥700＝￥21,000,000）は資本準備金勘定（資本の勘定）の貸方に計上し，残額を資本金とする。企業規模拡大のため，株式をあらたに発行するために要した諸費用は，株式交付費勘定（費用の勘定）の借方に記入する。

❷ 当期純利益は繰越利益剰余金勘定（資本の勘定）の貸方に振り替えて，次期に繰り越す。

❸ 中間申告をおこなって法人税等を納付したときは，仮払法人税等勘定（資産の勘定）の借方に記入する。

仮払法人税等￥790,000＝￥1,580,000×$\frac{1}{2}$

仕入帳 10

令和5年		摘要	内訳	金額
1	4	館山商店 掛け		
		B品 200個 @¥400		80,000

買掛金元帳

成田商店 1

令和5年		摘要	借方	貸方	借または貸	残高
1	1	前月繰越		391,000	貸	391,000

館山商店 2

令和5年		摘要	借方	貸方	借または貸	残高
1	1	前月繰越		148,000	貸	148,000
	4	仕入れ		80,000	〃	228,000

商品有高帳

(先入先出法) 品名 A品 単位：個

令和5年		摘要	受入			払出			残高		
			数量	単価	金額	数量	単価	金額	数量	単価	金額
1	1	前月繰越	400	820	328,000				400	820	328,000

3 得点	

4 得点	

5

(1)

貸　借　対　照　表

埼玉商店　　令和5年12月31日　　(単位：円)

資　　産	金　　額	負債および純資産	金　　額
現　　金		支払手形	
当座預金		電子記録債務	
受取手形 (　　)		買　掛　金	
貸倒引当金 (　　)		借　入　金	
売　掛　金 (　　)		(　　)	
貸倒引当金 (　　)		(　　)	
有価証券		資　本　金	
商　　品		(　　)	
(　　)			
(　　)			
備　　品 (　　)			
減価償却累計額 (　　)			
土　　地			

(2)

¥

6

	借　　方	貸　　方
a		
b		
c		

5 得点		6 得点	

3 神奈川商店では3伝票制を採用し，仕入・売上の各取引については，代金決済条件にかかわらず，すべて，いったん掛け取引として処理する方法で起票している。よって，

(1) 1月10日の略式伝票を集計したさいの，仕訳集計表の（　ア　）から（　ウ　）に入る金額を計算しなさい。ただし，下記の取引について，必要な伝票に記入したうえで集計すること。

(2) 下記の仕訳集計表から，総勘定元帳に転記後の普通預金勘定の残高を計算しなさい。ただし，1月9日の普通預金勘定の残高は￥3,275,200（借方）であった。

取　　　引

1月10日　横浜商店に商品￥58,000を売り渡し，代金は現金で受け取った。

〃 日　鎌倉家具店から備品￥291,000を購入し，代金は現金で支払った。

入金伝票	
売掛金	42,600
売掛金	56,800
前受金	100,000
受取手数料	3,000
売掛金	98,700
(　　　)	(　　　)

振替伝票（借方）		振替伝票（貸方）	
売掛金	187,000	売上	187,000
仕入	269,500	買掛金	269,500
広告料	67,400	普通預金	67,400
買掛金	134,000	普通預金	134,000
普通預金	86,200	売掛金	86,200
(　　　)	(　　　)	(　　　)	(　　　)

出金伝票	
買掛金	38,000
買掛金	129,000
消耗品費	3,400
前払金	85,400
普通預金	400,000
(　　　)	(　　　)

仕訳集計表

令和6年1月10日

借方	元丁	勘定科目	元丁	貸方
		現金		（ア）
		普通預金		
		売掛金		
		前払金		
		備品		
（イ）		買掛金		
		前受金		
		売上		
		受取手数料		
		仕入		
		広告料		
		消耗品費		
				（ウ）

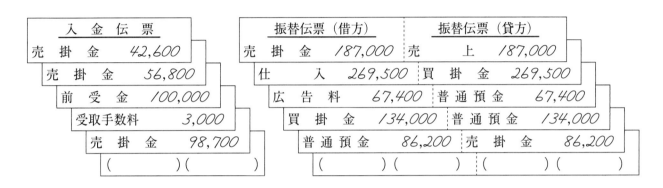

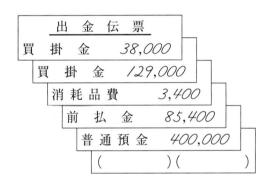

4 千葉商店の下記の取引について,

(1) 総勘定元帳に記入しなさい。

(2) 補助簿である現金出納帳，仕入帳，買掛金元帳，A品の商品有高帳に記入しなさい。

ただし，i　総勘定元帳は，日付と金額のみを記入すればよい。

ii　商品有高帳は，先入先出法により記帳している。

iii　現金出納帳，仕入帳，買掛金元帳，商品有高帳は月末に締め切るものとする。

iv　消費税については考えないものとする。

取　　　引

1月11日　浦安商店に次の商品を売り渡し，代金は掛けとした。

A品　300個　@¥1,120
B品　60〃　〃〃　550

12日　全商銀行の当座預金口座より，次の小切手#ZS35007を振り出して現金を引き出した。

ZS35007
令和5年1月12日
金額　¥200000
渡先　当店
摘要　現金引き出し
残高　¥562000

ZS35007　小　切　手
全国 5001 0914-019
支払地　千葉県千葉市中央区塩田町372
株式会社　全商銀行　千葉支店
金額　¥200,000※
上記の金額をこの小切手と引き替えに
持参人へお支払いください
拒絶証書不要
振出日　令和5年1月12日
振出地　千葉県千葉市
千葉県千葉市中央区松波2-22-48
千葉商店
振出人　千葉　一郎

15日　君津商店から次の商品を仕入れ，代金は現金で支払った。

C品　400個　@¥　350

17日　浦安商店に対する売掛金¥604,000について，同店より現金で受け取り，ただちに当座預金に預け入れた。

22日　成田商店から次の商品を仕入れ，代金は掛けとした。

A品　250個　@¥　840
D品　100〃　〃〃　530

23日　館山商店に対する買掛金¥148,000を，小切手#ZS35008を振り出して支払った。

24日　22日に成田商店から仕入れたD品をすべて返品した。なお，この代金は買掛金から差し引くこととした。

D品　100個　@¥　530

次ページに続く

25日　浦安商店に次の商品を売り渡し，代金は掛けとした。

A品　150個　@¥1,120
C品　200〃　〃〃　510

〃日　上記の商品を売り渡したさい，発送を船橋運送に依頼し，代金は現金で支払い，次の領収証を受け取った。なお，発送にかかった費用は当店負担のものである。

領　収　証

No. 0015923
令和5年1月25日

千葉商店　御中

¥17,000－

ただし，配達料金として
上記正に領収いたしました。

船橋運送
千葉県船橋市市場4-5-1
047-422-XXXX
船橋運送

29日　成田商店に対する買掛金について，次の請求書を受け取っていたが，本日，小切手#ZS35009を振り出して支払った。

請　求　書

2023年1月20日　No.230102

千葉県千葉市中央区松波2-22-48
千葉商店　御中

毎度ありがとうございます。
下記の通りご請求申し上げます。

成田商店
千葉県成田市松崎20
TEL 0476（26）XXXX

前回ご請求分	ご入金額	繰越金額	今回お取引金額
¥　209,000	¥　209,000	¥　0	¥　391,000

今回ご請求金額
¥　391,000

年　月　日	商　品　名	数　量	単　位	単　価	金　額	備　考
2022.12.27	A品	400	個	¥　820	¥ 328,000	
	B品	150	個	¥　420	¥　63,000	
	以下余白					

5 埼玉商店（個人企業　決算年１回　12月31日）の総勘定元帳勘定残高と付記事項および決算整理事項は，次のとおりであった。よって，

(1) 貸借対照表を完成しなさい。

(2) 損益計算書に記載する売上原価の金額を求めなさい。

元帳勘定残高

現　　金	¥ 410,000	当座預金	¥ 2,310,000	受取手形	¥ 1,200,000
売掛金	1,450,000	貸倒引当金	9,000	有価証券	2,700,000
繰越商品	1,620,000	備　　品	1,500,000	備品減価償却累計額	960,000
土　　地	2,000,000	支払手形	918,000	電子記録債務	200,000
買掛金	1,075,000	借入金	1,600,000	従業員預り金	340,000
資本金	7,000,000	売　　上	28,576,000	受取地代	198,000
仕　　入	21,745,000	給　　料	3,984,000	支払家賃	1,452,000
保険料	294,000	租税公課	175,000	支払利息	36,000

付記事項

① 浦和商店に対する売掛金 ¥150,000 が当店の当座預金口座に振り込まれていたが，記帳していなかった。

決算整理事項

a．期末商品棚卸高　¥1,409,000

b．貸倒見積高　受取手形と売掛金の期末残高に対し，それぞれ１％と見積もり，貸倒引当金を設定する。

c．備品減価償却高　定率法による。ただし，償却率は40％とする。

d．有価証券評価高　有価証券は，売買目的で保有している次の株式であり，時価によって評価する。
　南東商事株式会社　1,500株　時価　１株　¥1,750

e．保険料前払高　保険料のうち ¥168,000 は，本年10月１日からの１年分を支払ったものであり，前払高を次期に繰り延べる。

f．利息未払高　¥ 12,000

g．地代未収高　¥ 18,000

6 下記の取引の仕訳を示しなさい。ただし，勘定科目は，次のなかからもっとも適当なものを使用すること。

当座預金	仮払法人税等	未払法人税等	資本金
資本準備金	繰越利益剰余金	創立費	開業費
株式交付費	損益		

a．香川商事株式会社は，企業規模拡大のため，あらたに株式30,000株を１株につき ¥1,600 で発行し，全額の引き受け・払い込みを受け，払込金は当座預金とした。ただし，１株の払込金額のうち ¥700 は資本金に計上しないことにした。なお，この株式の発行に要した諸費用 ¥250,000 は小切手を振り出して支払った。

b．愛媛産業株式会社は，第18期の決算の結果，当期純利益 ¥914,000 を計上した。

c．茨城物産株式会社（決算年１回）は，中間申告をおこない，前年度の法人税・住民税及び事業税の合計額 ¥1,580,000 の２分の１を小切手を振り出して納付した。

補足問題解答

1

	借方		貸方		
a	クレジット売掛金 支払手数料	171,000 9,000	売上	180,000	❶
b	当座預金	624,000	クレジット売掛金	624,000	❷
c	電子記録債権	530,000	売掛金	530,000	❸
d	買掛金	310,000	電子記録債務	310,000	❹
e	当座預金	480,000	電子記録債権	480,000	❺
f	電子記録債務	350,000	当座預金	350,000	❻
g	買掛金	270,000	電子記録債権	270,000	❼
h	当座預金 電子記録債権売却損	457,000 3,000	電子記録債権	460,000	❽

解説

❶ クレジットカード払いの条件で商品を売り上げた場合，顧客ではなくクレジット会社に対する債権となるため，クレジット売掛金勘定（資産の勘定）の借方に記入する。また，クレジット会社への手数料は支払手数料勘定（費用の勘定）を用いる。

支払手数料　¥180,000 × 5 %= ¥9,000

❷ クレジット会社からクレジット売掛金が入金された場合は，クレジット売掛金勘定（資産の勘定）の貸方に記入する。商品を販売したさいに販売手数料を計上しているため，販売時の仕訳は次のようになる。

（借）クレジット売掛金　624,000　（貸）売　　上　650,000
　　　支払手数料　26,000

❸ 得意先に対する売掛金について，電子記録債権の発生記録の通知を受けたときは，売掛金勘定（資産の勘定）の貸方に記入し，電子記録債権勘定（資産の勘定）の借方に記入する。

❹ 仕入先に対する買掛金について，電子債権記録機関に発生記録の請求をおこなったときは，買掛金勘定（負債の勘定）の借方に記入し，電子記録債務勘定（負債の勘定）の貸方に記入する。

❺ 電子記録債権が支払期日となり，取引銀行に入金されたときは，電子記録債権勘定（資産の勘定）の貸方に記入する。

❻ 電子記録債務が支払期日となり，払い込みがおこなわれたときは，電子記録債務勘定（負債の勘定）の借方に記入する。

❼ 電子記録債権は手形と同じように譲渡することができる。電子債権記録機関に電子記録債権の譲渡記録の請求をおこなったときは，電子記録債権勘定（資産の勘定）の貸方に記入する。手形の裏書譲渡の仕訳と同様に考えるとよい。

❽ 電子記録債権は手形と同じように割引することができる。電子債権記録機関に電子記録債権の譲渡記録の請求をおこない，取引銀行などを相手に電子記録債権を債権金額より低い金額で譲渡した場合，電子記録債権勘定（資産の勘定）の貸方に記入し，債権金額と手取金との差額は電子記録債権売却損勘定（費用の勘定）の借方に記入する。手形の割引の仕訳と同様に考えるとよい。

2

(1)

損　益　計　算　書

茨城商店　　令和○年1月1日から令和○年12月31日まで　　（単位：円）

費用	金額	収益	金額
（売上原価）	6,146,000	売上高	9,403,000
給料	1,023,000	受取地代	144,000
発送費	251,000	（有価証券評価益）	78,000 ❹
❷（貸倒引当金繰入）	13,000		
❸（減価償却費）	240,000		
支払家賃	936,000		
❺ 保険料	95,000		
通信費	79,000		
雑費	26,000		
支払利息	42,000		
❶（電子記録債権売却損）	2,000		
（当期純利益）	772,000		
	9,625,000		9,625,000

(2)

貸　借　対　照　表

茨城商店　　令和○年12月31日　　（単位：円）

資産		金額	負債および純資産	金額
現金		1,160,000	電子記録債務	930,000
当座預金		2,194,000	買掛金	882,000
電子記録債権	(1,050,000)		借入金	1,200,000
❷ 貸倒引当金	(21,000)	1,029,000	（未払利息）	7,000
売掛金	(950,000)		（前受地代）	24,000
❷ 貸倒引当金	(19,000)	931,000	資本金	7,500,000
❹（有価証券）		2,190,000	当期純利益	772,000
商品		706,000		
❺（前払保険料）		35,000		
備品	(1,280,000)			
❸ 減価償却累計額	(560,000)	720,000		
土地		2,350,000		
		11,315,000		11,315,000

解説

<付記事項>

① （借）当座預金 198,000　（貸）電子記録債権 200,000
　　　電子記録債権売却損 2,000 ❶

<決算整理事項>

a．（借）仕入 733,000　（貸）繰越商品 733,000
　　　繰越商品 706,000　　　仕入 706,000
b．（借）貸倒引当金繰入 13,000 ❷　（貸）貸倒引当金 13,000
c．（借）減価償却費 240,000 ❸　（貸）備品減価償却累計額 240,000
d．（借）有価証券 78,000　（貸）有価証券評価益 78,000 ❹
e．（借）前払保険料 35,000 ❺　（貸）保険料 35,000
f．（借）支払利息 7,000　（貸）未払利息 7,000
g．（借）受取地代 24,000　（貸）前受地代 24,000

❶ 取引銀行などを相手に，電子記録債権を債権金額より低い金額で譲渡した場合は，債権金額と手取金との差額を電子記録債権売却損勘定（費用の勘定）に計上する。

❷ 貸倒引当金繰入　（電子記録債権 ¥1,250,000 －付記事項① ¥200,000 ＋売掛金 ¥950,000 ）× 2％－貸倒引当金残高 ¥27,000 ＝ ¥13,000

❸ 減価償却費　（備品 ¥1,280,000 －備品減価償却累計額 ¥320,000 ）×償却率 25％ ＝ ¥240,000

❹ 有価証券評価益　時価 ¥2,190,000（600株× ¥3,650 ）－帳簿価額 ¥2,112,000 ＝（＋） ¥78,000

❺ 前払保険料　¥105,000 × $\frac{\text{4か月（次期1月分から4月分）}}{\text{12か月（当期5月分から次期4月分）}}$ ＝ ¥35,000

令和６年版　全商簿記実務検定
模擬試験問題集　第２級

解答編

出題形式別練習問題――――解答・解説
模擬試験問題――――解答・解説・採点基準
検定試験問題――――解答・解説・採点基準*

＊採点基準は当社の設定によるものです。

実教出版

出題形式別練習問題　仕訳の問題

1

	借方		貸方		
a	現金過不足	10,000	現金	10,000	❶
b	交通費 雑損	7,000 1,000	現金過不足	8,000	❷
c	当座預金	40,000	当座借越	40,000	❸
d	買掛金	500,000	受取手形	500,000	❹
e	不渡手形	301,000	受取手形 現金	300,000 1,000	❺
f	手形貸付金	600,000	当座預金 受取利息	597,000 3,000	❻

	借方		貸方		
g	備品減価償却累計額 営業外受取手形 未収入金	500,000 200,000 100,000	備品 固定資産売却益	700,000 100,000	❼
h	車両運搬具	800,000	営業外支払手形 未払金	500,000 300,000	❽
i	有価証券	1,604,000	当座預金 現金	1,600,000 4,000	❾
j	当座預金	7,470,000	有価証券 有価証券売却益	6,750,000 720,000	❿
k	仕入 仮払消費税	1,000,000 100,000	買掛金	1,100,000	⓫
l	売掛金	391,600	売上 仮受消費税	356,000 35,600	⓬

解説

❶ 現金の過不足が発生したら，現金勘定を実際有高に修正するとともに現金過不足勘定に記入する。

❷ 現金の不足が発生したときに次の仕訳をおこない，現金勘定を実際有高に修正している。
（借）現 金 過 不 足　8,000　（貸）現　　　金　8,000
現金過不足の原因が判明した場合は，該当する勘定に振り替える。また，決算日になっても不明な場合は雑損勘定（費用の勘定）または雑益勘定（収益の勘定）に振り替える。

❸ 取引銀行と当座借越契約を結んでいる場合，当座預金勘定が貸方残高であれば，当座借越をあらわす。そのため，決算において当座借越勘定（負債の勘定）に振り替える。

❹ 約束手形を裏書譲渡した場合は，手形債権が消滅するため，受取手形勘定（資産の勘定）を減少させる。

❺ 手形が不渡りになったときは，手形金額と償還請求に要した諸費用を請求することができる。請求額は不渡手形勘定（資産の勘定）で処理する。

❻ 手形によって貸し付けたときは，手形貸付金勘定（資産の勘定）に記入する。

❼ 商品売買以外のため，受取手形にせず営業外受取手形勘定（資産の勘定），残額は売掛金にせず未収入金勘定（資産の勘定）で処理する。帳簿価額（取得原価－減価償却累計額）＜売却価額なので，差額は固定資産売却益勘定（収益の勘定）で処理する。

❽ 固定資産を買い入れたさいに振り出した約束手形は，商品売買以外のため営業外支払手形勘定（負債の勘定）に記入する。また，残額は買掛金ではなく未払金勘定（負債の勘定）に記入する。

❾ 株式を買い入れたときは，有価証券勘定（資産の勘定）で処理する。なお，買入手数料は有価証券勘定に含める。

❿ 株式を売却したときは，有価証券勘定（資産の勘定）の貸方に帳簿価額で記入する。売却価額との差額は，有価証券売却益勘定（収益の勘定）に記入する。

⓫ 消費税は消費者が負担する税金であるが，その徴収と納付は企業がおこなう。仕入に対する消費税は，消費者にかわって企業が仮払いしたものであるため，仮払消費税勘定（資産の勘定）の借方に記入する。

⓬ 売上に対する消費税は，消費者から企業が預かったものであるため，仮受消費税勘定（負債の勘定）の貸方に記入する。

●ポイント

g．**固定資産の売却**

備品・建物などの固定資産を売却したときは，その固定資産の帳簿価額（取得原価－減価償却累計額）と売却価額との差額は，**固定資産売却益勘定**または**固定資産売却損勘定**で処理する。

帳簿価額 ＜ 売却価額……固定資産売却益（収益）
帳簿価額 ＞ 売却価額……固定資産売却損（費用）

2

	借方		貸方		
a	現金過不足	*8,000*	受取利息 雑益	*6,000* *2,000*	❶
b	受取手形	*603,000*	受取手形 受取利息	*600,000* *3,000*	❷
c	当座預金 手形売却損	*333,200* *6,800*	受取手形	*340,000*	❸
d	不渡手形	*93,000*	営業外受取手形 現金	*90,000* *3,000*	❹
e	不渡手形	*716,000*	当座預金	*716,000*	❺
f	引出金	*9,000*	現金	*9,000*	❻

	借方		貸方		
g	受取商品券 売掛金	150,000 50,000	売上	200,000	❼
h	建物減価償却累計額 未収入金 固定資産売却損	1,000,000 1,700,000 300,000	建物	3,000,000	❽
i	仕入 仮払消費税	500,000 50,000	現金	550,000	❾
j	売掛金	660,000	売上 仮受消費税	600,000 60,000	❿
k	仮受消費税	60,000	仮払消費税 未払消費税	50,000 10,000	⓫
l	未払消費税	10,000	現金	10,000	⓬

解説

❶ 現金の過剰が発生したときに次の仕訳をおこない，現金勘定を実際有高に修正している。
（借）現　　金　8,000　（貸）現 金 過 不 足　8,000
現金過不足の原因が判明した場合は，該当する勘定に振り替える。また，決算日になっても不明な場合は雑損勘定（費用の勘定）または雑益勘定（収益の勘定）に振り替える。

❷ 手形の書き換えによって旧手形の債権は消滅し，新手形の債権が発生する。そこで，手形の受取人は，受取利息 ￥3,000と受取手形（旧手形）￥600,000を貸方に記入し，借方に受取手形（新手形）￥603,000を記入する。

❸ 受け取っていた約束手形を割り引いた場合は，手形債権が消滅するため，受取手形勘定（資産の勘定）の貸方に記入する。また，差し引かれた割引料は手形売却損勘定（費用の勘定）で処理する。

❹ 約束手形が不渡りになったときは，手形金額と償還請求に要した諸費用を請求することができる。請求額は不渡手形勘定（資産の勘定）で処理する。また，商品売買以外の取引で約束手形を受け取っているため，営業外受取手形勘定（資産の勘定）を減少させる。

❺ 裏書譲渡や割引をした手形が不渡りとなった場合，譲渡先や割引をした銀行から償還請求を受ける。その場合，手形金額と期日以降の利息を振出人にかわって支払うことになる。振出人に対する請求金額を不渡手形勘定（資産の勘定）の借方に記入する。

❻ 店の現金で住民税を納付したときは，資本金勘定（資本の勘定）を減少させるか，引出金勘定（資本金の評価勘定）の借方に記入する。なお，本問では，勘定科目群に資本金勘定がないため，引出金勘定を用いる。

❼ 商品を売り上げたさいに，代金として他店や自治体などが発行した商品券を受け取った場合は，受取商品券勘定（資産の勘定）の借方に記入する。

❽ 商品売買以外のため，売掛金にせず未収入金勘定（資産の勘定）で処理する。帳簿価額（取得原価－減価償却累計額）＞売却価額なので，差額は固定資産売却損勘定（費用の勘定）で処理する。

❾ 消費税は消費者が負担する税金であるが，その徴収と納付は企業がおこなう。仕入に対する消費税は，消費者にかわって企業が仮払いしたものであるため，仮払消費税勘定（資産の勘定）の借方に記入する。

❿ 売上に対する消費税は，消費者から企業が預かったものであるため，仮受消費税勘定（負債の勘定）の貸方に記入する。

⓫ 企業が納付する消費税は，仮受消費税から仮払消費税を差し引いた額であり，決算にあたり，その差額を未払消費税勘定（負債の勘定）の貸方に記入する。

⓬ 確定申告をおこない，消費税を納付したときは，未払消費税勘定（負債の勘定）の借方に記入する。

●ポイント

消費税の記帳　（税抜き方式）

仕入れたとき　消費税額を仮払消費税勘定（資産の勘定）の借方に記入する。
売り上げたとき　消費税額を仮受消費税勘定（負債の勘定）の貸方に記入する。
決算日　仮受消費税勘定残高－仮払消費税勘定残高で未払消費税を求め，未払消費税勘定（負債の勘定）の貸方に記入する。
確定申告　納付額を未払消費税勘定の借方に記入する。

出題形式別練習問題　計算・英語・本支店会計の問題

〔計算の問題（個人企業）〕

1

(1)

①	②
前払保険料 ❶	¥ 78,000 ❷

解説

9月1日に12か月分を支払っていることから，1月～8月の8か月分が前払いである。そのため，決算整理仕訳および再振替仕訳は次のようになる。

〈12月31日　決算整理仕訳〉
（借）前払保険料　8か月分　（貸）保険料　8か月分
〈1月1日　再振替仕訳〉
（借）保険料　8か月分　（貸）前払保険料　8か月分

1か月あたりの保険料　¥78,000÷12か月＝¥6,500

そのため，1/1～12/31に次の仕訳をおこなっていることがわかる。

1/ 1	（借）保険料	52,000	（貸）前払保険料	52,000❶
9/ 1	（借）保険料	78,000	（貸）当座預金	78,000
12/31	（借）前払保険料	52,000	（貸）保険料	52,000
〃	（借）損益	78,000❷	（貸）保険料	78,000

上記の仕訳を転記することで解答できる。

(2)

①	②
損益 ❶	¥ 31,500 ❷

解説

3か月分が未払い

1月	2月	3月	4月	5月	6月	7月	8月	9月	10月	11月	12月

9月末に経過した6か月分を支払っていることから，3か月分が未払いである。そのため，決算整理仕訳および再振替仕訳は次のようになる。

〈12月31日　決算整理仕訳〉
（借）支払利息　3か月分　（貸）未払利息　3か月分
〈1月1日　再振替仕訳〉
（借）未払利息　3か月分　（貸）支払利息　3か月分

1か月あたりの支払利息　¥3,600,000×3.5％÷12か月＝¥10,500

そのため，1/1～12/31に次の仕訳をおこなっていることがわかる。

1/ 1	（借）未払利息	31,500	（貸）支払利息	31,500
3/31	（借）支払利息	63,000	（貸）現金	63,000
9/30	（借）支払利息	63,000	（貸）現金	63,000
12/31	（借）支払利息	31,500	（貸）未払利息	31,500❷
〃	（借）損益	126,000❶	（貸）支払利息	126,000

上記の仕訳を転記することで解答できる。

●ポイント

費用・収益の見越しと繰り延べの計算問題では，期首に再振替仕訳をおこなっていることに注意する。再振替仕訳は，決算整理仕訳と貸借反対におこなう。

また，決算日には決算整理仕訳のあと，決算振替仕訳をおこない，損益勘定に費用・収益の勘定残高が振り替えられている。そのため，決算日（個人企業ならば12月31日）の総勘定元帳には，必ず見越し・繰り延べに対応した勘定と，損益勘定の二つが相手科目として表示されることになる。

(3)

a	b
¥ 2,070,200 ❶	¥ 7,453,000 ❷

解説

❶ 繰越商品勘定の前期繰越高は期首商品棚卸高，次期繰越高は期末商品棚卸高を意味する。よって，期首商品棚卸高 ¥370,000＋当期商品仕入高 ¥[x]－期末商品棚卸高 ¥420,000＝売上原価 ¥2,020,200から解答を求める。

❷ 資料ⅰより，当期純利益を求める。

収益（売上高＋受取手数料）¥5,093,000－費用（売上原価＋営業費）¥3,220,200＝当期純利益 ¥1,872,800を求める。当期純利益 ¥1,872,800は，損益勘定から資本金勘定へ振り替えられる。

（借）損益　1,872,800　（貸）資本金　1,872,800

上記仕訳を資本金勘定に転記し，次期繰越 ¥4,804,800を差額で求める。次期繰越は期末資本であることから，期末資産 ¥[x]－期末負債 ¥2,648,200＝期末資本 ¥4,804,800から解答を求める。

●ポイント

売上原価や当期商品仕入高の金額を求める問題では，つねに

期首商品棚卸高＋当期商品仕入高（純仕入高）－期末商品棚卸高＝売上原価

の計算式を考え，求めたい部分を[x]と置いて計算するとよい。

また，損益勘定に記入する仕入の金額は，売上原価であることに注意する。

〔計算の問題（株式会社）〕

2

(1)

a	b
¥ 280,000 ❶	¥ 1,086,500 ❷

解説

❶ 損益勘定の仕入 ¥760,000は決算整理後の金額であるため，売上原価を意味する。
よって期首商品棚卸高 ¥340,000＋仕入高 ¥700,000－期末商品棚卸高 ¥ [x] ＝売上原価 ¥760,000であるため，期末商品棚卸高 ¥280,000が求められる。

❷ 6/27におこなった利益処分に関する取引を仕訳になおすと次のようになる。

（借）繰越利益剰余金　950,000　（貸）未払配当金　500,000
　　　　　　　　　　　　　　　　　　利益準備金　50,000
　　　　　　　　　　　　　　　　　　別途積立金　400,000

また，損益勘定の貸借差額より当期純利益が¥886,500であることがわかる。株式会社の当期純利益は次の仕訳によって繰越利益剰余金勘定に振り替えられる。

（借）損　　　益　886,500　（貸）繰越利益剰余金　886,500

上記仕訳を繰越利益剰余金勘定に転記し，次期繰越高 ¥1,086,500を差額で求める。

(2)

a	b	c
¥ 3,590,000 ❶	¥ 310,900 ❷	¥ 1,879,100 ❸

解説

❶ 損益勘定の仕入は決算整理後の金額であるため，売上原価である。
そのため，まず損益勘定の貸借差額より仕入勘定（売上原価）¥3,520,000を求める。
期首商品棚卸高 ¥350,000＋仕入高 ¥ [x] －期末商品棚卸高 ¥420,000
＝売上原価 ¥3,520,000
よって，当期商品仕入高 ¥3,590,000が求められる。

❷ 仮払法人税等勘定より

8/27　（借）仮払法人税等　350,000　（貸）当座預金　350,000

決算日に次の仕訳をおこなっているため，貸借差額で未払法人税等を求める。

（借）法人税等　660,900　（貸）仮払法人税等　350,000
　　　　　　　　　　　　　　　　未払法人税等　310,900

❸ 資料ⅰより

3/28　（借）繰越利益剰余金　950,000　（貸）未払配当金　500,000
　　　　　　　　　　　　　　　　　　　　　　利益準備金　50,000
　　　　　　　　　　　　　　　　　　　　　　新築積立金　400,000

資料ⅱ　損益勘定より

12/31　（借）損　　益　1,629,100　（貸）繰越利益剰余金　1,629,100

以上の仕訳を繰越利益剰余金勘定に転記し，貸借差額で次期繰越高 ¥1,879,100を求める。

●ポイント

株式会社に関する計算問題では，繰越利益剰余金勘定と，法人税等に関する勘定の記帳方法を理解しておくことが大事である。

繰越利益剰余金

繰越利益剰余金勘定では，株主総会で剰余金の配当および処分が決議されると，その金額を借方に記入し，繰越利益剰余金勘定を減少させる。

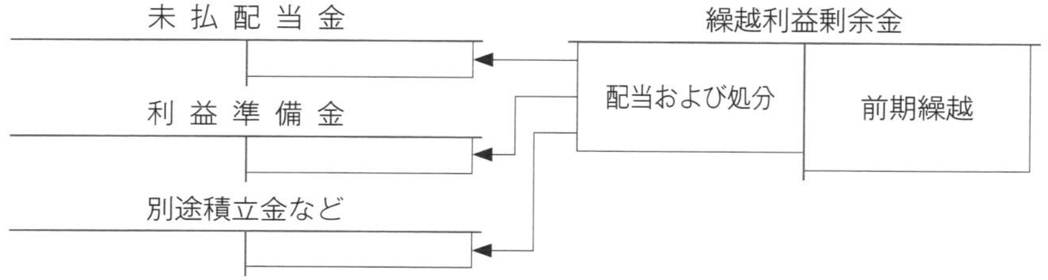

株式会社では，損益勘定で計算された当期純利益は，繰越利益剰余金勘定の貸方に振り替えられる。

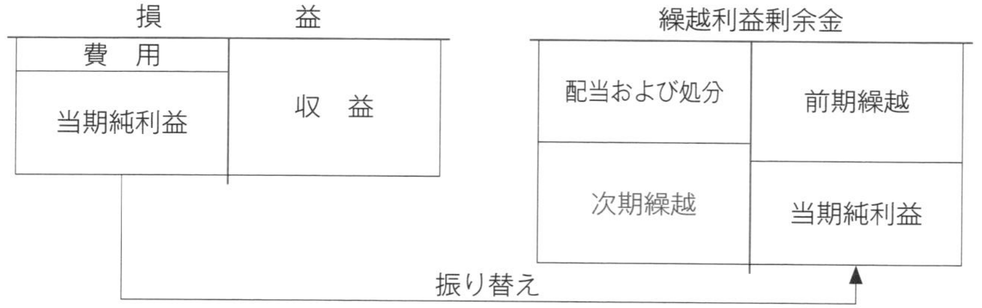

株式会社の法人税等

株式会社の法人税等は，①中間申告・納付　②決算日　③確定申告・納付のタイミングでそれぞれ以下のように仕訳する。

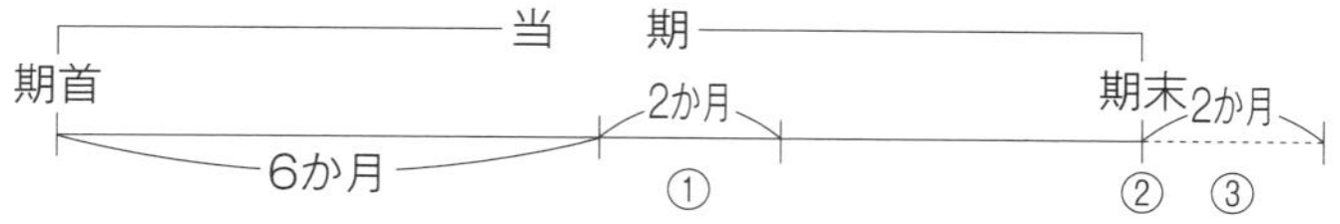

① 中間申告·納付
（借）仮払法人税等　××　（貸）当座預金など　××

② 決　算
（借）法人税等　○○　（貸）仮払法人税等　××
　　　　　　　　　　　　　　未払法人税等　△△

③ 確定申告·納付
（借）未払法人税等　△△　（貸）当座預金など　△△

〔英語の問題〕

3

ア	イ	ウ	エ	オ	カ	キ	ク	ケ	コ
7	3	6	14	5	1	17	13	4	19
サ	シ	ス	セ	ソ	タ	チ	ツ	テ	ト
11	2	18	20	8	16	12	15	9	10

●ポイント

簿記で学習する用語の英語表記には次のようなものがある。

英数	
T字形	T form
あ	
移動平均法	moving average method
受取手形勘定	notes receivable account
売上勘定	sales account
売上原価	cost of goods sold
売上帳	sales book
売掛金勘定	accounts receivable account
売掛金元帳	accounts receivable ledger
か	
買掛金勘定	accounts payable account
買掛金元帳	accounts payable ledger
貸方	credit, creditor ; Cr.
借方	debit, debtor ; Dr.
為替手形	bill of exchange
勘定	account ; a/c
勘定科目	title of account
繰越商品勘定	merchandise inventory account
決算	closing books
現金	cash
現金過不足	cash over and short
現金出納帳	cash book
合計転記	summary posting
小口現金	petty cash
小口現金出納帳	petty cash book
固定資産	fixed assets
個別転記	unit posting
さ	
財務諸表	financial statements ; F/S
先入先出法（買入順法）	first-in first-out method ; FIFO
仕入勘定	purchases account
仕入帳	purchases book
資産	assets
試算表	trial balance ; T/B
支払手形勘定	notes payable account
資本	capital
収益	revenues
出金伝票	payment slip
主要簿	main book
純資産	net assets
証ひょう	voucher
商品有高帳	stock ledger
仕訳	journalizing
仕訳帳	journal
精算表	work sheet ; W/S
総勘定元帳（元帳）	general ledger
損益計算書	profit and loss statement ; P/L income statement ; I/S
た	
貸借対照表	balance sheet ; B/S
貸借平均の原理	principle of equilibrium
帳簿組織	systems of books
定額資金前渡法 （インプレスト・システム）	imprest system
摘要欄	account and explanation
転記	posting
伝票	slip
当座借越	bank overdraft
当座預金	checking account
当座預金出納帳	bank book
取引	transactions
な	
内部けん制制度 （内部統制システム）	internal check system
入金伝票	receipt slip
は	
費用	expenses
負債	liabilities
振替伝票	transfer slip
簿記	bookkeeping
補助記入帳	subsidiary register
補助簿	subsidiary book
補助元帳	subsidiary ledger
や	
約束手形	promissory note
有価証券	securities

〔本支店会計の問題〕

4

(1)

		借方		貸方	
a	本　店	広告料 支　店	220,000 180,000	現　金	400,000
	支　店	広告料	180,000	本　店	180,000
b	本　店	支　店	800,000	損　益	800,000
	支　店	損　益	800,000	本　店	800,000

解説

本支店間の取引では，支店勘定と本店勘定が貸借反対で記入される。

●ポイント

b．**本支店間の純利益の振り替え**

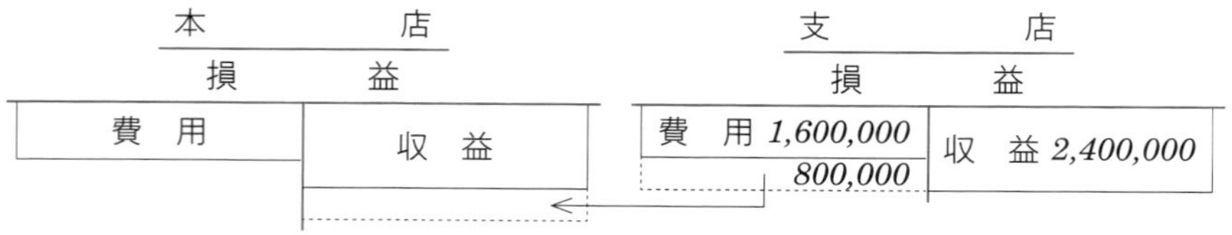

（借）支店 800,000（貸）損益 800,000　（借）損益 800,000（貸）本店 800,000

(2)

a	b
¥ 230,000 ❶	¥ 470,000 ❷

解説

12月31日における本支店間の取引

① 本店（借）現　　金 300,000（貸）支　　店 300,000
　 支店（借）本　　店 300,000（貸）売 掛 金 300,000
② 本店（借）仕　　入 120,000（貸）支　　店 120,000
　 支店　12月29日に仕訳済みのため，仕訳不要。

❶ 支店勘定残高と本店勘定残高の一致額

支　店

650,000	① 300,000
	② 120,000

本　店

① 300,000	530,000

貸借反対で一致

❷ 本支店合併後の売掛金

本店 ¥320,000 + 支店(¥450,000 − ①¥300,000) = ¥470,000

●ポイント

本支店勘定残高の一致額

① 支店勘定・本店勘定を作成して，元帳勘定残高からそれぞれ金額を書き移す。
② 資料を仕訳して，支店勘定・本店勘定へ転記する。
③ 支店勘定・本店勘定から残高を計算する。残高は貸借反対で一致する。

(3)

		借方		貸方	
a	本　店	埼玉支店	150,000	千葉支店	150,000
	千葉支店	本　店	150,000	当座預金	150,000
	埼玉支店	広告料	150,000	本　店	150,000
b	本　店	千葉支店	500,000	埼玉支店	500,000
	千葉支店	現　金	500,000	本　店	500,000
	埼玉支店	本　店	500,000	現　金	500,000

解説

本店集中計算制度を採用している場合は，各支店に本店勘定を設ければよい。各支店は本店と取引したように記帳することで，本店は支店間の取引内容を容易に知ることができる。

●ポイント

b．**本店集中計算制度**

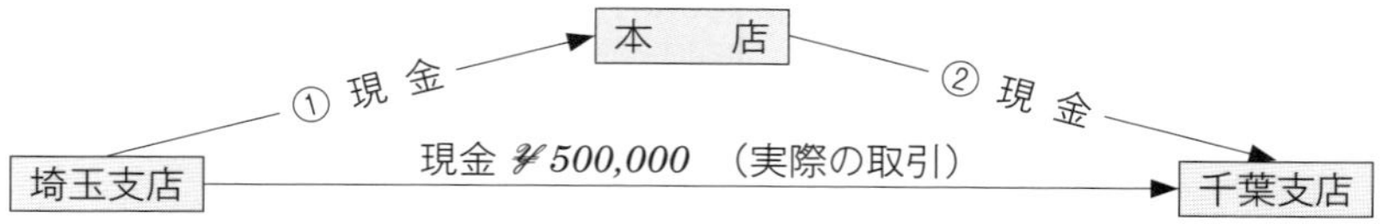

出題形式別練習問題　伝票の問題

1

(1)

仕　訳　集　計　表

令和○年/月22日

借　方	元丁	勘定科目	元丁	貸　方
4,543,000		現　金		3,991,000
2,034,000		当座預金		1,144,000
800,000		受取手形		
6,800,000		売掛金		4,140,000
		支払手形		600,000
1,570,000		買掛金		2,200,000
50,000		前受金		450,000
800,000		借入金		
60,000		売　上		6,800,000
		受取家賃		1,300,000
		受取利息		8,000
2,200,000		仕　入		
789,000		給　料		
565,000		広告料		
340,000		旅　費		
50,000		租税公課		
20,000		支払手数料		
12,000		雑　費		
20,633,000				20,633,000

(2)

総勘定元帳に転記後の売上勘定の残高	¥　7,520,000

❶

解説

《追加取引の仕訳》

（借）売　掛　金　500,000　（貸）売　　　上　500,000……振替伝票

（借）前　受　金　50,000　（貸）売　掛　金　50,000……振替伝票

すべて，いったん掛け取引として処理する方法で起票することと指示があるため，売り上げた¥500,000をいったん売掛金として振替伝票に起票する。

そして，前受金¥50,000を売掛金を回収したとして振替伝票に起票する。

❶ 仕訳集計表から，¥780,000＋¥6,800,000－¥60,000＝¥7,520,000が求められる。

●ポイント

3伝票の起票方法

3伝票の起票方法には，仕入・売上の各取引について，①分解して起票する方法と，②すべていったん掛け取引として起票する方法がある。起票例を示すと以下のようになる。

例. 東京商店は大阪商店から商品¥100,000を仕入れ，代金のうち¥80,000は同店振り出しの小切手で受け取り，残額は掛けとした。

① 分解して起票する方法

（借）現　金　80,000　（貸）売　上　80,000…入金伝票 ◀ 売上を分解

（借）売掛金　20,000　（貸）売　上　20,000…振替伝票 ◀

② すべていったん掛け取引として起票する方法

（借）売掛金　100,000　（貸）売　上　100,000…振替伝票 ◀— 全額をいったん掛け

（借）現　金　80,000　（貸）売掛金　80,000…入金伝票 ◀— 掛代金の受け取り

仕訳集計表の作成手順

入金伝票・出金伝票・振替伝票から**仕訳集計表**を作成するには，次のような手順で考えるようにする。

① 入金伝票の合計額を現金勘定の借方に記入する。

② 出金伝票の合計額を現金勘定の貸方に記入する。

③ 振替伝票の借方科目と出金伝票の科目を科目ごとに分類・集計して，各勘定の借方に記入する。

④ 振替伝票の貸方科目と入金伝票の科目を科目ごとに分類・集計して，各勘定の貸方に記入する。

ミスなく集計するためには

入金伝票の勘定科目は貸方科目のため，振替伝票の貸方科目と合算する。以下のように，問題用紙の入金伝票と振替伝票の貸方にマークをすると集計しやすくなる。

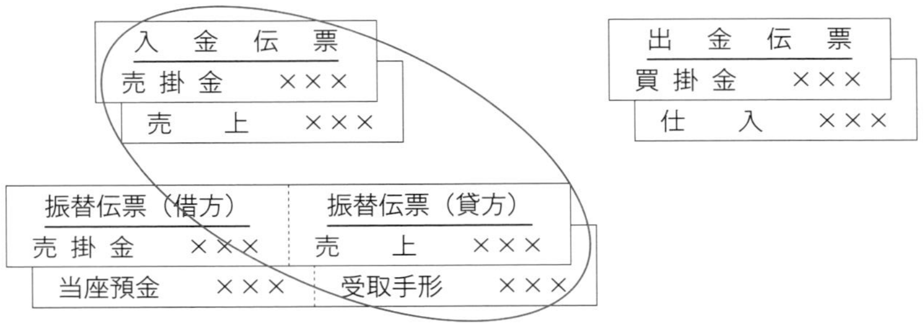

仕訳集計表の合計額

仕訳集計表の合計額は，入金伝票・出金伝票・振替伝票の合計額と一致する。仕訳集計表が完成した後に，伝票の合計額を計算することで，もれなく集計できたことが確認できる。

2

仕 訳 集 計 表

令和○年/月/8日

借 方	元丁	勘定科目	元丁	貸 方
5,905,000	1	現金	1	4,389,000
2,397,000		当座預金		1,415,000
1,040,000		受取手形		540,000
2,990,000		売掛金		988,000
		支払手形		780,000
		買掛金		2,960,000
880,000		借入金		
78,000		売上		8,164,000
		受取家賃		1,111,000
		受取利息		10,000
4,957,000		仕入		
1,025,000		給料		
621,000		広告料		
374,000		旅費		
55,000		消耗品費		
22,000		支払手数料		
13,000		雑費		
20,357,000				20,357,000

現 金 1

	1,480,000		912,000
1/18	5,905,000	1/18	4,389,000

解説

《追加取引の仕訳》

(借) 仕 入 150,000 (貸) 受取手形 150,000……振替伝票

(借) 仕 入 100,000 (貸) 買掛金 100,000……振替伝票

取引を分解して処理する方法で起票することと指示があるため，借方の仕入勘定を受取手形と買掛金に分けて起票する。

●ポイント

追加取引は，仕訳をして起票すべき伝票を確定する。

仕入・売上の取引は，分解して起票する。

起票された伝票を仕訳で示すと次のようになる。

入金伝票

借方	金額	貸方	金額
(借) 現金	5,905,000	(貸) 売掛金	585,000
		当座預金	390,000
		受取家賃	461,000
		売上	845,000
		売掛金	325,000
		売上	1,040,000
		売上	1,274,000
		受取利息	10,000
		売上	975,000

出金伝票

借方	金額	貸方	金額
(借) 旅費	374,000	(貸) 現金	4,389,000
支払手数料	22,000		
借入金	880,000		
仕入	1,067,000		
消耗品費	55,000		
当座預金	884,000		
広告料	621,000		
雑費	13,000		
当座預金	473,000		

振替伝票

借方	金額	貸方	金額
(借) 当座預金	650,000	(貸) 受取家賃	650,000
仕入	1,560,000	買掛金	1,560,000
仕入	780,000	支払手形	780,000
受取手形	1,040,000	売上	1,040,000
売上	78,000	売掛金	78,000
当座預金	390,000	受取手形	390,000
給料	1,025,000	当座預金	1,025,000
仕入	1,300,000	買掛金	1,300,000
売掛金	2,990,000	売上	2,990,000
〈追〉仕入	150,000	受取手形	150,000
〈追〉仕入	100,000	買掛金	100,000

出題形式別練習問題　帳簿の問題

1

(1)

総勘定元帳

現金　1

1/1	950,000	1/15	200,000 ❶	
❸ 23	540,000	20	280,000 ❷❹	

当座預金　2

1/1	800,000		
29	500,000		

売掛金　6

1/1	700,000	1/29	500,000 ❹

前払金　10

❶ 1/15	200,000	1/20	200,000 ❷

売上　24

		1/23	540,000 ❸

仕入　30

❷ 1/20	480,000		

(2)

現金出納帳　1

令和○年		摘要	収入	支出	残高	
/	/	前月繰越	950,000		950,000	
	15	千葉商店に内金支払い　現金払い		200,000	750,000	❶
	20	千葉商店から仕入れ　現金払い		280,000	470,000	❷
	23	松戸商店に売り上げ　小切手受け取り	540,000		1,010,000	❸
	31	次月繰越		1,010,000		❺
			1,490,000	1,490,000		

解説

❶ 1/15　(借) 前払金 200,000　(貸) 現金 200,000
前払金勘定の借方，現金勘定の貸方に日付・金額を記入する。
現金勘定が減少したため，現金出納帳の支出欄に記入する。
商品を注文しただけなので仕入勘定で処理しないことに注意する。

❷ 1/20　(借) 仕入 480,000　(貸) 前払金 200,000
現金 280,000
仕入勘定の借方，前払金勘定，現金勘定の貸方に日付・金額を記入する。
現金勘定が減少したため，現金出納帳の支出欄に記入する。

❸ 1/23　(借) 現金 540,000　(貸) 売上 540,000
現金勘定の借方，売上勘定の貸方に日付・金額を記入する。
現金勘定が増加したため，現金出納帳の収入欄に記入する。

❹ 1/29　(借) 当座預金 500,000　(貸) 売掛金 500,000
当座預金勘定の借方，売掛金勘定の貸方に日付・金額を記入する。
他人振り出しの小切手を受け取り，ただちに当座預金に預け入れた場合は，当座預金勘定の借方に記入する。

❺ 補助簿は月ごとに締め切るため，赤で次月繰越を記入する。

●ポイント

現金出納帳の記入方法

日付を記入する。

取引の明細を記入する。

現金の増加額を記入する。(借方現金の場合)

現金の減少額を記入する。(貸方現金の場合)

残高を記入する。

現金出納帳　1

令和○年		摘要	収入	支出	残高
/	/	前月繰越	950,000		950,000
	15	千葉商店に内金支払い　現金払い		200,000	750,000
	20	千葉商店から仕入れ　現金払い		280,000	470,000
	23	松戸商店に売り上げ　小切手受け取り	540,000		1,010,000
	31	次月繰越		1,010,000	
			1,490,000	1,490,000	

収入欄と支出欄の合計額が一致することを確認し，締切線を引く。

最終残高を次月繰越の支出欄に書き移す。

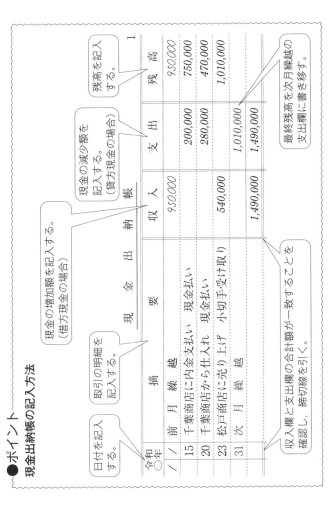

2

(1)

総　勘　定　元　帳

現　金　1

1/1	1,550,000	1/4	800,000 ❶

当座預金　2

❶ 1/4	800,000	1/18	2,100,000 ❸
❷ 10	700,000		
❹ 25	1,250,000		

売掛金　6

1/1	800,000	1/10	700,000 ❷

買掛金　17

		1/1	600,000

売　上　24

		1/25	1,250,000 ❹

仕　入　30

❸ 1/18	2,100,000		

(2)

当座預金出納帳　　1

令和○年		摘要	預入	引出	借または貸	残高	
1	4	現金を預け入れ	800,000		借	800,000	❶
	10	花巻商店から売掛金回収	700,000		〃	1,500,000	❷
	18	大船渡商店から仕入れ　小切手#1		2,100,000	貸	600,000	❸
	25	花巻商店に売り上げ	1,250,000		借	650,000	❹
	31	次月繰越		650,000			❺
			2,750,000	2,750,000			

解説

❶ 1/4 (借) 当座預金 800,000 (貸) 現金 800,000
当座預金勘定の借方，現金勘定の貸方に日付・金額を記入する。
当座預金勘定が増加したため，当座預金出納帳の預入欄に記入する。
当座預金は無利息の取引専用の預金である。通常，引き出すときには小切手を用いる。また，当座借越契約を結んだだけでは，仕訳はおこなわない。

❷ 1/10 (借) 当座預金 700,000 (貸) 売掛金 700,000
当座預金勘定の借方，売掛金勘定の貸方に日付・金額を記入する。
当座預金勘定が増加したため，当座預金出納帳の預入欄に記入する。

❸ 1/18 (借) 仕入 2,100,000 (貸) 当座預金 2,100,000
仕入勘定の借方，当座預金勘定の貸方に日付・金額を記入する。
当座預金勘定が減少したため，当座預金出納帳の引出欄に記入する。
小切手の振り出しは原則として，当座預金残高を限度とするが，当座借越契約を結んでいる場合は，限度額まで小切手を振り出すことが可能となる。
小切手を振り出した場合は，当座預金出納帳の摘要欄に，忘れずに小切手番号を記入する。
当座預金勘定が貸方残高の場合は当座借越を意味し，当座預金出納帳の借または貸欄に「貸」と記入する。

❹ 1/25 (借) 当座預金 1,250,000 (貸) 売上 1,250,000
当座預金勘定の借方，売上勘定の貸方に日付・金額を記入する。
他人振り出しの小切手を受け取り，ただちに当座預金に預け入れた場合は，当座預金勘定の借方に記入する。
当座預金勘定が増加したので，当座預金出納帳の預入欄に記入する。
当座借越が解消されたので，当座預金出納帳の借または貸欄に「借」と記入する。

❺ 補助簿は月ごとに締め切るため，赤で次月繰越を記入する。

●ポイント

当座預金出納帳の記入方法

取引の明細を記入する。小切手を振り出した場合は，必ず小切手番号を記入する。

当座預金の増加額を記入する。(借方当座預金の場合)

当座預金の減少額を記入する。(貸方当座預金の場合)

借方残高の場合は「借」，貸方残高の場合は「貸」と記入する。貸方残高の場合は，当座借越を意味する。

残高を記入する。

当座預金出納帳　　1

令和○年		摘要	預入	引出	借または貸	残高
1	4	現金を預け入れ	800,000		借	800,000
	10	花巻商店から売掛金回収	700,000		〃	1,500,000
	18	大船渡商店から仕入れ　小切手#1		2,100,000	貸	600,000
	25	花巻商店に売り上げ	1,250,000		借	650,000
	31	次月繰越		650,000		
			2,750,000	2,750,000		

預入欄と引出欄の合計額が一致することを確認し，締切線を引く。

最終残高を次月繰越に書き移す。

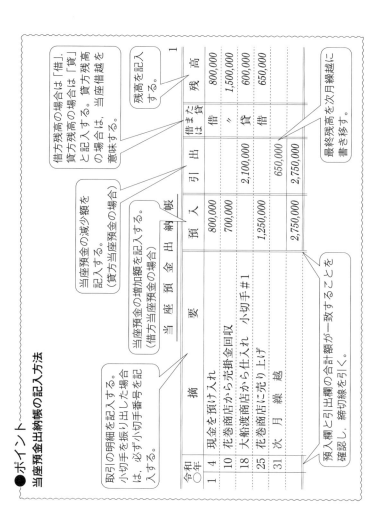

3

(1) 総勘定元帳

現金			1
1/1	675,000		
❹ 28	400,000		

売掛金			6
1/1	630,000	1/12	50,000 ❸
❶ 7	200,000	28	400,000 ❹
❷ 11	250,000		

売上			24
❸ 1/12	50,000	1/7	200,000 ❶
		11	250,000 ❷

(2) 売掛金元帳

彦根商店 1

令和○年		摘要	借方	貸方	借または貸	残高	
/	/	前月繰越	300,000		借	300,000	
	7	売り上げ	200,000		〃	500,000	❶
	28	回収		400,000	〃	100,000	❹
	31	次月繰越		100,000			❺
			500,000	500,000			

米原商店 2

令和○年		摘要	借方	貸方	借または貸	残高	
/	/	前月繰越	330,000		借	330,000	
	11	売り上げ	250,000		〃	580,000	❷
	12	返品		50,000	〃	530,000	❸
	31	次月繰越		530,000			❺
			580,000	580,000			

解説

❶ 1/7 (借) 売掛金 200,000 (貸) 売上 200,000
売掛金勘定の借方，売上勘定の貸方に日付・金額を記入する。
彦根商店に対する売掛金のため，売掛金元帳の彦根商店勘定の借方欄に記入する。

❷ 1/11 (借) 売掛金 250,000 (貸) 売上 250,000
売掛金勘定の借方，売上勘定の貸方に日付・金額を記入する。
米原商店に対する売掛金のため，売掛金元帳の米原商店勘定の借方欄に記入する。

❸ 1/12 (借) 売上 50,000 (貸) 売掛金 50,000
売上勘定の借方，売掛金勘定の貸方に日付・金額を記入する。
米原商店に対する売掛金のため，売掛金元帳の米原商店勘定の貸方欄に記入する。

❹ 1/28 (借) 現金 400,000 (貸) 売掛金 400,000
現金勘定の借方，売掛金勘定の貸方に日付・金額を記入する。
彦根商店に対する売掛金のため，売掛金元帳の彦根商店勘定の貸方欄に記入する。

❺ 補助簿は月ごとに締め切るため，赤で次月繰越を記入する。

●ポイント

売掛金元帳の記入方法

取引の内容を記入する。「売り上げ」「回収」「返品」など。

得意先に対する売掛金の増加額を記入する。

得意先に対する売掛金の減少額を記入する。

基本的には借方残高なので「借」。

残高を記入する。

売掛金元帳

彦根商店 1

令和○年		摘要	借方	貸方	借または貸	残高
/	/	前月繰越	300,000		借	300,000
	7	売り上げ	200,000		〃	500,000
	28	回収		400,000	〃	100,000
	31	次月繰越		100,000		
			500,000	500,000		

借方欄と貸方欄の合計額が一致することを確認し，締切線を引く。

最終残高を次月繰越の貸方欄に書き移す。

買掛金元帳の記入方法

取引の内容を記入する。「仕入れ」「支払い」「返品」など。

仕入先に対する買掛金の減少額を記入する。

仕入先に対する買掛金の増加額を記入する。

基本的には貸方残高なので「貸」。

買掛金元帳

大津商店 1

令和○年		摘要	借方	貸方	借または貸	残高
/	/	前月繰越		520,000	貸	520,000
	15	仕入れ		380,000	〃	900,000
	25	支払い	280,000		〃	620,000
	31	次月繰越	620,000			
			900,000	900,000		

借方欄と貸方欄の合計額が一致することを確認し，締切線を引く。

最終残高を次月繰越の借方欄に書き移す。

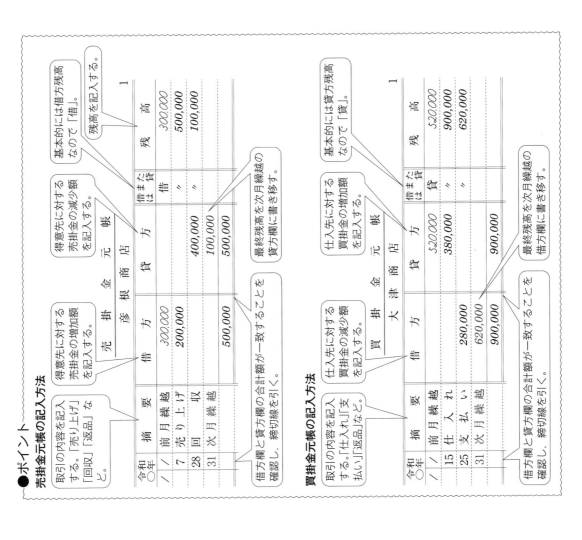

4

(1)

総勘定元帳

現金 1

1/ 1	1,210,000	1/ 6	100,000 ❶

受取手形 5

1/ 1	350,000		
❹ 24	400,000		

売掛金 6

1/ 1	850,000	1/25	60,000 ❺
❸ 11	455,000		
❹ 24	200,000		

買掛金 17

❷ 1/ 7	26,000	1/ 1	800,000
		6	366,000 ❶

売上 24

❺ 1/25	60,000	1/11	455,000 ❸
		24	600,000 ❹

仕入 30

❶ 1/ 6	466,000	1/ 7	26,000 ❷

(2)

仕入帳　1

	令和○年		摘要		内訳	金額
❶	1	6	美馬商店	現金・掛け		
			A品　100個	@¥2,060	206,000	
			B品　200〃	〃〃1,300	260,000	466,000
❷		7	美馬商店	掛け返品		
			B品　20個	@¥1,300		26,000
		31		総仕入高		466,000
		〃		仕入返品高		26,000 ❻
				純仕入高		440,000

売上帳　1

	令和○年		摘要		内訳	金額
❸	1	11	小松商店	掛け		
			A品　70個	@¥6,500		455,000
❹		24	吉野川商店	約手・掛け		
			B品　200個	@¥3,000		600,000
❺		25	吉野川商店	掛け返品		
			B品　20個	@¥3,000		60,000
		31		総売上高		1,055,000
		〃		売上返品高		60,000 ❼
				純売上高		995,000

商品有高帳

(先入先出法)　(品名) A品　(単位：個)

令和○年		摘要	受入 数量	受入 単価	受入 金額	払出 数量	払出 単価	払出 金額	残高 数量	残高 単価	残高 金額
1	1	前月繰越	60	2,000	120,000				60	2,000	120,000
	6	美馬商店	100	2,060	206,000				60	2,000	120,000 ❶
									100	2,060	206,000
	11	小松商店			❸	60	2,000	120,000			
						10	2,060	20,600	90	2,060	185,400
	31	次月繰越				90	2,060	185,400			❽
			160		326,000	160		326,000			

解説

❶ 1/ 6　(借) 仕　入 466,000　(貸) 現　金 100,000
　　　　　　　　　　　　　　　　　買掛金 366,000

仕入勘定の借方，現金勘定，買掛金勘定の貸方に日付・金額を記入する。

仕入帳に仕入取引の明細を記入する。2品目以上仕入れた場合は，品目ごとに内訳欄に記入し，合計金額を金額欄に記入する。

A品を仕入れたため，商品有高帳の受入欄に記入する。

❷ 1/ 7　(借) 買掛金 26,000　(貸) 仕　入 26,000

買掛金勘定の借方，仕入勘定の貸方に日付・金額を記入する。

仕入帳に仕入取引の明細を記入する。仕入返品高は赤字で記入する。

❸ 1/11　(借) 売掛金 455,000　(貸) 売　上 455,000

売掛金勘定の借方，売上勘定の貸方に日付・金額を記入する。

売上帳に売上取引の明細を記入する。

A品を販売したため，商品有高帳の払出欄に記入する。先入先出法のため，前月繰越から払い出す点に注意する。

❹ 1/24　(借) 受取手形 400,000　(貸) 売　上 600,000
　　　　　　　売掛金 200,000

受取手形勘定，売掛金勘定の借方，売上勘定の貸方に日付・金額を記入する。

売上帳に売上取引の明細を記入する。

❺ 1/25　(借) 売　上 60,000　(貸) 売掛金 60,000

売上勘定の借方，売掛金勘定の貸方に日付・金額を記入する。

売上帳に売上取引の明細を記入する。売上返品高は赤字で記入する。

❻ 仕入帳の総仕入高には赤字以外の合計金額を記入する。

仕入返品高は赤字で記入した金額の合計金額を記入する。

総仕入高から仕入返品高を控除した金額を純仕入高として記入する。

❼ 売上帳の総売上高には赤字以外の合計金額を記入する。

売上返品高は赤字で記入した金額の合計金額を記入する。

総売上高から売上返品高を控除した金額を純売上高として記入する。

❽ 補助簿は月ごとに締め切るため，赤で次月繰越を記入する。

●ポイント

仕入帳の記入方法

取引の明細を記入する。 仕入先商店名 支払方法 商品名 数量 単価 仕入諸掛もここに記入する。

2品目以上仕入れたときなどの内訳を記入する。

金額を記入する。

仕　入　帳　　1

令和○年		摘要		内訳	金額
1	6	美馬商店	現金・掛け		
		A品　100個	@¥2,060	206,000	
		B品　200〃	〃〃1,300	260,000	466,000
	7	美馬商店	掛け返品		
		B品　20個	@¥1,300		26,000
	31		総仕入高		466,000
	〃		仕入返品高		26,000
			純仕入高		440,000

仕入返品は赤字で記入する。

純仕入高を記入したら締切線を引く。

黒字の金額を合計する。返品（赤字）の金額は合計しない。

返品（赤字）の合計額を記入する。

純仕入高を記入する。

売上帳の記入方法

取引の明細を記入する。 売上先商店名 受取方法 商品名 数量 単価

2品目以上売り上げたときなどの内訳を記入する。

売　上　帳　　1

令和○年		摘要		内訳	金額
1	11	小松商店	掛け		
		A品　70個	@¥6,500		455,000
	24	吉野川商店	約手・掛け		
		B品　200個	@¥3,000		600,000
	25	吉野川商店	掛け返品		
		B品　20個	@¥3,000		60,000
	31		総売上高		1,055,000
	〃		売上返品高		60,000
			純売上高		995,000

売上返品は赤字で記入する。

純売上高を記入したら締切線を引く。

黒字の金額を合計する。返品（赤字）の金額は合計しない。

返品（赤字）の合計額を記入する。

純売上高を記入する。

商品有高帳の記入方法

商店名や仕入れ・売り上げなど記入する。なお，全商簿記検定では商店名を記入する。

商品を仕入れたとき，仕入原価で記入する。

商品を売り上げたとき，仕入原価で記入する。販売単価を記入しないよう注意する。

商品の現在高を記入する。

商　品　有　高　帳

（先入先出法）　（品名）　A　品　（単位：個）

令和○年		摘要	受入 数量	受入 単価	受入 金額	払出 数量	払出 単価	払出 金額	残高 数量	残高 単価	残高 金額
1	1	前月繰越	60	2,000	120,000				60	2,000	120,000
	6	美馬商店	100	2,060	206,000				60	2,000	120,000
									100	2,060	206,000
	11	小松商店				60	2,000	120,000			
						10	2,060	20,600	90	2,060	185,400
	31	次月繰越				90	2,060	185,400			
			160		326,000	160		326,000			

受入欄と払出欄の合計が一致することを確認し，締切線を引く。

最終残高を次月繰越の払出欄に書き移す。

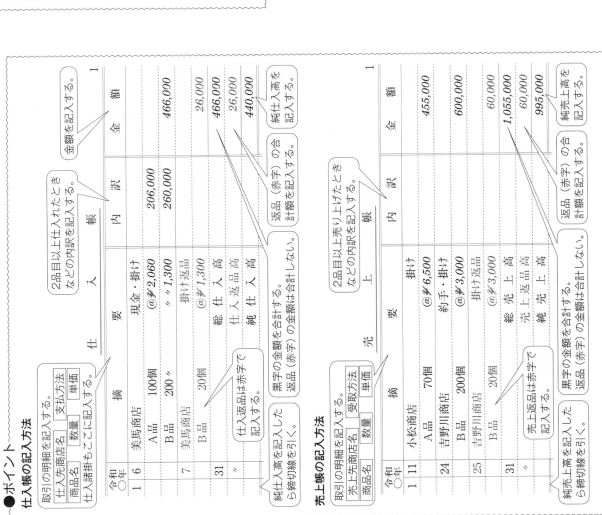

5

(1)

総勘定元帳

現金 1

日付	借方	日付	貸方
1/1	300,000		

当座預金 2

日付	借方	日付	貸方
1/1	2,500,000	1/21	180,000 ❺❽
❻ 23	451,000	29	551,000 ❾

受取手形 5

日付	借方	日付	貸方
1/27	170,000		

売掛金 6

日付	借方	日付	貸方
1/1	1,350,000	1/23	451,000 ❻
❷ 14	672,000	27	170,000 ❽
❹ 18	1,080,000		

前払金 8

日付	借方	日付	貸方
1/1	250,000	1/16	100,000 ❸❾

支払手形 17

日付	借方	日付	貸方
1/29	551,000	1/4	551,000
		25	387,500 ❼

買掛金 18

日付	借方	日付	貸方
❺ 1/21	180,000	1/1	846,000
❼ 25	387,500	12	380,000 ❶
		16	460,000 ❸

売上 24

日付	借方	日付	貸方
		1/14	672,000 ❷
		18	1,080,000 ❹❶

仕入 30

日付	借方	日付	貸方
1/4	551,000		
12	380,000		
❸ 16	560,000		

(2)

当座預金出納帳

1

令和○年		摘要	預入	引出	借または貸	残高
/	/	前月繰越	2,500,000		借	2,500,000
	21	茨城商店に買掛金支払い　小切手#8		180,000	〃	2,320,000 ❺
	23	群馬商店から売掛金回収	451,000		〃	2,771,000 ❻
	29	約束手形#15　支払い		551,000	〃	2,220,000 ❾
	31	次月繰越		2,220,000		❿
			2,951,000	2,951,000		

受取手形記入帳

	令和○年		摘要	金額	手形種類	手形番号	支払人	振出人または裏書人	振出日		満期日		支払場所	てん末 月	日	摘要
❽	1	27	売掛金回収	170,000	約手	7	埼玉商店	埼玉商店	1	27	4	27	東銀行本店			

支払手形記入帳

	令和○年		摘要	金額	手形種類	手形番号	受取人	振出人	振出日		満期日		支払場所	てん末 月	日	摘要
	/	4	仕入れ	551,000	約手	15	東京商店	当店	/	4	/	29	北銀行本店	1	29	支払い ❾
❼		25	買掛金支払い	387,500	約手	16	栃木商店	当店	1	25	3	25	北銀行本店			

売掛金元帳

埼玉商店　2

令和○年		摘要	借方	貸方	借または貸	残高
/	/	前月繰越	450,000		借	450,000
	18	売り上げ	1,080,000		〃	1,530,000 ❹
	27	回収		170,000	〃	1,360,000 ❽
	31	次月繰越		1,360,000		⓫
			1,530,000	1,530,000		

買掛金元帳

茨城商店　1

令和○年		摘要	借方	貸方	借または貸	残高
/	/	前月繰越		320,000	貸	320,000
	12	仕入れ		380,000	〃	700,000 ❶
	21	支払い	180,000		〃	520,000 ❺
	31	次月繰越	520,000			⓬
			700,000	700,000		

商品有高帳

(先入先出法)　(品名)　A　品　(単位：枚)

令和○年		摘要	受入 数量	受入 単価	受入 金額	払出 数量	払出 単価	払出 金額	残高 数量	残高 単価	残高 金額
/	/	前月繰越	100	2,450	245,000				100	2,450	245,000
	12	茨城商店	100	2,500	250,000				100	2,450	245,000 ❶
									100	2,500	250,000
	14	群馬商店			❷	100	2,450	245,000			
						20	2,500	50,000	80	2,500	200,000
	16	栃木商店	200	2,800	560,000				80	2,500	200,000 ❸
									200	2,800	560,000
	31	次月繰越				80	2,500	200,000			
						200	2,800	560,000			⓭
			400		1,055,000	400		1,055,000			

解説

❶ 1/12 （借）仕　入 380,000　（貸）買　掛　金 380,000

仕入勘定の借方，買掛金勘定の貸方に日付・金額を記入する。

茨城商店に対する買掛金のため，買掛金元帳の茨城商店勘定の貸方欄に記入する。

A品を仕入れたため，商品有高帳の受入欄に記入する。

❷ 1/14 （借）売　掛　金 672,000　（貸）売　上 672,000

売掛金勘定の借方，売上勘定の貸方に日付・金額を記入する。

A品を売り上げたため，商品有高帳の払出欄に記入する。先入先出法を採用しているため，@¥2,450の商品から払い出す。また，販売単価を記入しないように注意する。

❸ 1/16 （借）仕　入 560,000　（貸）前　払　金 100,000
　　　　　　　　　　　　　　　　　　買　掛　金 460,000

仕入勘定の借方，前払金勘定，買掛金勘定の貸方に日付・金額を記入する。

A品を仕入れたため，商品有高帳の受入欄に記入する。

❹ 1/18 （借）売　掛　金 1,080,000　（貸）売　上 1,080,000

売掛金勘定の借方，売上勘定の貸方に日付・金額を記入する。

埼玉商店に対する売掛金のため，売掛金元帳の埼玉商店勘定の借方欄に記入する。

C品を売り上げたため，A品の商品有高帳に記入しないよう注意する。

❺ 1/21 （借）買　掛　金 180,000　（貸）当　座　預　金 180,000

買掛金勘定の借方，当座預金勘定の貸方に日付・金額を記入する。

小切手を振り出し当座預金勘定が減少したため，当座預金出納帳の引出欄に記入する。小切手番号を忘れずに記入する。

茨城商店に対する買掛金のため，買掛金元帳の茨城商店勘定の借方欄に記入する。

❻ 1/23 （借）当　座　預　金 451,000　（貸）売　掛　金 451,000

当座預金勘定の借方，売掛金勘定の貸方に日付・金額を記入する。

当座預金勘定が増加したため，当座預金出納帳の預入欄に記入する。

❼ 1/25 （借）買　掛　金 387,500　（貸）支　払　手　形 387,500

買掛金勘定の借方，支払手形勘定の貸方に日付・金額を記入する。

約束手形を振り出したので，支払手形記入帳に記入する。

❽ 1/27 （借）受　取　手　形 170,000　（貸）売　掛　金 170,000

受取手形勘定の借方，売掛金勘定の貸方に日付・金額を記入する。

約束手形を受け取ったため，受取手形記入帳に記入する。

埼玉商店に対する売掛金のため，売掛金元帳の埼玉商店勘定の貸方欄に記入する。

❾ 1/29 （借）支　払　手　形 551,000　（貸）当　座　預　金 551,000

支払手形勘定の借方，当座預金勘定の貸方に日付・金額を記入する。

当座預金勘定が減少したため，当座預金出納帳の引出欄に記入する。

支払手形記入帳のてん末欄に記入する。

❿ 当座預金出納帳の引出欄に残高を記入し，締め切る。

⓫ 売掛金元帳の貸方欄に残高を記入し，締め切る。

⓬ 買掛金元帳の借方欄に残高を記入し，締め切る。

⓭ 商品有高帳の払出欄に残高を記入し，締め切る。

●ポイント

受取手形記入帳の記入方法

手形債権が発生した原因を記入する。

約束手形なら「約手」と記入する。

手形番号を記入する。

約束手形なら，振出人を記入する。

振出日と満期日を記入する。

支払場所を記入する。

手形債権が消滅した日付と理由を記入する。「入金」「裏書譲渡」「割引」など。

受　取　手　形　記　入　帳

令和○年		摘　要	金　額	手形種類	手形番号	支払人	振出人または裏書人	振出日		満期日		支払場所	てん末		
													月	日	摘　要
1	27	売掛金回収	170,000	約手	7	埼玉商店	埼玉商店	1	27	4	27	東銀行本店			

手形債権が発生したときに記入する。

手形債権が消滅したときに記入する。

支払手形記入帳の記入方法

手形債務が発生した原因を記入する。

名あて人を記入する。

当店が約束手形を振り出した場合は「当店」と記入する。

手形債務が消滅した日付と理由を記入する。「支払い」など。

支　払　手　形　記　入　帳

令和○年		摘　要	金　額	手形種類	手形番号	受取人	振出人	振出日		満期日		支払場所	てん末		
													月	日	摘　要
1	4	仕入れ	551,000	約手	15	東京商店	当　店	1	4	1	29	北銀行本店	1	29	支払い
	25	買掛金支払い	387,500	約手	16	栃木商店	当　店	1	25	3	25	北銀行本店			

手形債務が発生したときに記入する。

手形債務が消滅したときに記入する。

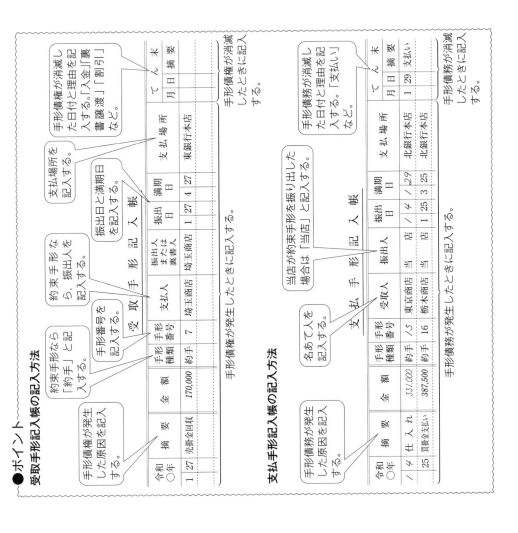

●ポイント

商品有高帳（先入先出法）の記入方法

先入先出法であることを確認する。

仕入単価が二つあるので，{をつけて並べて記入する。

商　品　有　高　帳

（先入先出法）　（品名）　A　品　（単位：枚）

令和○年		摘要	受入 数量	受入 単価	受入 金額	払出 数量	払出 単価	払出 金額	残高 数量	残高 単価	残高 金額
1	1	前月繰越	100	2,450	245,000				100	2,450	245,000
	12	茨城商店	100	2,500	250,000				100	2,450	245,000
									100	2,500	250,000
	14	群馬商店				100	2,450	245,000			
						20	2,500	50,000	80	2,500	200,000
	16	栃木商店	200	2,800	560,000				80	2,500	200,000
									200	2,800	560,000
	31	次月繰越				80	2,500	200,000			
						200	2,800	560,000			
			400		1,055,000	400		1,055,000			

先に受け入れてある単価のものから，先に払い出す。

最終残高を次月繰越の払出欄に書き移す。

商品有高帳（移動平均法）の記入方法

仕入れのつど，平均単価を計算し，残高欄に記入する。

$$\frac{\text{前月繰越¥200,000＋16日の仕入金額¥220,000}}{\text{前月繰越100枚＋16日の仕入数量100枚}}$$

移動平均法であることを確認する。

商　品　有　高　帳

（移動平均法）　（品名）　B　品　（単位：枚）

令和○年		摘要	受入 数量	受入 単価	受入 金額	払出 数量	払出 単価	払出 金額	残高 数量	残高 単価	残高 金額
7	1	前月繰越	100	2,000	200,000				100	2,000	200,000
	16	香川商店	100	2,200	220,000				200	2,100	420,000
	25	徳島商店				150	2,100	315,000	50	2,100	105,000
	31	次月繰越				50	2,100	105,000			
			200		420,000	200		420,000			

直前の残高欄に記入されている平均単価を払出単価とする。

最終残高を次月繰越の払出欄に書き移す。

●ポイント

帳簿の問題の解き方

解く前に問題用紙と解答用紙にマークをつけると間違いが少なくなる。

例えば，現金（問題用紙）と現金勘定（解答用紙）と現金出納帳（解答用紙）は○，埼玉商店（問題文）と埼玉商店勘定（解答用紙）は□，茨城商店（問題文）と茨城商店勘定（解答用紙）は☆というように決めて，すべての問題文を読んでマークをつけてから，解答するとミスが少なくなる。

出題形式別練習問題　決算の問題

1

精　算　表

令和○年12月31日

勘定科目	残高試算表		整理記入		損益計算書		貸借対照表	
	借　方	貸　方	借　方	貸　方	借　方	貸　方	借　方	貸　方
現　金	3,488,000						3,488,000	
当座預金	8,418,000						8,418,000	
受取手形	4,000,000						4,000,000	
売掛金	5,100,000						5,100,000	
貸倒引当金		230,000		43,000				273,000
有価証券	5,000,000		70,000				5,070,000	
繰越商品	1,078,000		1,100,000	1,078,000			1,100,000	
建　物	14,620,000						14,620,000	
建物減価償却累計額		3,655,000		731,000				4,386,000
支払手形		3,552,000						3,552,000
買掛金		5,063,000						5,063,000
借入金		1,072,000						1,072,000
資本金		24,000,000						24,000,000
売　上		35,396,000				35,396,000		
受取家賃		619,000	80,000			539,000		
受取手数料		89,000		70,000		159,000		
仕　入	20,992,000		1,078,000	1,100,000	20,970,000			
給　料	8,190,000				8,190,000			
発送費	890,000				890,000			
支払地代	660,000		60,000		720,000			
保険料	828,000			60,000	768,000			
通信費	350,000			50,000	300,000			
雑　費	12,000				12,000			
支払利息	50,000				50,000			
	73,676,000	73,676,000						
貸倒引当金繰入			43,000		43,000 ❶			
減価償却費			731,000		731,000 ❷			
有価証券評価益				70,000		70,000 ❸		
貯蔵品			50,000				50,000 ❹	
前払保険料			60,000				60,000 ❺	
前受家賃				80,000				80,000
未払地代				60,000				60,000
未収手数料			70,000				70,000	
当期純利益					3,490,000			3,490,000
			3,342,000	3,342,000	36,164,000	36,164,000	41,976,000	41,976,000

解説

〈決算整理仕訳〉

a.	(借) 仕　入	1,078,000	(貸) 繰越商品	1,078,000	
	繰越商品	1,100,000	仕　入	1,100,000	
b.	(借) 貸倒引当金繰入	43,000❶	(貸) 貸倒引当金	43,000	
c.	(借) 減価償却費	731,000❷	(貸) 建物減価償却累計額	731,000	
d.	(借) 有価証券	70,000	(貸) 有価証券評価益	70,000❸	
e.	(借) 貯蔵品	50,000❹	(貸) 通信費	50,000	
f.	(借) 前払保険料	60,000❺	(貸) 保険料	60,000	
g.	(借) 受取家賃	80,000	(貸) 前受家賃	80,000	
h.	(借) 支払地代	60,000	(貸) 未払地代	60,000	
i.	(借) 未収手数料	70,000	(貸) 受取手数料	70,000	

❶ 貸倒引当金繰入　(受取手形 ¥4,000,000＋売掛金 ¥5,100,000)×3%
－貸倒引当金残高 ¥230,000＝¥43,000

❷ 減価償却費　$\frac{\text{建物 ¥14,620,000－残存価額 ¥0}}{\text{耐用年数20年}}$＝¥731,000

❸ 有価証券評価益　時価 ¥5,070,000(1,000株×¥5,070)－帳簿価額 ¥5,000,000
＝(＋)¥70,000

❹ 貯蔵品　切手の未使用高は，通信費勘定から貯蔵品勘定（資産の勘定）に振り替える。

❺ 前払保険料　¥360,000×$\frac{\text{2か月(次期1月分から2月分)}}{\text{12か月(当期3月分から次期2月分)}}$＝¥60,000
前払保険料勘定は資産の勘定なので，貸借対照表欄に表示する。

●ポイント

精算表は，残高試算表・決算整理・損益計算書および貸借対照表を一つにまとめた一覧表である。精算表は，決算手続きの全体的な流れを理解するのに役立ち，また損益計算書や貸借対照表を作成する場合の基礎資料となる。

8けた精算表への記入は，次の順序でおこなう。

① 総勘定元帳勘定残高を残高試算表欄に記入する。

② 決算整理に必要な仕訳を整理記入欄でおこなう。勘定科目を追加する必要が生じたときは，その科目を勘定科目欄に記入する。借方·貸方の金額をそれぞれ合計し，一致を確認して記入する。

③ 各勘定科目について，その残高試算表欄の金額と整理記入欄の金額が，貸借同じ側にあれば加え，反対側にあれば差し引いて，資産勘定・負債勘定・資本勘定・評価勘定（貸倒引当金勘定・減価償却累計額勘定）の金額は**貸借対照表欄**に，収益・費用の各勘定の金額は**損益計算書欄**に，それぞれ記入する。

④ 損益計算書欄および貸借対照表欄の借方・貸方の金額をそれぞれ合計し，その差額を当期純利益または当期純損失として記入する。

⑤ 損益計算書欄および貸借対照表欄の借方・貸方の金額をそれぞれ合計して締め切る。

2

(1)

精　算　表

令和○年12月31日

勘定科目	残高試算表 借方	残高試算表 貸方	整理記入 借方	整理記入 貸方	損益計算書 借方	損益計算書 貸方	貸借対照表 借方	貸借対照表 貸方
現金	472,000						472,000	
当座預金	1,052,000						1,052,000	
受取手形	672,000						672,000	
売掛金	1,128,000						1,128,000	
貸倒引当金		3,000		33,000				36,000
有価証券	921,000		39,000				960,000	
繰越商品	134,000		150,000	134,000			150,000	
貸付金	384,000						384,000	
備品	576,000						576,000	
備品減価償却累計額		252,000		81,000				333,000
支払手形		444,000						444,000
買掛金		732,000						732,000
資本金		3,794,000						3,794,000
売上		5,174,000				5,174,000		
受取手数料		50,000		20,000		70,000		
受取利息		15,000	9,000			6,000		
仕入	3,374,000		134,000	150,000	3,358,000			
給料	1,076,000				1,076,000			
発送費	111,000				111,000			
支払家賃	374,000		34,000		408,000			
保険料	103,000			60,000	43,000			
租税公課	43,000			14,000	29,000			
雑費	44,000				44,000			
	10,464,000	10,464,000						
貸倒引当金繰入			33,000 ❶		33,000			
減価償却費			81,000 ❷		81,000			
有価証券評価(益)				39,000 ❸		39,000		
貯蔵品			14,000 ❹				14,000	
前払保険料			60,000 ❺				60,000	
(未払)家賃				34,000 ❻				34,000
(未収)手数料			20,000 ❼				20,000	
(前受)利息				9,000 ❽				9,000
当期純(利益)					106,000			106,000
			574,000	574,000	5,289,000	5,289,000	5,488,000	5,488,000

(2)

損　益　計　算　書

東京商店　　令和○年1月1日から令和○年12月31日まで　　(単位：円)

費用	金額	収益	金額
売上原価	3,358,000	売上高	5,174,000
給料	1,076,000	受取手数料	70,000
❶ (貸倒引当金繰入)	33,000	受取利息	6,000
❷ (減価償却費)	81,000	(有価証券評価益)	39,000 ❸
発送費	111,000		
支払家賃	408,000		
保険料	43,000		
租税公課	29,000		
雑費	44,000		
(当期純利益)	106,000		
	5,289,000		5,289,000

(3)

貸　借　対　照　表

東京商店　　令和○年12月31日　　(単位：円)

資産		金額	負債および純資産	金額
現金		472,000	支払手形	444,000
当座預金		1,052,000	買掛金	732,000
受取手形	(672,000)		(未払家賃)	34,000 ❻
貸倒引当金	(13,440)	658,560	(前受利息)	9,000 ❽
売掛金	(1,128,000)		資本金	3,794,000
貸倒引当金	(22,560)	1,105,440	(当期純利益)	106,000
(有価証券)		960,000		
(商品)		150,000		
貸付金		384,000		
❹ 貯蔵品		14,000		
❺ (前払保険料)		60,000		
❼ (未収手数料)		20,000		
備品	(576,000)			
減価償却累計額	(333,000)	243,000		
		5,119,000		5,119,000

解説

〈決算整理仕訳〉

a．(借)	仕入	134,000	(貸) 繰越商品	134,000
	繰越商品	150,000	仕入	150,000
b．(借)	貸倒引当金繰入	33,000❶	(貸) 貸倒引当金	33,000
c．(借)	減価償却費	81,000❷	(貸) 備品減価償却累計額	81,000
d．(借)	有価証券	39,000	(貸) 有価証券評価益	39,000❸
e．(借)	貯蔵品	14,000❹	(貸) 租税公課	14,000
f．(借)	前払保険料	60,000❺	(貸) 保険料	60,000
g．(借)	支払家賃	34,000	(貸) 未払家賃	34,000❻
h．(借)	未収手数料	20,000❼	(貸) 受取手数料	20,000
i．(借)	受取利息	9,000	(貸) 前受利息	9,000❽

❶ 貸倒引当金繰入　(受取手形 ¥672,000＋売掛金 ¥1,128,000)×2%
－貸倒引当金残高 ¥3,000＝¥33,000

❷ 減価償却費　(備品 ¥576,000－備品減価償却累計額 ¥252,000)×償却率25%
＝¥81,000

❸ 有価証券評価益　時価 ¥960,000(300株×¥3,200)－帳簿価額 ¥921,000
＝(＋)¥39,000

❹ 貯蔵品　収入印紙の未使用高は，租税公課勘定から貯蔵品勘定（資産の勘定）に振り替える。

❺ 前払保険料　$¥90,000 \times \frac{8か月(次期1月分から8月分)}{12か月(当期9月分から次期8月分)} = ¥60,000$
前払保険料勘定は資産の勘定なので，貸借対照表欄に表示する。

❻ 未払家賃　未払家賃勘定は負債の勘定なので，貸借対照表欄に表示する。

❼ 未収手数料　未収手数料勘定は資産の勘定なので，貸借対照表欄に表示する。

❽ 前受利息　前受利息勘定は負債の勘定なので，貸借対照表欄に表示する。

●ポイント

損益計算書・貸借対照表の作成

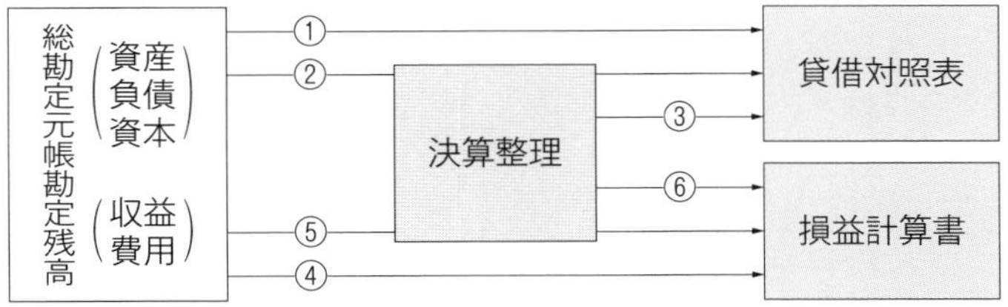

① 決算整理をしなくてよい資産・負債・資本の勘定は，総勘定元帳勘定残高をそのまま貸借対照表に移す。
② 決算整理をおこなう資産・負債・資本の勘定は，総勘定元帳勘定残高に加減してから貸借対照表に移す。
③ 決算整理で増加した資産・負債の勘定は，その金額を貸借対照表に移す。
④ 決算整理をしなくてよい収益・費用の勘定は，総勘定元帳勘定残高をそのまま損益計算書に移す。
⑤ 決算整理をおこなう収益・費用の勘定は，総勘定元帳勘定残高に加減してから損益計算書に移す。
⑥ 決算整理で発生した収益・費用の勘定は，その金額を損益計算書に移す。

損益計算書は，主として損益勘定にもとづいて作成する。

貸借対照表は，資産・負債・資本の各勘定残高や，繰越試算表にもとづいて作成する。

表示上の注意

損益計算書

① 決算整理後の仕入勘定の残高は，「売上原価」として表示する。
② 売上は，「売上高」として表示する。

貸借対照表

① 貸倒引当金・減価償却累計額は，科目別に主科目から控除する形式で示すことが原則となっているので，資産の側で表示する。
② 資本金勘定の金額は，期首資本金と，当期純利益に分けて表示する。
③ 繰越商品は，「商品」として表示する。

3

(1)

損益計算書

大阪商店　令和○年/月/日から令和○年/2月3/日まで　(単位：円)

費用	金額	収益	金額
売上原価	27,096,000	売上高	37,638,000
給料	8,190,000	受取家賃	2,285,000
❶(貸倒引当金繰入)	204,000	(受取手数料)	520,000
❷(減価償却費)	610,000		
発送費	890,000		
支払地代	1,980,000		
保険料	678,000		
租税公課	22,000		
雑費	12,000		
支払利息	50,000		
❸(有価証券評価損)	80,000		
(当期純利益)	631,000		
	40,443,000		40,443,000

(2)

貸借対照表

大阪商店　令和○年/2月3/日　(単位：円)

資産		金額	負債および純資産	金額
現金		4,118,000	支払手形	5,375,000
当座預金		8,318,000	買掛金	6,962,000
受取手形	(3,000,000)		借入金	3,648,000
貸倒引当金	(90,000)	2,910,000	(未払地代)	165,000 ❻
売掛金	(5,000,000)		(前受家賃)	800,000 ❼
貸倒引当金	(150,000)	4,850,000	資本金	10,000,000
(有価証券)		2,720,000	(当期純利益)	631,000
(商品)		1,130,000		
❹貯蔵品		3,000		
❺(前払保険料)		150,000		
❽(未収手数料)		120,000		
建物	(5,480,000)			
減価償却累計額	(3,562,000)	1,918,000		
備品	(2,100,000)			
減価償却累計額	(756,000)	1,344,000		
		27,581,000		27,581,000

解説

〈付記事項〉

①	(借) 当座預金	300,000	(貸) 売掛金	300,000	

〈決算整理仕訳〉

	借方科目	金額	貸方科目	金額
a.	(借) 仕入	1,280,000	(貸) 繰越商品	1,280,000
	繰越商品	1,130,000	仕入	1,130,000
b.	(借) 貸倒引当金繰入	204,000❶	(貸) 貸倒引当金	204,000
c.	(借) 減価償却費	610,000❷	(貸) 建物減価償却累計額	274,000
			備品減価償却累計額	336,000
d.	(借) 有価証券評価損	80,000❸	(貸) 有価証券	80,000
e.	(借) 貯蔵品	3,000❹	(貸) 租税公課	3,000
f.	(借) 前払保険料	150,000❺	(貸) 保険料	150,000
g.	(借) 支払地代	165,000	(貸) 未払地代	165,000❻
h.	(借) 受取家賃	800,000	(貸) 前受家賃	800,000❼
i.	(借) 未収手数料	120,000❽	(貸) 受取手数料	120,000

❶ 貸倒引当金繰入　(受取手形 ¥3,000,000＋売掛金 ¥5,300,000－付記事項① ¥300,000)×3%－貸倒引当金残高 ¥36,000＝¥204,000

❷ 減価償却費　建物：$\frac{\text{建物 ¥5,480,000－残存価額 ¥0}}{\text{耐用年数20年}}$＝¥274,000

備品：(備品 ¥2,100,000－減価償却累計額 ¥420,000)×20%＝¥336,000

❸ 有価証券評価損　時価 ¥2,720,000(4,000株×¥680)－帳簿価額 ¥2,800,000＝(－)¥80,000

❹ 貯蔵品　収入印紙の未使用高は，租税公課勘定から貯蔵品勘定（資産の勘定）に振り替える。

❺ 前払保険料　¥600,000×$\frac{\text{3か月(次期1月分から3月分)}}{\text{12か月(当期4月分から次期3月分)}}$＝¥150,000

前払保険料勘定は資産の勘定なので，貸借対照表に表示する。

❻ 未払地代　未払地代勘定は負債の勘定なので，貸借対照表に表示する。

❼ 前受家賃　前受家賃勘定は負債の勘定なので，貸借対照表に表示する。

❽ 未収手数料　未収手数料勘定は資産の勘定なので，貸借対照表に表示する。

出題形式別練習問題　株式会社の問題

	借方		貸方		
a	当座預金 株式交付費	56,000,000 500,000	資本金 資本準備金 当座預金	28,000,000 28,000,000 500,000	❶
b	損益	900,000	繰越利益剰余金	900,000	❷
c	繰越利益剰余金	2,050,000	未払配当金 利益準備金 別途積立金	1,800,000 180,000 70,000	❸
d	仮払法人税等	1,240,000	当座預金	1,240,000	❹
e	繰越利益剰余金	490,000	損益	490,000	❺
f	未払配当金	4,600,000	当座預金	4,600,000	❻

解説

❶ 原則，払込金は全額を資本金に計上するが，例外として払込金額の2分の1をこえない額を資本金として計上しないことが認められている。資本金として計上しない部分は資本準備金勘定（資本の勘定）の貸方に計上する。株式をあらたに発行するために要した諸費用は，株式交付費勘定（費用の勘定）の借方に記入する。

❷ 当期純利益は，繰越利益剰余金勘定（資本の勘定）の貸方に振り替えて，次期に繰り越す。

❸ 配当や任意積立金などで処分した額は，繰越利益剰余金勘定（資本の勘定）から各勘定の貸方に振り替えられる。

❹ 中間申告では，前年度の法人税等の額の2分の1，または中間決算をおこなって，法人税等の額を計算して申告納付する。中間納付額は，仮払法人税等勘定（資産の勘定）で処理する。

❺ 損益勘定で計上された当期純損失は，繰越利益剰余金勘定（資本の勘定）の借方に振り替える。

❻ 未払配当金は負債であるから，株主に支払ったときは借方に記入し，未払配当金勘定（負債の勘定）を減少させる。

●ポイント

株式の発行

1．株式会社の資本金

株式会社の資本金は，原則として設立または事業拡張のためのあらたな株式の発行にさいして，株主となる者が会社に対して払い込みをした額であり，**資本金勘定**で処理する。ただし，定款に定めた設立にさいして出資される財産の価額またはその最低額以上の払い込みがなければならない。また，公開会社では設立にあたって，発行可能株式総数の４分の１以上の株式を発行しなければならない。

2．資本準備金

会社法では，原則として，株主の払込金額の全額を資本金に計上することとしているが，払込金額の２分の１をこえない金額を資本金に計上しないことも認められている。資本金として計上しない部分は**資本準備金勘定**で処理する。

3．株式発行費用など

会社の設立や開業，株式の発行にかかる費用はそれぞれ，創立費勘定，開業費勘定，株式交付費勘定で処理し，次のように分けられる。

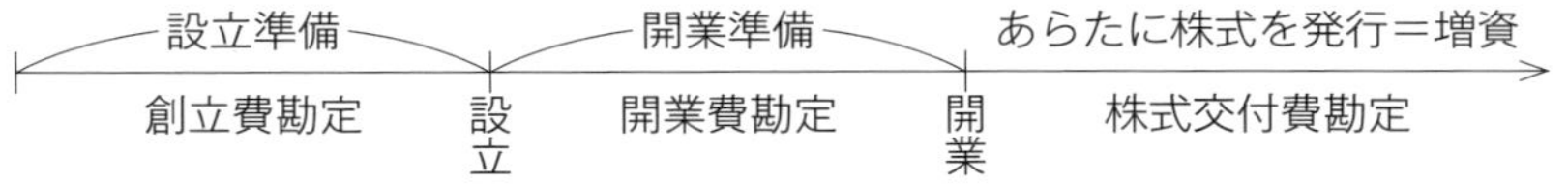

2級模擬試験問題　第 1 回

1

@4点×3＝12点

	借方		貸方		
a	有価証券	13,560,000	普通預金	13,560,000	❶
b	買掛金	300,000	受取手形	300,000	❷
c	仮受消費税	550,000	仮払消費税 未払消費税	400,000 150,000	❸

解説

❶ 売買目的で株式を買い入れたときは，有価証券勘定（資産の勘定）で処理する。なお，買入手数料は有価証券勘定に含める。

❷ 約束手形を裏書譲渡した場合は，手形債権が消滅するため，受取手形勘定（資産の勘定）を減少させる。

❸ 消費税は消費者が負担する税金であるが，その徴収と納税は企業がおこなう。企業が納付する消費税は，仮受消費税から仮払消費税を差し引いた額であり，決算にあたり，その差額を未払消費税勘定（負債の勘定）の貸方に記入する。

2

@4点×5＝20点

(1)

a	￥	500,000 ❶	b	￥	420,000 ❷

解説

❶ 期首商品棚卸高 ￥180,000＋純仕入高 ￥[x]－期末商品棚卸高 ￥200,000＝売上原価 ￥450,000であることから，純仕入高 ￥470,000が求められる。

次に，総仕入高 ￥[y]－仕入返品高 ￥30,000＝純仕入高 ￥470,000であることから，総仕入高 ￥500,000が求められる。

❷ 下記の買掛金勘定より，買掛金の支払高 ￥420,000を差額で求めることができる。

買　掛　金

支払高	420,000	前期繰越	250,000
仕入返品高	30,000	総仕入高	500,000
次期繰越	300,000		
	750,000		750,000

(2)

a ❶	b ❷
2	1

※二つとも合っている場合に正答とする。

解説

❶ 1．liabilities　負債　　2．assets　資産　　3．capital　資本

❷ 貸借対照表は，企業の一定時点における財政状態を明らかにし，損益計算書は企業の一会計期間における経営成績を明らかにする。

(3)

	借方		貸方	
a	本店	450,000	現金	450,000
b	川崎支店	300,000	横浜支店	300,000

解説

本店集中計算制度を採用している場合，各支店に本店勘定を設ければよい。各支店は本店と取引したように記帳することで，本店は支店間の取引内容を容易に知ることができる。なお，本支店の各取引を示すと次のようになる。

		借方		貸方	
a	本店	買掛金	450,000	横浜支店	450,000
	横浜支店	本店	450,000	現金	450,000
b	本店	川崎支店	300,000	横浜支店	300,000
	横浜支店	本店	300,000	仕入	300,000
	川崎支店	仕入	300,000	本店	300,000

3

●印@2点×4＝8点

仕訳集計表

令和○年/月22日

借方	元丁	勘定科目	元丁	貸方
● 1,200,000		現金		665,000
619,000	2	当座預金	2	1,695,000
799,000		売掛金		855,000
		未収入金		2,000
676,000		買掛金		588,000
●850,000		(手形借入金)		
		売上		1,009,000
588,000		仕入		
52,000		広告料		
25,000		水道光熱費		
3,000		消耗品費		
2,000		雑費		
4,814,000		●		4,814,000

当座預金　2

8,500,000	4,200,000
● 1/22 619,000	1/22 1,695,000

解説

《追加取引の仕訳》

（借）現金 2,000　（貸）未収入金 2,000……入金伝票

（借）手形借入金 850,000　（貸）当座預金 850,000……振替伝票

●ポイント

追加取引は，仕訳をして起票すべき伝票を確定する。

起票された伝票を仕訳で示すと次のようになる。

入金伝票

（借）現金	1,200,000	（貸）当座預金	132,000
		当座預金	332,000
		売上	210,000
		売掛金	218,000
		当座預金	147,000
		売掛金	159,000
〈追〉		未収入金	2,000

出金伝票

（借）雑費	2,000	（貸）現金	665,000
買掛金	202,000		
当座預金	141,000		
買掛金	292,000		
水道光熱費	25,000		
消耗品費	3,000		

振替伝票

（借）当座預金	478,000	（貸）売掛金	478,000
広告料	52,000	当座預金	52,000
買掛金	182,000	当座預金	182,000
仕入	371,000	買掛金	371,000
仕入	217,000	買掛金	217,000
売掛金	799,000	売上	799,000
〈追〉手形借入金	850,000	当座預金	850,000

4

●印@3点×8＝24点

(1)

総 勘 定 元 帳

現　金　1

1/1	1,200,000		

当座預金　2

1/1	3,300,000	1/23	300,000 ❻
❸ 13	781,000	27 ●	800,000 ❼

受取手形　3

❺ 1/1	1,500,000		
19	754,000		

売掛金　4

1/1	2,500,000	1/10	10,800 ❶
8	330,000	19	754,000 ❺

前払金　10

1/1	150,000	1/16 ●	150,000 ❹

支払手形　17

❼ 1/27 ●	800,000	1/1	800,000

買掛金　18

❻ 1/23	300,000	1/1	1,800,000
		12	584,000 ❷
		16	514,000 ❹

売　上　24

❶ 1/10	10,800	1/8	330,000
		13	781,000 ❸

仕　入　30

❹ ❷ 1/12	584,000		
16 ●	664,000		

(2)

当 座 預 金 出 納 帳　1

令和○年		摘要	預入	引出	借または貸	残高	
/	/	前月繰越	3,300,000		借	3,300,000	
	13	福山商店に売り渡し　小切手受け取り	781,000		〃	● 4,081,000	❸
	23	尾道商店に買掛金の支払い　小切手#9		300,000	〃	3,781,000	❻
	27	竹原商店あての約手　期日支払い		800,000	〃	2,981,000	❼
	31	次月繰越		2,981,000			
			4,081,000	4,081,000			❽

売 上 帳　1

	令和○年		摘要			内訳	金額	
	/	8	呉商店		掛け			
			A品	200個	@¥900	180,000		
			C品	300〃	〃〃500	150,000	330,000	
●		10	呉商店		掛け返品			
			A品	12個	@¥900		10,800	❶
		13	福山商店		小切手			
			A品	300個	@¥1,000	300,000		
			B品	650〃	〃〃740	481,000	781,000	❸
		31			総売上高		1,111,000	
		〃			売上返品高		10,800	❾
					純売上高		1,100,200	

売 掛 金 元 帳

呉　商　店　1

	令和○年		摘要	借方	貸方	借または貸	残高	
	/	/	前月繰越	1,300,000		借	1,300,000	
		8	売り上げ	330,000		〃	1,630,000	
		10	返品		10,800	〃	1,619,200	❶
●		19	回収		754,000	〃	865,200	❺
		31	次月繰越		865,200			
				1,630,000	1,630,000			❿

商 品 有 高 帳

(先入先出法)　(品名)　B　品　(単位：個)

	令和○年		摘要	受入 数量	受入 単価	受入 金額	払出 数量	払出 単価	払出 金額	残高 数量	残高 単価	残高 金額	
	/	/	前月繰越	300	550	165,000				300	550	165,000	
●		12	尾道商店	500	520	260,000				300	550	165,000	❷
										500	520	260,000	
		13	福山商店				300	550	165,000				
							350	520	182,000	150	520	78,000	❸
		31	次月繰越				150	520	78,000				
				800		425,000	800		425,000				⓫

解説

❶ 1/10 （借）売　　　上 10,800 （貸）売　掛　金 10,800

売上勘定の借方，売掛金勘定の貸方に日付・金額を記入する。

売上帳に売上取引の明細を記入する。売上返品高は赤字で記入する。

呉商店に対する売掛金のため，売掛金元帳の呉商店勘定の貸方欄に記入する。

❷ 1/12 （借）仕　　　入 584,000 （貸）買　掛　金 584,000

仕入勘定の借方，買掛金勘定の貸方に日付・金額を記入する。

B品を仕入れたため，商品有高帳の受入欄に記入する。

❸ 1/13 （借）当 座 預 金 781,000 （貸）売　　　上 781,000

当座預金勘定の借方，売上勘定の貸方に日付・金額を記入する。

売上帳に売上取引の明細を記入する。2品目以上売り上げた場合は，品目ごとに内訳欄に記入し，合計金額を金額欄に記入する。

当座預金勘定が増加したため，当座預金出納帳に記入する。

B品を販売したため，商品有高帳の払出欄に記入する。ただし，先入先出法のため，前月繰越の300個@￥550の商品から払い出すことに注意する。

❹ 1/16 （借）仕　　　入 664,000 （貸）前　払　金 150,000

買　掛　金 514,000

仕入勘定の借方，前払金勘定，買掛金勘定の貸方に日付・金額を記入する。

❺ 1/19 （借）受 取 手 形 754,000 （貸）売　掛　金 754,000

受取手形勘定の借方，売掛金勘定の貸方に日付・金額を記入する。

呉商店に対する売掛金のため，売掛金元帳の呉商店勘定の貸方欄に記入する。

❻ 1/23 （借）買　掛　金 300,000 （貸）当 座 預 金 300,000

買掛金勘定の借方，当座預金勘定の貸方に日付・金額を記入する。

当座預金勘定が減少したため，当座預金出納帳に記入する。小切手番号を忘れずに記入する。

❼ 1/27 （借）支 払 手 形 800,000 （貸）当 座 預 金 800,000

支払手形勘定の借方，当座預金勘定の貸方に日付・金額を記入する。

当座預金勘定が減少したため，当座預金出納帳に記入する。

❽ 当座預金出納帳の引出欄に残高を記入して締め切る。

❾ 総売上高には赤字以外の合計金額を記入する。

売上返品高は赤字で記入したものの合計金額を記入する。

総売上高から売上返品高を控除したものを純売上高として記入する。

❿ 売掛金元帳の貸方欄に残高を記入し，締め切る。

⓫ 商品有高帳の払出欄に残高を記入し，締め切る。

●ポイント

売上帳と売上勘定

売上帳は，売上取引を発生順に，その明細を記録する補助簿であり，売上帳と売上勘定を照合することにより，両者の記帳に誤りがないか確認することができる。本問を例に挙げると以下のようになる。売上勘定の貸方に記入した取引は売上帳に黒で記入し，売上勘定の借方に記入した取引は売上帳に赤で記入することで，売上帳と売上勘定が対応していることがわかる。

売　上　24

1/10	10,800	1/8	330,000
		13	781,000

売　上　帳　1

令和○年		摘要			内訳	金額
1	8	呉商店		掛け		
		A品	200個	@￥900	180,000	
		C品	300〃	〃〃500	150,000	330,000
	10	呉商店		掛け返品		
		A品	12個	@￥900		10,800
	13	福山商店		小切手		
		A品	300個	@￥1,000	300,000	
		B品	650〃	〃〃740	481,000	781,000
	31			総売上高		1,111,000
	〃			売上返品高		10,800
				純売上高		1,100,200

5

●印@3点×8＝24点

(1)

貸借対照表

山梨商店　令和○年12月31日　(単位：円)

資産		金額	負債および純資産	金額
現金		516,000	支払手形	711,000
当座預金		3,296,000	買掛金	1,683,000
受取手形	(1,140,000)		借入金	2,704,000
貸倒引当金	(❶ 11,400)	● 1,128,600	所得税預り金	127,000
売掛金	(4,160,000)		(未払利息)	● 26,000
貸倒引当金	(❶ 41,600)	4,118,400	(前受地代)	● 50,000
❸(有価証券)		● 2,280,000	営業外支払手形	570,000
商品		1,300,000	資本金	9,444,000
❹(前払保険料)		● 120,000	当期純利益	● 532,000
備品	(2,800,000)			
❷減価償却累計額	(1,792,000)	● 1,008,000		
土地		2,080,000		
		15,847,000		15,847,000

(2)

損益計算書に記載する売上原価の金額	¥ 21,138,000 ● ❺

解説

〈決算整理仕訳〉

a.	(借) 仕入	1,268,000	(貸) 繰越商品	1,268,000❺
	繰越商品	1,300,000	仕入	1,300,000
b.	(借) 貸倒引当金繰入	50,000❶	(貸) 貸倒引当金	50,000
c.	(借) 減価償却費	672,000❷	(貸) 備品減価償却累計額	672,000
d.	(借) 有価証券評価損	60,000❸	(貸) 有価証券	60,000
e.	(借) 前払保険料	120,000❹	(貸) 保険料	120,000
f.	(借) 支払利息	26,000	(貸) 未払利息	26,000
g.	(借) 受取地代	50,000	(貸) 前受地代	50,000

❶ 貸倒引当金繰入　(受取手形 ¥1,140,000＋売掛金 ¥4,160,000)×1%
－貸倒引当金残高 ¥3,000＝¥50,000

❷ 減価償却費　(備品 ¥2,800,000－備品減価償却累計額 ¥1,120,000)×40%
＝¥672,000

❸ 有価証券評価損　時価 ¥2,280,000(1,000株×¥2,280)－帳簿価額 ¥2,340,000
＝(－)¥60,000

❹ 前払保険料　$¥240{,}000 \times \dfrac{\text{6か月(次期1月分から6月分)}}{\text{12か月(当期7月分から次期6月分)}} = ¥120{,}000$

前払保険料勘定は資産の勘定なので，貸借対照表に記載する。

❺ 売上原価 ¥21,138,000＝期首商品棚卸高 ¥1,268,000＋当期純仕入高 ¥21,170,000
－期末商品棚卸高 ¥1,300,000

●ポイント

本問は貸借対照表作成の問題だが，損益勘定または損益計算書を作成し，当期純利益を計算することで，貸借対照表の作成が正しくおこなわれたか確認することができる。

ここでは，山梨商店の総勘定元帳勘定残高と決算整理事項から，損益計算書を作成し，当期純利益が貸借対照表と一致するか確認してみよう。

損益計算書

山梨商店　令和○年1月1日から令和○年12月31日まで　(単位：円)

費用	金額	収益	金額
(　　)		(　　)	
給料		受取地代	
(　　)			
(　　)			
支払家賃			
保険料			
租税公課			
雑費			
支払利息			
有価証券評価損			
(　　)			

※解答はp.99

6

@4点×3＝12点

	借方		貸方		
a	当座預金	15,750,000	資本金	10,500,000	
			資本準備金	5,250,000	❶
	創立費	150,000	当座預金	150,000	
b	未払法人税等	1,080,000	現金	1,080,000	❷
c	損益	1,320,000	繰越利益剰余金	1,320,000	❸

解説

❶ 原則，払込金は全額を資本金に計上するが，例外として払込金額の2分の1を超えない額を資本金として計上しないことが認められている。資本金として計上しない部分は資本準備金勘定（資本の勘定）の貸方に計上する。

株式会社の設立のために支出した費用は，創立費勘定（費用の勘定）の借方に記入する。

❷ 株式会社は決算の翌日から原則2か月以内に確定申告をおこない，未払法人税等を納付する。

なお，決算では次の仕訳をおこなっている。

（借）法人税等 2,180,000　（貸）仮払法人税等 1,100,000
　　　　　　　　　　　　　　　　未払法人税等 1,080,000

❸ 当期純利益は，損益勘定の借方から繰越利益剰余金勘定（資本の勘定）の貸方に振り替えて，次期に繰り越す。

2級模擬試験問題　第 2 回

1

@4点×3＝12点

	借方		貸方		
a	受取商品券	320,000	売上	320,000	❶
b	受取手形 現金	800,000 4,000	受取手形 受取利息	800,000 4,000	❷
c	当座預金	9,500,000	有価証券 有価証券売却益	8,550,000 950,000	❸

解説

❶ 他店が発行した商品券を受け取ったときは，受取商品券勘定（資産の勘定）の借方に記入する。なお，精算するさいは次のように貸方に記入する。

（借）現金など 320,000　（貸）受取商品券 320,000

❷ 手形の書き換えによって旧手形の債権は消滅し，新手形の債権が発生する。そこで，手形の受取人は，受取利息 ¥4,000と受取手形（旧手形）¥800,000を貸方に記入し，受取手形（新手形）¥800,000と現金 ¥4,000を借方に記入する。

❸ 有価証券を売却したときは，有価証券勘定（資産の勘定）の貸方に帳簿価額で記入する。売却価額との差額は，有価証券売却益勘定（収益の勘定）または有価証券売却損勘定（費用の勘定）に記入する。

2

@4点×5＝20点

(1)

a	¥ 750,000	b	¥ 500

解説

資料ⅰ〜ⅲより当期の仕訳を再現すると次のようになる。

① 再振替仕訳

（借）保険料 400,000　（貸）前払保険料 400,000

（借）前受利息 300　（貸）受取利息 300

② 期中の仕訳

（借）保険料 x　（貸）現金など x

（借）現金など y　（貸）受取利息 y

③ 当期の決算整理仕訳

（借）前払保険料 450,000　（貸）保険料 450,000

（借）受取利息 200　（貸）前受利息 200

④ 決算振替仕訳

（借）受取利息 600　（貸）損益 600

（借）損益 700,000　（貸）保険料 700,000

上記の仕訳を各勘定に転記し，貸借差額で保険料の当期支払額および利息の当期受取額をそれぞれ求めることができる。

保険料

前払保険料	400,000	前払保険料	450,000
現金など	x	損益	700,000
	1,150,000		1,150,000

受取利息

前受利息	200	前受利息	300
損益	600	現金など	y
	800		800

(2)

a ❶	b ❷
1	1

※二つとも合っている場合に正答とする。

解説

❶ 1．journal　仕訳帳　2．sales book　売上帳　3．general ledger　総勘定元帳

❷ 仕訳帳と総勘定元帳は，すべての取引が記入され，簿記の仕組みを支えるために最低限必要な帳簿であるため，この二つの帳簿を主要簿という。

(3)

a	¥ 650,000 ❶	b	¥ 2,170,000 ❷

解説

ⅱ　12月31日における本支店間の取引

① 本店（借）現金 500,000　（貸）支店 500,000

　 支店（借）本店 500,000　（貸）売掛金 500,000

② 本店（借）仕入 100,000　（貸）支店 100,000

❶ 上記の仕訳を支店勘定，本店勘定に転記することで，￥650,000を求めることができる。

支店

1,250,000	① 500,000
	② 100,000

本店

① 500,000	1,150,000

❷ 本店　期首商品棚卸高 ￥400,000＋当期仕入高(￥1,320,000＋資料 ii ② ￥100,000)
　　－期末商品棚卸高 ￥450,000＝売上原価 ￥1,370,000
支店　期首商品棚卸高 ￥250,000＋当期仕入高 ￥850,000－期末商品棚卸高 ￥300,000
　　＝売上原価 ￥800,000
本店の売上原価 ￥1,370,000＋支店の売上原価 ￥800,000
＝本支店合併後の売上原価 ￥2,170,000

3

@2点×4＝8点

ア	￥	835,000
イ	￥	350,000
ウ	￥	933,000
エ	￥	4,100,000

解説

仕訳集計表を作成すると，次のようになる。

仕訳集計表
令和○年7月/日

借方	元丁	勘定科目	元丁	貸方
717,000		現金		835,000
589,000		普通預金		558,000
765,000		売掛金		130,000
80,000		前払金		
		未収入金		95,000
350,000		備品		
369,000		買掛金		522,000
		未払金		130,000
		(営業外支払手形)		350,000
		売上		1,480,000
933,000		仕入		
105,000		給料		
130,000		広告料		
60,000		水道光熱費		
2,000		雑費		
4,100,000				4,100,000

《追加取引の仕訳》

(借) 備品	350,000	(貸) 営業外支払手形	350,000	……振替伝票❶
(借) 前払金	80,000	(貸) 現金	80,000	……出金伝票

❶ 商品売買や金銭の貸借以外の取引で振り出した手形は，営業外支払手形となることに注意する。

●ポイント

追加取引は，仕訳をして起票すべき伝票を確定する。
起票された伝票を仕訳で示すと次のようになる。

入金伝票

(借) 現金	717,000	(貸) 普通預金	199,000
		売掛金	130,000
		売上	126,000
		未収入金	95,000
		普通預金	88,000
		普通預金	79,000

出金伝票

(借) 買掛金	151,000	(貸) 現金	835,000
給料	105,000		
仕入	219,000		
買掛金	218,000		
水道光熱費	60,000		
雑費	2,000		
〈追〉前払金	80,000		

振替伝票

(借) 売掛金	286,000	(貸) 売上	286,000
仕入	192,000	普通預金	192,000
普通預金	589,000	売上	589,000
仕入	522,000	買掛金	522,000
広告料	130,000	未払金	130,000
売掛金	479,000	売上	479,000
〈追〉備品	350,000	営業外支払手形	350,000

4

●印@3点×8＝24点

(1)

総勘定元帳

現金 1

借方		貸方	
	1,971,300		1,102,400

当座預金 2

借方		貸方	
	3,100,000		1,300,000
❹ 6/17	110,000	6/20	203,000 ❺
❽ 30	200,000		

受取手形 3

借方		貸方	
	1,450,000		611,000
❻ 6/23 ●	221,000	6/30 ●	200,000 ❽

売掛金 4

借方		貸方	
	2,465,000		1,593,000
❸ 6/14	385,000	6/23	221,000 ❻

前払金 10

借方		貸方	
	280,000		210,000
		6/20 ●	70,000 ❺

支払手形 17

借方		貸方	
	375,000		920,000
		6/25	150,000 ❼

買掛金 18

借方		貸方	
	1,121,000		1,891,000
❷ 6/13	3,500	6/10	316,000 ❶
❼ 25	150,000		

売上 24

借方		貸方	
	31,600		3,157,400
		6/14	385,000 ❸
		17	110,000 ❹

仕入 30

借方		貸方	
	2,231,200		26,400
❶ 6/10	316,000	6/13	3,500 ❷
❺ 20	273,000		

(2)

当座預金出納帳　12

令和○年		摘要	預入	引出	借または貸	残高	
6	/	前月繰越	1,800,000		借	1,800,000	
●	17	所沢商店に売り渡し　小切手受け取り	110,000		〃	1,910,000	❹
	20	熊谷商店から仕入れ　小切手#5		203,000	〃	1,707,000	❺
	30	川口商店振り出しの約手　期日入金	200,000		〃	1,907,000	❽
	〃	次月繰越		1,907,000			❾
			2,110,000	2,110,000			

仕入帳　15

令和○年		摘要		内訳	金額	
6	10	浦和商店	掛け			
		A品　400個	@¥350	140,000		
		B品　200〃	〃〃880	176,000	316,000	❶
●	13	浦和商店	掛け返品			
		A品　10個	@¥350		3,500	❷
	20	熊谷商店	内金・小切手			
		B品　350個	@¥780		273,000	❺
	30		総仕入高		589,000	
	〃		仕入返品高		3,500	❿
			純仕入高		585,500	

買掛金元帳

浦和商店　1

令和○年		摘要	借方	貸方	借または貸	残高	
6	/	前月繰越		150,000	貸	150,000	
	10	仕入れ		316,000	〃	466,000	❶
	13	返品	3,500		〃	462,500	❷
●	25	支払い	150,000		〃	312,500	❼
	30	次月繰越	312,500				⓫
			466,000	466,000			

商品有高帳

(移動平均法)　(品名)　B品　(単位：個)

令和○年		摘要	受入 数量	受入 単価	受入 金額	払出 数量	払出 単価	払出 金額	残高 数量	残高 単価	残高 金額	
6	/	前月繰越	100	820	82,000				100	820	82,000	
	10	浦和商店	200	880	176,000				300	860	258,000	❶
●	14	川越商店				250	860	215,000	50	860	43,000	❸
	20	熊谷商店	350	780	273,000				400	790	316,000	❺
●	30	次月繰越				400	790	316,000				⓬
			650		531,000	650		531,000				

解説

❶ 6/10 (借) 仕　　入 *316,000*　(貸) 買 掛 金 *316,000*

仕入勘定の借方，買掛金勘定の貸方に日付・金額を記入する。

仕入帳に仕入取引の明細を記入する。

浦和商店に対する買掛金が増加したため，買掛金元帳の浦和商店勘定の貸方欄に記入する。

B品を仕入れたため，商品有高帳の受入欄に記入する。移動平均法のため，前月繰越の残高100個と合算し，平均単価を求める。

$$\frac{¥82,000+¥176,000}{100個+200個}=@¥860$$

❷ 6/13 (借) 買 掛 金 *3,500*　(貸) 仕　　入 *3,500*

買掛金勘定の借方，仕入勘定の貸方に日付・金額を記入する。

仕入帳に仕入取引の明細を記入する。仕入返品高は赤字で記入する。

浦和商店に対する買掛金が減少したため，買掛金元帳の浦和商店勘定の借方欄に記入する。

❸ 6/14 (借) 売 掛 金 *385,000*　(貸) 売　　上 *385,000*

売掛金勘定の借方，売上勘定の貸方に日付・金額を記入する。

B品を販売したため，商品有高帳の払出欄に記入する。

❹ 6/17 (借) 当座預金 *110,000*　(貸) 売　　上 *110,000*

当座預金勘定の借方，売上勘定の貸方に日付・金額を記入する。

当座預金勘定が増加したため，当座預金出納帳に記入する。

❺ 6/20 (借) 仕　　入 *273,000*　(貸) 前 払 金 *70,000*
　　　　　　　　　　　　　　　　　　当座預金 *203,000*

仕入勘定の借方，前払金勘定，当座預金勘定の貸方に日付・金額を記入する。

当座預金勘定が減少したため，当座預金出納帳に記入する。小切手番号を忘れずに記入する。

仕入帳に仕入取引の明細を記入する。

B品を仕入れたため，商品有高帳の受入欄に記入する。移動平均法のため，14日の残高50個と合算し，平均単価を求める。

$$\frac{¥43,000+¥273,000}{50個+350個}=@¥790$$

❻ 6/23 (借) 受取手形 *221,000*　(貸) 売 掛 金 *221,000*

受取手形勘定の借方，売掛金勘定の貸方に日付・金額を記入する。

❼ 6/25 (借) 買 掛 金 *150,000*　(貸) 支払手形 *150,000*

買掛金勘定の借方，支払手形勘定の貸方に日付・金額を記入する。

浦和商店に対する買掛金が減少したため，買掛金元帳の浦和商店勘定の借方欄に記入する。

❽ 6/30 (借) 当座預金 *200,000*　(貸) 受取手形 *200,000*

当座預金勘定の借方，受取手形勘定の貸方に日付・金額を記入する。

当座預金勘定が増加したため，当座預金出納帳に記入する。

❾ 当座預金出納帳の引出欄に残高を記入して締め切る。

❿ 総仕入高には赤字以外の合計金額を記入する。

仕入返品高は赤字で記入したものの合計金額を記入する。

総仕入高から仕入返品高を控除したものを純仕入高として記入する。

⓫ 買掛金元帳の借方欄に残高を記入し，締め切る。

⓬ 商品有高帳の払出欄に残高を記入し，締め切る。

●ポイント

仕入帳と仕入勘定

仕入帳は，仕入取引を発生順に，その明細を記録する補助簿であり，仕入帳と仕入勘定を照合することにより，両者の記帳に誤りがないか確認することができる。本問を例に挙げると以下のようになる。仕入勘定の借方に記入した取引は仕入帳に黒で記入し，仕入勘定の貸方に記入した取引は仕入帳に赤で記入することで，仕入帳と仕入勘定が対応していることがわかる。

仕　入　30

	2,231,200		26,400
6/10	316,000	6/13	3,500
20	273,000		

仕　入　帳　15

令和○年		摘　要			内　訳	金　額
6	10	浦和商店		掛け		
		A品	400個	@¥350	140,000	
		B品	200 〃	〃 〃 880	176,000	316,000
	13	浦和商店		掛け返品		
		A品	10個	@¥350		3,500
	20	熊谷商店		内金・小切手		
		B品	350個	@¥780		273,000
	30			総仕入高		589,000
	〃			仕入返品高		3,500
				純仕入高		585,500

5

●印@3点×8＝24点

(1)

損益計算書

東京商店　令和○年/月/日から令和○年12月31日まで　(単位：円)

費用	金額	収益	金額
❶(売上原価)	●14,584,000	売上高	28,443,000
給料	9,706,000	受取地代	● 120,000
❷(貸倒引当金繰入)	●108,700	(有価証券評価益)	●70,000 ❹
❸(減価償却費)	●464,400		
支払家賃	2,777,000		
❺保険料	● 238,500		
租税公課	74,000		
雑費	67,000		
支払利息	67,200		
(当期純利益)	●546,200		
	28,633,000		28,633,000

(2)

貸借対照表に記載する商品の金額	¥	950,000 ● ❻

解説

〈付記事項〉

① (借) 当座預金 270,000　(貸) 受取手形 270,000

〈決算整理仕訳〉

a. (借) 仕入 878,000　(貸) 繰越商品 878,000
　　　繰越商品 950,000　　　仕入 950,000❶
b. (借) 貸倒引当金繰入 108,700❷　(貸) 貸倒引当金 108,700
c. (借) 減価償却費 464,400❸　(貸) 備品減価償却累計額 464,400
d. (借) 有価証券 70,000　(貸) 有価証券評価益 70,000❹
e. (借) 前払保険料 7,500❺　(貸) 保険料 7,500
f. (借) 支払利息 5,600　(貸) 未払利息 5,600
g. (借) 未収地代 51,000　(貸) 受取地代 51,000

❶ 期首商品棚卸高 ¥878,000＋当期仕入高 ¥14,656,000－期末商品棚卸高 ¥950,000
＝売上原価 ¥14,584,000

❷ 貸倒引当金繰入　(受取手形 ¥1,080,000－付記事項① ¥270,000＋売掛金 ¥2,880,000)
×3%－貸倒引当金残高 ¥2,000＝¥108,700

❸ 減価償却費　(備品 ¥1,935,000－備品減価償却累計額 ¥774,000)×40%
＝¥464,400

❹ 有価証券評価益　時価 ¥1,690,000(500株×¥3,380)－帳簿価額 ¥1,620,000
＝(＋)¥70,000

❺ 前払保険料　$¥45{,}000\times\dfrac{2\text{か月(次期1月分から2月分)}}{12\text{か月(当期3月分から次期2月分)}}=¥7{,}500$

前払保険料勘定は資産の勘定なので，貸借対照表に記載する。

❻ 貸借対照表に記載する商品の金額は，期末商品棚卸高である。

●ポイント

本問は損益計算書作成の問題だが，貸借対照表を作成し，当期純利益を計算することで，損益計算書の作成が正しくおこなわれたか確認することができる。

ここでは，東京商店の総勘定元帳勘定残高と付記事項および決算整理事項から，貸借対照表を作成し，当期純利益が損益計算書と一致するか確認してみよう。

貸借対照表

東京商店　令和○年12月31日　(単位：円)

資産	金額	負債および純資産	金額
現金		支払手形	
当座預金		買掛金	
受取手形 (　)		借入金	
貸倒引当金 (　)		(　)	
売掛金 (　)		所得税預り金	
貸倒引当金 (　)		営業外支払手形	
(　)		資本金	
(　)		(　)	
(　)			
(　)			
備品 (　)			
減価償却累計額 (　)			
土地			

※解答はp.99

6

@4点×3＝12点

	借方		貸方		
a	繰越利益剰余金	3,530,000	未払配当金	2,300,000	❶
			利益準備金	230,000	
			別途積立金	1,000,000	
b	開業費	490,000	当座預金	490,000	❷
c	仮払法人税等	2,500,000	現金	2,500,000	❸

解説

❶ 配当や任意積立金などで処分した額は，繰越利益剰余金勘定（資本の勘定）から各勘定の貸方に振り替える。

❷ 会社設立後から開業までに支出した諸費用は，開業費勘定（費用の勘定）の借方に記入する。

❸ 中間申告をおこなって法人税等を納付したときは，仮払法人税等勘定（資産の勘定）の借方に記入する。

２級模擬試験問題　第３回

1

@４点×３＝12点

	借方		貸方		
a	当座預金	550,000	当座借越	550,000	❶
b	交通費 雑損	4,000 1,000	現金過不足	5,000	❷
c	建物減価償却累計額 営業外受取手形	23,600,000 7,500,000	建物 固定資産売却益	30,000,000 1,100,000	❸

解説

❶ 取引銀行と当座借越契約を結んでいる場合，当座預金勘定が貸方残高であれば，当座借越をあらわす。そのため，決算において当座借越勘定（負債の勘定）に振り替える。

❷ 現金の不足が発生したときに次の仕訳をおこない，現金勘定を実際有高に修正している。

（借）現金過不足　5,000　（貸）現　　金　5,000

現金過不足の原因が判明した場合は，該当する勘定に振り替える。また，決算日になっても不明な場合は雑損勘定（費用の勘定）または雑益勘定（収益の勘定）に振り替える。

❸ 固定資産を売却し，約束手形を受け取ったさいは，営業外受取手形勘定（資産の勘定）で処理する。

帳簿価額＜売却価額なので，差額は固定資産売却益勘定（収益の勘定）で処理する。

建物減価償却累計額＝取得原価 ¥30,000,000－帳簿価額 ¥6,400,000＝¥23,600,000

2

@４点×５＝20点

(1)

①	未収地代 ❶	②	¥　264,000 ❷

解説

7月末日に6か月分を受け取っていることから，8月～12月の5か月分が未収である。

5か月分が未収

1月	2月	3月	4月	5月	6月	7月	8月	9月	10月	11月	12月

そのため，決算整理仕訳および再振替仕訳は次のようになる。

〈12月31日　決算整理仕訳〉

（借）未収地代　5か月分　（貸）受取地代　5か月分

〈1月1日　再振替仕訳〉

（借）受取地代　5か月分　（貸）未収地代　5か月分

1か月あたりの受取地代　¥132,000÷6か月＝¥22,000

そのため，1/1～12/31に次の仕訳をおこなっていることがわかる。

1/ 1	（借）受取地代	110,000	（貸）未収地代	110,000❶
1/31	（借）現　　金	132,000	（貸）受取地代	132,000
7/31	（借）現　　金	132,000	（貸）受取地代	132,000
12/31	（借）未収地代	110,000	（貸）受取地代	110,000
〃	（借）受取地代	264,000	（貸）損　　益	264,000❷

上記の仕訳を転記することで解答できる。

(2)

a ❶	b ❷
3	1

※二つとも合っている場合に正答とする。

解説

❶ 1．petty cash　小口現金　2．bank overdraft　当座借越

3．cash over and short　現金過不足

❷ 現金の実際有高が帳簿残高より少ない場合は現金不足であるので，現金勘定の貸方に記入して帳簿残高を，現金の実際有高に合わせるとともに，現金過不足勘定の借方に記入する。

(3)

	借方		貸方	
a	現金	500,000	本店	500,000
b	岩手支店	600,000	宮城支店	600,000

解説

本店集中計算制度を採用している場合は，各支店に本店勘定を設ければよい。各支店は本店と取引したように記帳することで，本店は支店間の取引内容を容易に知ることができる。なお，本支店の各取引を示すと次のようになる。

		借方		貸方	
a	本店	宮城支店	500,000	岩手支店	500,000
	岩手支店	本店	500,000	現金	500,000
	宮城支店	現金	500,000	本店	500,000
b	本店	岩手支店	600,000	宮城支店	600,000
	岩手支店	買掛金	600,000	本店	600,000
	宮城支店	本店	600,000	受取手形	600,000

3

●印@2点×4＝8点

仕訳集計表

令和○年/月/8日

借方	元丁	勘定科目	元丁	貸方
5,639,400	1	現金	1	5,301,500
2,787,000		当座預金		1,445,100
3,420,100		受取手形		
504,000		売掛金		3,870,400
627,200		備品		
579,500		支払手形		
346,600		買掛金		3,337,400
		借入金		750,000
		売上		● 4,884,100
		受取家賃		● 759,000
5,439,900		仕入		
850,000		給料		
56,000		修繕費		
74,100		発送費		
23,700		支払利息		
20,347,500		●		20,347,500

現金　1

	2,501,000		1,520,000
● 1/18	5,639,400	1/18	5,301,500

解説

《追加取引の仕訳》

（借）売掛金 250,000　（貸）売上 250,000……振替伝票

（借）修繕費 56,000　（貸）現金 56,000……出金伝票

●ポイント

追加取引は，仕訳をして起票すべき伝票を確定する。

起票された伝票を仕訳で示すと次のようになる。

入金伝票

借方科目	金額	貸方科目	金額
（借）現金	5,639,400	（貸）売掛金	310,400
		借入金	750,000
		売掛金	850,000
		売上	960,000
		当座預金	519,000
		受取家賃	500,000
		売掛金	1,750,000

出金伝票

借方科目	金額	貸方科目	金額
（借）支払利息	23,700	（貸）現金	5,301,500
仕入	600,500		
備品	627,200		
仕入	1,502,000		
給料	850,000		
発送費	74,100		
当座預金	1,568,000		
〈追〉修繕費	56,000		

振替伝票

借方科目	金額	貸方科目	金額
（借）受取手形	3,420,100	（貸）売上	3,420,100
当座預金	259,000	受取家賃	259,000
当座預金	960,000	売掛金	960,000
仕入	3,337,400	買掛金	3,337,400
支払手形	579,500	当座預金	579,500
買掛金	346,600	当座預金	346,600
売掛金	254,000	売上	254,000
〈追〉売掛金	250,000	売上	250,000

4

●印@3点×8＝24点

(1)

総　勘　定　元　帳

現　金　1

1/1	800,000	1/12	430,000 ❸
❾ 31	45,000		

当座預金　2

1/1	1,200,000	1/23	240,000 ❻
❹ 20	350,000	30	150,000 ❽

受取手形　3

❺ 1/21	300,000		

売掛金　4

1/1	550,000	1/20	350,000 ❹
❷ 10	600,000		

支払手形　17

❽ 1/30	150,000	1/3	150,000
		28	100,000 ❼

買掛金　18

❸ 1/12	430,000	1/1	400,000
❼ 28	100,000	5	660,000 ❶

前受金　20

❺ 1/21	300,000	1/1	300,000
		31 ●	45,000 ❾

売上　24

		1/10	600,000 ❷
		21	600,000 ❺

仕入　30

1/3	150,000		
❶ 5 ●	660,000		
❻ 23	240,000		

(2)

当座預金出納帳　1

令和○年		摘要	預入	引出	借または貸	残高	
1	1	前月繰越	1,200,000		借	1,200,000	
	20	神奈川商店から売掛金回収	350,000		〃	● 1,550,000	❹
	23	群馬商店から仕入れ　小切手#7		240,000	〃	1,310,000	❻
	30	約束手形#3　支払い		150,000	〃	1,160,000	❽
	31	次月繰越		1,160,000			
			1,550,000	1,550,000			❿

受取手形記入帳

	令和○年		摘要	金額	手形種類	手形番号	支払人	振出人または裏書人	振出日		満期日		支払場所	てん末 月	日	摘要	
●	1	21	売り上げ	300,000	約手	11	山梨商店	山梨商店	1	21	3	21	中銀行本店				❺

支払手形記入帳

	令和○年		摘要	金額	手形種類	手形番号	受取人	振出人	振出日		満期日		支払場所	てん末 月	日	摘要	
	1	3	仕入れ	150,000	約手	3	茨城商店	当店	1	3	1	30	東銀行本店	1	30	支払い	❽
●		28	買掛金支払い	100,000	約手	4	栃木商店	当店	1	28	5	28	東銀行本店				❼

売　掛　金　元　帳

神奈川商店　2

令和○年		摘要	借方	貸方	借または貸	残高	
1	1	前月繰越	250,000		借	250,000	
	10	売り上げ	600,000		〃	● 850,000	❷
	20	回収		350,000	〃	500,000	❹
	31	次月繰越		500,000			
			850,000	850,000			⓫

買　掛　金　元　帳

千葉商店　1

令和○年		摘要	借方	貸方	借または貸	残高	
1	1	前月繰越		280,000	貸	280,000	
	5	仕入れ		660,000	〃	● 940,000	❶
	12	支払い	430,000		〃	510,000	❸
	31	次月繰越	510,000				
			940,000	940,000			⓬

商　品　有　高　帳

(先入先出法)　(品名)　A　品　(単位：枚)

令和○年		摘要	受入 数量	受入 単価	受入 金額	払出 数量	払出 単価	払出 金額	残高 数量	残高 単価	残高 金額	
1	1	前月繰越	100	3,500	350,000				100	3,500	350,000	
	5	千葉商店	200	3,300	660,000				100	3,500	350,000	❶
									200	3,300	660,000	
	10	神奈川商店			●	100	3,500	350,000				
					❷	20	3,300	66,000	180	3,300	594,000	
	23	群馬商店	40	3,000	120,000				180	3,300	594,000	❻
									40	3,000	120,000	
	31	次月繰越				180	3,300	594,000				
						40	3,000	120,000				⓭
			340		1,130,000	340		1,130,000				

解説

❶ 1/ 5 (借) 仕　入 *660,000*　(貸) 買　掛　金 *660,000*

仕入勘定の借方，買掛金勘定の貸方に日付・金額を記入する。

千葉商店に対する買掛金のため，買掛金元帳の千葉商店勘定の貸方欄に記入する。

A品を仕入れたため，商品有高帳の受入欄に記入する。

❷ 1/10 (借) 売　掛　金 *600,000*　(貸) 売　上 *600,000*

売掛金勘定の借方，売上勘定の貸方に日付・金額を記入する。

神奈川商店に対する売掛金のため，売掛金元帳の神奈川商店勘定の借方欄に記入する。

A品を販売したため，商品有高帳の払出欄に記入する。先入先出法のため，前月繰越から払い出す。また，売価を記入しないように注意する。

❸ 1/12 (借) 買　掛　金 *430,000*　(貸) 現　金 *430,000*

買掛金勘定の借方，現金勘定の貸方に日付・金額を記入する。

千葉商店に対する買掛金のため，買掛金元帳の千葉商店勘定の借方欄に記入する。

❹ 1/20 (借) 当　座　預　金 *350,000*　(貸) 売　掛　金 *350,000*

当座預金勘定の借方，売掛金勘定の貸方に日付・金額を記入する。

当座預金勘定が増加したため，当座預金出納帳の預入欄に記入する。

神奈川商店に対する売掛金のため，売掛金元帳の神奈川商店勘定の貸方欄に記入する。

❺ 1/21 (借) 前　受　金 *300,000*　(貸) 売　上 *600,000*

受　取　手　形 *300,000*

前受金勘定，受取手形勘定の借方，売上勘定の貸方に日付・金額を記入する。

約束手形を受け取ったため，受取手形記入帳に記入する。

B品を販売したため，A品の商品有高帳に記入しないよう注意する。

❻ 1/23 (借) 仕　入 *240,000*　(貸) 当　座　預　金 *240,000*

仕入勘定の借方，当座預金勘定の貸方に日付・金額を記入する。

当座預金勘定が減少したため，当座預金出納帳の引出欄に記入する。小切手番号を忘れずに記入する。

A品を仕入れたため，商品有高帳の受入欄に記入する。

❼ 1/28 (借) 買　掛　金 *100,000*　(貸) 支　払　手　形 *100,000*

買掛金勘定の借方，支払手形勘定の貸方に日付・金額を記入する。

約束手形を振り出したので，支払手形記入帳に記入する。

❽ 1/30 (借) 支　払　手　形 *150,000*　(貸) 当　座　預　金 *150,000*

支払手形勘定の借方，当座預金勘定の貸方に日付・金額を記入する。

当座預金勘定が減少したため，当座預金出納帳の引出欄に記入する。

支払手形記入帳のてん末欄に記入する。

❾ 1/31 (借) 現　金 *45,000*　(貸) 前　受　金 *45,000*

現金勘定の借方，前受金勘定の貸方に日付・金額を記入する。

❿ 当座預金出納帳の引出欄に残高を記入し，締め切る。

⓫ 売掛金元帳の貸方欄に残高を記入し，締め切る。

⓬ 買掛金元帳の借方欄に残高を記入し，締め切る。

⓭ 商品有高帳の払出欄に残高を記入し，締め切る。

●ポイント

当座預金出納帳と当座預金勘定

当座預金出納帳は，当座預金の預け入れと引き出しの明細を記録する補助簿である。当座預金出納帳の残高は，当座預金勘定の残高と一致するので，定期的に両者を照合することにより，記帳に誤りがないかを確認することができる。本問を例に挙げると以下のようになる。なお，当座預金勘定の借方に記入した金額は当座預金出納帳の預入欄に，当座預金勘定の貸方に記入した金額は当座預金出納帳の引出欄に記入する。

当座預金　2

1/ 1	*1,200,000*	1/23	240,000
20	350,000	30	150,000
		残高	¥1,160,000

預入欄に記入（1/1, 20）　引出欄に記入（1/23, 30）　残高 ¥1,160,000 ← 一致する

当座預金出納帳　1

令和○年		摘要	預入	引出	借または貸	残高
/	/	前月繰越	*1,200,000*		借	*1,200,000*
	20	神奈川商店から売掛金回収	350,000		〃	1,550,000
	23	群馬商店から仕入れ　小切手#7		240,000	〃	1,310,000
	30	約束手形#3　支払い		150,000	〃	1,160,000
	31	次月繰越		*1,160,000*		
			1,550,000	1,550,000		

5

●印@3点×8＝24点

(1)

貸借対照表

石川商店　令和○年/2月3/日　(単位：円)

資産	金額	負債および純資産	金額
現金	2,573,000	支払手形	1,167,000
当座預金	2,384,000	買掛金	1,926,000
受取手形 (1,740,000)		借入金	500,000
❶ 貸倒引当金 (34,800)	1,705,200	(未払利息)	● 8,500
売掛金 (2,650,000)		資本金	7,200,000
❶ 貸倒引当金 (53,000)	● 2,597,000	(当期純利益)	● 1,708,000
❸(有価証券)	2,190,000		
(商品)	● 350,000		
❹(前払保険料)	● 391,500		
(未収手数料)	● 16,000		
❷ 備品 (1,514,000) ●			
減価償却累計額 (1,211,200)	302,800		
	12,509,500		12,509,500

(2)

損益計算書に記載する貸倒引当金繰入の金額	¥　9,800 ● ❶

解説

〈付記事項〉

① (借) 仮受金 350,000　(貸) 売掛金 350,000

〈決算整理仕訳〉

a. (借) 仕入 354,000　(貸) 繰越商品 354,000
　　　繰越商品 350,000　　　仕入 350,000
b. (借) 貸倒引当金繰入 9,800❶　(貸) 貸倒引当金 9,800
c. (借) 減価償却費 302,800❷　(貸) 備品減価償却累計額 302,800
d. (借) 有価証券評価損 233,000❸　(貸) 有価証券 233,000
e. (借) 前払保険料 391,500❹　(貸) 保険料 391,500
f. (借) 支払利息 8,500　(貸) 未払利息 8,500
g. (借) 未収手数料 16,000　(貸) 受取手数料 16,000

❶ 貸倒引当金繰入　(受取手形 ¥1,740,000＋売掛金 ¥3,000,000－付記事項① ¥350,000)×2%－貸倒引当金残高 ¥78,000＝¥9,800

❷ 減価償却費　$\frac{\text{備品¥1,514,000－残存価額¥0}}{\text{耐用年数5年}}$＝¥302,800

❸ 有価証券評価損　時価 ¥2,190,000(3,000株×¥730)－帳簿価額 ¥2,423,000＝(－)¥233,000

❹ 前払保険料　¥522,000×$\frac{\text{9か月(次期1月分から9月分)}}{\text{12か月(当期10月分から次期9月分)}}$＝¥391,500

前払保険料勘定は資産の勘定なので，貸借対照表に記載する。

●ポイント

本問は貸借対照表作成の問題だが，損益勘定または損益計算書を作成し，当期純利益を計算することで，貸借対照表の作成が正しくおこなわれたか確認することができる。

ここでは，石川商店の総勘定元帳勘定残高と付記事項および決算整理事項から，損益計算書を作成し，当期純利益が貸借対照表と一致するか確認してみよう。

損益計算書

石川商店　令和○年/月/日から令和○年/2月3/日まで　(単位：円)

費用	金額	収益	金額
売上原価		売上高	
給料		受取手数料	
(　　)			
(　　)			
発送費			
支払家賃			
保険料			
通信費			
雑費			
支払利息			
(　　)			
(　　)			

※解答はp.99

●ポイント

当期純損失が生じた場合の貸借対照表の表示

決算にさいして，当期純損失を計上する場合がある。その場合，貸借対照表では期首の資本金はそのままとし，**借方**に**当期純損失**を表示する。例を示すと，次のようになる。

貸借対照表

東西商店　令和○年12月31日　(単位：円)

資産		金額	負債および純資産	金額
現金		4,000,000	支払手形	1,200,000
当座預金		5,000,000	買掛金	1,700,000
受取手形	1,500,000		借入金	5,000,000
貸倒引当金	30,000	1,470,000	未払利息	100,000
売掛金	2,500,000		資本金	8,000,000
貸倒引当金	50,000	2,450,000		
有価証券		1,200,000		
商品		600,000		
前払保険料		180,000		
備品	1,000,000			
減価償却累計額	400,000	600,000		
当期純損失		500,000		
		16,000,000		16,000,000

6

@4点×3＝12点

	借方		貸方		
a	当座預金 創立費	20,000,000 320,000	資本金 当座預金	20,000,000 320,000	❶
b	未払法人税等	1,200,000	現金	1,200,000	❷
c	繰越利益剰余金	8,000,000	損益	8,000,000	❸

解説

❶ 原則，払込金は全額を資本金に計上する。株式会社の設立のために要した定款の作成費，株式の発行費，設立のための費用などを創立費という。

資本金　400株×￥50,000＝￥20,000,000

❷ 株式会社は決算の翌日から原則2か月以内に確定申告をおこない，未払法人税等を納付する。なお，決算では次の仕訳をおこなっている。

(借) 法人税等 3,000,000　(貸) 仮払法人税等 1,800,000
　　　　　　　　　　　　　　未払法人税等 1,200,000

❸ 当期純損失は，損益勘定の貸方から繰越利益剰余金勘定（資本の勘定）の借方に振り替える。

２級模擬試験問題　第４回

1

@４点×３＝12点

	借方		貸方		
a	引出金	56,000	現金	56,000	❶
b	支払手形 支払利息	500,000 7,500	支払手形 現金	500,000 7,500	❷
c	建物	3,000,000	営業外支払手形 未払金	2,000,000 1,000,000	❸

解説

❶ 事業主の所得税を店の現金で納付したときは，引出金勘定（資本金の評価勘定）または資本金勘定（資本の勘定）で処理する。本問では，勘定科目群に資本金勘定がないため，引出金勘定を用いる。

❷ 手形の書き換えによって旧手形の債務は消滅し，新手形の債務が発生する。そこで，手形の振出人は，旧手形を支払手形勘定（負債の勘定）の借方に記入して減少させ，同時に新手形を支払手形勘定の貸方に記入して増加させる。

❸ 固定資産を買い入れたさいに振り出した約束手形は，商品売買以外のため営業外支払手形勘定（負債の勘定）に記入する。また，残額は買掛金ではなく未払金勘定（負債の勘定）に記入する。

2

@４点×５＝20点

(1)

①	￥	400,000 ❶	②	￥	500,000 ❷

解説

1/ 1　（借）備品減価償却累計額　400,000　（貸）備　　品　2,000,000
　　　　　現　　　金　1,100,000
　　　　　固定資産売却損　500,000

帳簿価額￥1,600,000（取得原価￥2,000,000－減価償却累計額￥400,000）
－売却価額￥1,100,000＝売却損￥500,000

12/31　（借）減価償却費　400,000❶　（貸）建物減価償却累計額　400,000

$$\frac{取得原価￥12,000,000－残存価額￥0}{耐用年数30年}=減価償却費￥400,000$$

〃　（借）損　　益　500,000❷　（貸）固定資産売却損　500,000

決算振替仕訳をおこなって，費用の勘定科目の残高を損益勘定の借方に振り替える。

(2)

ア	イ	ウ
1	4	5

※三つとも合っている場合に正答とする。

解説

1．liabilities　負債　2．cash　現金
3．profit and loss statement　損益計算書　4．balance sheet　貸借対照表
5．securities　有価証券　6．transactions　取引

(3)

	借方		貸方	
a	給料	480,000	本店	480,000
b	損益	300,000	支店	300,000

解説

本支店間の取引では，支店勘定と本店勘定が貸借反対で記入される。なお，決算において，支店は支店の損益勘定で純損益を計上し，損益勘定から本店勘定に振り替える。本店では，支店の純損益を支店勘定から本店の損益勘定に振り替えることにより，本支店をあわせた純損益を計上することができる。なお，本支店の各取引を示すと次のようになる。

		借方		貸方	
a	本店	給料 支店	320,000 480,000	現金	800,000
	支店	給料	480,000	本店	480,000
b	本店	損益	300,000	支店	300,000
	支店	本店	300,000	損益	300,000

3

@2点×4＝8点

ア	¥	1,568,500
イ	¥	999,900
ウ	¥	150,000
エ	¥	10,204,200

解説

仕訳集計表を作成すると，次のようになる。

仕　訳　集　計　表

令和○年2月20日

借　方	元丁	勘定科目	元丁	貸　方
1,568,500		現金		1,687,500
541,500		普通預金		991,900
780,000		受取手形		
4,251,500		売掛金		1,745,000
80,300		従業員立替金		
150,000		備品		
149,000		支払手形		
999,900		買掛金		1,047,800
		未払金		150,000
		売上		4,582,000
1,295,800		仕入		
270,000		給料		
33,600		広告料		
79,000		旅費		
600		支払手数料		
4,500		雑費		
10,204,200				10,204,200

解説

《追加取引の仕訳》

（借）仕　入 200,000　（貸）買掛金 200,000……振替伝票

（借）備　品 150,000　（貸）未払金 150,000……振替伝票

●ポイント

追加取引は，仕訳をして起票すべき伝票を確定する。

起票された伝票を仕訳で示すと次のようになる。

入金伝票

（借）	現金	1,568,500	（貸）	売掛金	175,000
				売上	132,500
				売掛金	240,000
				普通預金	273,000
				売掛金	550,000
				売上	198,000

出金伝票

（借）	支払手数料	600	（貸）	現金	1,687,500
	旅費	79,000			
	普通預金	541,500			
	雑費	4,500			
	従業員立替金	80,300			
	広告料	33,600			
	買掛金	700,000			
	仕入	248,000			

振替伝票

（借）	売掛金	4,150,500	（貸）	売上	4,150,500
	受取手形	780,000		売掛金	780,000
	買掛金	221,000		普通預金	221,000
	支払手形	149,000		普通預金	149,000
	仕入	847,800		買掛金	847,800
	給料	270,000		普通預金	270,000
	売掛金	101,000		売上	101,000
	買掛金	78,900		普通預金	78,900
〈追〉	仕入	200,000		買掛金	200,000
〈追〉	備品	150,000		未払金	150,000

4

●印@3点×8＝24点

(1)

総勘定元帳

現金 1

日付	金額	日付	金額
1/1	1,210,000	1/24	3,000 ❻
		27	800,000 ❽

当座預金 2

日付	金額	日付	金額
1/1	950,000	1/6	200,000 ❶
❺ 23	320,000	29	400,000 ❾

受取手形 3

日付	金額	日付	金額
1/1	350,000		

売掛金 4

日付	金額	日付	金額
1/1	850,000	1/23	320,000 ❺
❸ 11	750,000		

前払金 10

日付	金額	日付	金額
❶ 1/6 ●	200,000	1/19	200,000 ❹

支払手形 18

日付	金額	日付	金額
❾ 1/29	400,000	1/10	400,000 ❷

買掛金 19

日付	金額	日付	金額
❼ 1/25	28,000	1/1	1,700,000
❽ 27	800,000	19	730,000 ❹
		24	560,000 ❻

売上 24

日付	金額	日付	金額
		1/11	750,000 ❸

仕入 30

日付	金額	日付	金額
❷ 1/10	400,000	1/25	28,000 ❼
❹ 19	930,000		
❻ 24	563,000		

(2)

当座預金出納帳

1

令和○年		摘要	預入	引出	借または貸	残高	
/	/	前月繰越	950,000		借	950,000	
	6	松本商店に内金支払い　小切手#13		200,000	〃	750,000	❶
	23	佐久商店から売掛金回収	320,000		〃	●1,070,000	❺
	29	約束手形#6　支払い		400,000	〃	670,000	❾
	31	次月繰越		670,000			❿
			1,270,000	1,270,000			

仕入帳

1

	令和○年		摘要		内訳	金額	
❷	1	10	塩尻商店	約手			
			B品　50個	@¥800	40,000		
			C品　300〃	〃〃1,200	360,000	400,000	
❹		19	松本商店	内金・掛け			
●			A品　600個	@¥1,550		930,000	
❻		24	上田商店	掛け			
			D品　400個	@¥1,400	560,000		
			引取運賃現金払い		3,000	563,000	
❼		25	上田商店	掛け返品			
●			D品　20個	@¥1,400		28,000	
		31		総仕入高		1,893,000	
		〃		仕入返品高		28,000	⓫
				純仕入高		1,865,000	

支払手形記入帳

	令和○年		摘要	金額	手形種類	手形番号	受取人	振出人	振出日		満期日		支払場所	てん末 月	日	摘要	
❷●	1	10	仕入れ	400,000	約手	6	塩尻商店	当店	1	10	1	29	中銀行本店	1	29	支払い●	❾

買掛金元帳

松本商店 1

	令和○年		摘要	借方	貸方	借または貸	残高	
	/	/	前月繰越		800,000	貸	800,000	
●		19	仕入れ		730,000	〃	1,530,000	❹
		27	支払い	800,000		〃	730,000	❽
		31	次月繰越	730,000				⓬
				1,530,000	1,530,000			

上田商店 2

	令和○年		摘要	借方	貸方	借または貸	残高	
	/	/	前月繰越		620,000	貸	620,000	
●		24	仕入れ		560,000	〃	1,180,000	❻
		25	返品	28,000		〃	1,152,000	❼
		31	次月繰越	1,152,000				⓬
				1,180,000	1,180,000			

解説

❶ 1/ 6 （借）前　払　金 *200,000*　（貸）当 座 預 金 *200,000*

前払金勘定の借方，当座預金勘定の貸方に日付・金額を記入する。

当座預金勘定が減少したため，当座預金出納帳の引出欄に記入する。小切手番号を忘れずに記入する。

❷ 1/10 （借）仕　　　入 *400,000*　（貸）支 払 手 形 *400,000*

仕入勘定の借方，支払手形勘定の貸方に日付・金額を記入する。

仕入帳に仕入取引の明細を記入する。2品目以上仕入れた場合は，品目ごとに内訳欄に記入し，合計金額を金額欄に記入する。

約束手形を振り出したため，支払手形記入帳に記入する。

❸ 1/11 （借）売　掛　金 *750,000*　（貸）売　　　上 *750,000*

売掛金勘定の借方，売上勘定の貸方に日付・金額を記入する。

❹ 1/19 （借）仕　　　入 *930,000*　（貸）前　払　金 *200,000*
　　　　　　　　　　　　　　　　　　　　買　掛　金 *730,000*

仕入勘定の借方，前払金勘定，買掛金勘定の貸方に日付・金額を記入する。

仕入帳に仕入取引の明細を記入する。

松本商店に対する買掛金のため，買掛金元帳の松本商店勘定の貸方欄に記入する。

❺ 1/23 （借）当 座 預 金 *320,000*　（貸）売　掛　金 *320,000*

当座預金勘定の借方，売掛金勘定の貸方に日付・金額を記入する。

当座預金勘定が増加したため，当座預金出納帳の預入欄に記入する。

❻ 1/24 （借）仕　　　入 *563,000*　（貸）買　掛　金 *560,000*
　　　　　　　　　　　　　　　　　　　　現　　　金 *3,000*

仕入勘定の借方，買掛金勘定，現金勘定の貸方に日付・金額を記入する。

引取運賃（仕入諸掛）は仕入勘定に含める。

仕入帳に仕入取引の明細を記入する。引取運賃は品目とともに摘要欄・内訳欄に記入し，合計金額を金額欄に記入する。

上田商店に対する買掛金のため，買掛金元帳の上田商店勘定の貸方欄に記入する。

❼ 1/25 （借）買　掛　金 *28,000*　（貸）仕　　　入 *28,000*

買掛金勘定の借方，仕入勘定の貸方に日付・金額を記入する。

仕入帳に仕入取引の明細を記入する。仕入返品高は赤字で記入する。

上田商店に対する買掛金のため，買掛金元帳の上田商店勘定の借方欄に記入する。

❽ 1/27 （借）買　掛　金 *800,000*　（貸）現　　　金 *800,000*

買掛金勘定の借方，現金勘定の貸方に日付・金額を記入する。

松本商店に対する買掛金のため，買掛金元帳の松本商店勘定の借方欄に記入する。

❾ 1/29 （借）支 払 手 形 *400,000*　（貸）当 座 預 金 *400,000*

支払手形勘定の借方，当座預金勘定の貸方に日付・金額を記入する。

支払手形記入帳のてん末欄に記入する。

当座預金勘定が減少したため，当座預金出納帳の引出欄に記入する。

❿ 当座預金出納帳の引出欄に残高を記入し，締め切る。

⓫ 仕入帳の総仕入高には赤字以外の合計金額を記入する。

仕入返品高は赤字で記入した金額の合計金額を記入する。

総仕入高から仕入返品高を控除した金額を純仕入高として記入する。

⓬ 買掛金元帳の借方欄に残高を記入し，締め切る。

●ポイント

支払手形記入帳と支払手形勘定

支払手形記入帳は手形に関する債務の明細を記録するための補助簿であり，支払手形勘定は手形債務の発生・消滅を記録する勘定である。そのため，支払手形記入帳と支払手形勘定は互いに照合し合うことができる。本問を例に挙げると，次のようになる。

支 払 手 形 記 入 帳

令和○年		摘　要	金　額	手形種類	手形番号	受取人	振出人	振出日		満期日		支 払 場 所	てん末		
													月	日	摘　要
1	10	仕 入 れ	*400,000*	約手	6	塩尻商店	当　店	1	10	1	29	中銀行本店	1	29	支払い

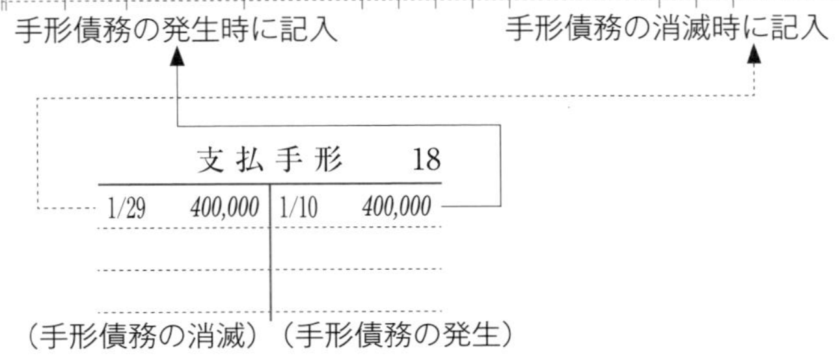

5

●印@3点×8＝24点

(1)

損　益　計　算　書

千葉商店　令和○年/月/日から令和○年/2月3/日まで　(単位：円)

費　用	金　額	収　益	金　額
売上原価	11,831,000	売上高	20,200,000
給料	3,827,000	受取手数料	● 187,000
❶(貸倒引当金繰入)	● 113,500	(雑益)	3,000 ❻
❷(減価償却費)	● 321,600		
発送費	389,000		
支払家賃	1,310,000		
❺保険料	● 218,000		
❹通信費	● 118,000		
雑費	15,500		
支払利息	22,500		
❸(有価証券評価損)	● 350,000		
(当期純利益)	● 1,873,900		
	20,390,000		20,390,000

(2)

貸借対照表に記載する貸倒引当金控除後の売掛金の金額	¥	3,895,500 ● ❼

解説

〈付記事項〉

①（借）当座預金 380,000　（貸）売掛金 380,000

〈決算整理仕訳〉

a.（借）仕入 472,000　（貸）繰越商品 472,000
　　　繰越商品 450,000　　　仕入 450,000

b.（借）貸倒引当金繰入 113,500❶　（貸）貸倒引当金 113,500

c.（借）減価償却費 321,600❷　（貸）備品減価償却累計額 321,600

d.（借）有価証券評価損 350,000❸　（貸）有価証券 350,000

e.（借）貯蔵品 35,000❹　（貸）通信費 35,000

f.（借）前払保険料 144,000❺　（貸）保険料 144,000

g.（借）給料 120,000　（貸）未払給料 120,000

h.（借）現金過不足 3,000　（貸）雑益 3,000❻

❶ 貸倒引当金繰入　(受取手形 ¥2,350,000＋売掛金 ¥4,355,000
－付記事項① ¥380,000)×2%－貸倒引当金残高 ¥13,000
＝¥113,500

❷ 減価償却費　(備品 ¥2,010,000－減価償却累計額 ¥402,000)×償却率20%
＝¥321,600

❸ 有価証券評価損　時価 ¥2,875,000(1,000株×¥2,875)－帳簿価額 ¥3,225,000
＝(－)¥350,000

❹ 貯蔵品　郵便切手の未使用高は，通信費勘定から貯蔵品勘定（資産の勘定）に振り替える。

❺ 前払保険料　$¥216,000 \times \frac{8か月(次期1月分から8月分)}{12か月(当期9月分から次期8月分)} = ¥144,000$

❻ 現金過不足勘定の貸方残高が決算日になっても原因が不明な場合は，雑益勘定（収益の勘定）に振り替える。

❼ 貸倒引当金控除後の売掛金
売掛金(¥4,355,000－付記事項① ¥380,000)
－貸倒引当金(¥4,355,000－付記事項① ¥380,000)×2%＝¥3,895,500

●ポイント

本問は損益計算書作成の問題だが，貸借対照表を作成し，当期純利益を計算することで，損益計算書の作成が正しくおこなわれたか確認することができる。

ここでは，千葉商店の総勘定元帳勘定残高と付記事項および決算整理事項から，貸借対照表を作成し，当期純利益が損益計算書と一致するか確認してみよう。

貸　借　対　照　表

千葉商店　令和○年/2月3/日　(単位：円)

資　産	金　額	負債および純資産	金　額
現金		支払手形	
当座預金		買掛金	
受取手形（　）		借入金	
貸倒引当金（　）		（　）	
売掛金（　）		資本金	
貸倒引当金（　）		（　）	
（　）			
（　）			
貯蔵品			
（　）			
備品（　）			
減価償却累計額（　）			

※解答はp.99

6

@4点×3＝12点

	借方		貸方		
a	当座預金	35,000,000	資本金	17,500,000	
			資本準備金	17,500,000	❶
	株式交付費	200,000	当座預金	200,000	
b	法人税等	2,360,000	仮払法人税等	1,300,000	❷
			未払法人税等	1,060,000	
c	繰越利益剰余金	1,520,000	未払配当金	1,200,000	
			利益準備金	120,000	❸
			新築積立金	200,000	

解説

❶ 原則，払込金は全額を資本金に計上するが，例外として払込金額の2分の1をこえない額を資本金として計上しないことが認められている。資本金として計上しない部分は資本準備金勘定（資本の勘定）の貸方に計上する。

資　本　金　500株×(¥70,000－¥35,000)＝¥17,500,000

資本準備金　500株×¥35,000＝¥17,500,000

株式をあらたに発行するために要した諸費用は株式交付費勘定（費用の勘定）の借方に記入する。

❷ 決算日に当期の法人税等を計上したときは，法人税等勘定の借方に記入する。仮払法人税等勘定（資産の勘定）の貸方に記入し，差額を未払法人税等勘定（負債の勘定）の貸方に記入する。

❸ 配当や任意積立金などで処分した額は，繰越利益剰余金勘定（資本の勘定）から各勘定の貸方に振り替える。

2級模擬試験問題　第５回

1

@４点×３＝12点

	借	方	貸	方	
a	当座預金 手形売却損	*498,000* *2,000*	受取手形	*500,000*	❶
b	備品減価償却累計額 営業外受取手形 固定資産売却損	*1,600,000* *1,240,000* *160,000*	備品	*3,000,000*	❷
c	仕入 仮払消費税	*850,000* *85,000*	買掛金	*935,000*	❸

解説

❶ 受け取っていた約束手形を割り引いた場合は，手形債権が消滅するため，受取手形勘定（資産の勘定）の貸方に記入する。また，差し引かれた割引料は手形売却損勘定（費用の勘定）で処理する。

❷ 固定資産を売却し，約束手形を受け取ったときは，商品売買以外の取引のため営業外受取手形勘定（資産の勘定）で処理する。

帳簿価額（取得原価－減価償却累計額）＞売却価額なので，差額は固定資産売却損勘定（費用の勘定）で処理する。

❸ 消費税は消費者が負担する税金であるが，その徴収と納付は企業がおこなう。仕入に対する消費税は，消費者にかわって企業が仮払いしたものであるため，仮払消費税勘定（資産の勘定）の借方に記入する。

2

@４点×５＝20点

(1)

a	￥	*4,532,000* ❶	b	￥	*740,000* ❷

解説

❶ 収益(売上高＋受取手数料)￥［ x ］－費用(売上原価＋旅費＋雑費)￥*4,327,000*＝当期純利益 ￥*230,000*であるため，収益の総額が￥*4,557,000*であることがわかる。

￥*4,557,000*から受取手数料 ￥*25,000*を差し引くと，売上高 ￥*4,532,000*が求められる。

❷ 期首資産 ￥*2,560,000*－期首負債 ￥*2,020,000*＝期首資本 ￥*540,000*

よって資本金勘定の前期繰越が￥*540,000*であることがわかる。

当期純利益が￥*230,000*であることから，資本金勘定の損益に￥*230,000*が入る。貸借差額から次期繰越高（期末の資本金）￥*740,000*を求めることができる。

(2)

ア	イ	ウ
2	3	1

※三つとも合っている場合に正答とする。

解説

1．bank overdraft　当座借越　2．expenses　費用
3．profit and loss statement　損益計算書　4．bookkeeping　簿記
5．liabilities　負債　6．checking account　当座預金

(3)

a	￥	*831,000* ❶	b	￥	*106,400* ❷

解説

❶ 支店勘定残高と本店勘定残高の一致額

12月31日における本支店間の取引

			借方科目	金額		貸方科目	金額
①	本店	（借）	通信費	*23,700*	（貸）	現金	*29,400*
			支店	*5,700*			
	支店	（借）	通信費	*5,700*	（貸）	本店	*5,700*
②	本店	（借）	支店	*80,300*	（貸）	売掛金	*80,300*
	支店	（借）	現金	*80,300*	（貸）	本店	*80,300*
③	支店	（借）	現金	*5,000*	（貸）	本店	*65,000*
			仕入	*60,000*			

本店　12月29日に仕訳済みのため，仕訳不要。

支店

	借方	貸方
	745,000	
①	*5,700*	
②	*80,300*	

本店

	借方	貸方
		680,000
①		*5,700*
②		*80,300*
③		*65,000*

貸借反対で一致

❷ 本支店合併後の通信費

本店(￥*45,000*＋①￥*23,700*)＋支店(￥*32,000*＋①￥*5,700*)＝￥*106,400*

3

●印@2点×4＝8点

仕訳集計表

令和○年1月15日

借方	元丁	勘定科目	元丁	貸方
● 1,403,600		現金		1,375,800
890,700		当座預金		490,800
693,500	4	売掛金	4	158,300
50,000		受取商品券		
445,000		買掛金		347,800
		前受金		● 30,000
		売上		1,695,300
555,700		仕入		60,000
89,700		交通費		
2,100		租税公課		
25,500		水道光熱費		
1,800		雑費		
400		支払利息		
4,158,000		●		4,158,000

売掛金 4

	1,440,300		912,400
● 1/15	693,500	1/15	158,300

解説

《追加取引の仕訳》

（借）受取商品券 50,000 （貸）売上 50,000……振替伝票
（借）売掛金 100,000 （貸）売上 100,000……振替伝票
（借）現金 30,000 （貸）前受金 30,000……入金伝票

●ポイント

追加取引は，仕訳をして起票すべき伝票を確定する。
仕入・売上の取引は，分解して起票する。
起票された伝票を仕訳で示すと次のようになる。

入金伝票

（借）現金	1,403,600	（貸）売掛金	75,000
		売上	612,500
		売掛金	70,300
		当座預金	263,500
		売掛金	13,000
		売上	250,000
		売上	89,300
〈追〉		前受金	30,000

出金伝票

（借）交通費	89,700	（貸）現金	1,375,800
当座預金	890,700		
水道光熱費	25,500		
租税公課	2,100		
雑費	1,800		
仕入	150,000		
買掛金	216,000		

振替伝票

（借）売掛金	363,500	（貸）売上	363,500
支払利息	400	当座預金	400
買掛金	60,000	仕入	60,000
買掛金	169,000	当座預金	169,000
仕入	347,800	買掛金	347,800
売掛金	230,000	売上	230,000
仕入	57,900	当座預金	57,900
〈追〉受取商品券	50,000	売上	50,000
〈追〉売掛金	100,000	売上	100,000

4

●印@3点×8＝24点

(1)

総勘定元帳

現金 1

	1/1	500,000	1/12	209,000	❹
❼	28	100,000			

当座預金 2

	1/1	820,000	1/29	50,000	❽
❻	25	350,000	30	280,000	❾

受取手形 3

1/1	400,000	1/25	350,000	❻

売掛金 4

	1/1	850,000	1/10	90,000	❸
❷	8	450,000			
❺	17	406,000			

支払手形 17

❾	1/30	280,000	1/1	280,000

買掛金 18

❹	1/12	209,000	1/1	400,000	
			5	44,000	❶

前受金 20

❺	1/17	200,000	1/1		200,000	
			28	●	100,000	❼

売上 24

❸	1/10	90,000	1/8	450,000	❷
			17	606,000	❺❽

仕入 30

❶	1/5	44,000	
❽	29	50,000	

(2)

当座預金出納帳　1

	令和○年		摘要	預入	引出	借または貸	残高	
	/	/	前月繰越	820,000		借	820,000	
		25	約束手形#7　入金	350,000		〃	●1,170,000	❻
		29	人吉商店から仕入れ　小切手#4		50,000	〃	1,120,000	❽
●		30	約束手形#13　支払い		280,000	〃	840,000	❾
		31	次月繰越		840,000			
				1,170,000	1,170,000			❿

売上帳　1

	令和○年		摘要		内訳	金額	
	1	8	阿蘇商店	掛け			
			B品　500個	@¥900		450,000	❷
❸		10	阿蘇商店	掛け返品			
●			B品　100個	@¥900		90,000	
❺		17	天草商店	内金・掛け			
			A品　700個	@¥780	546,000		
●			C品　200〃	〃〃300	60,000	606,000	
		31		総売上高		1,056,000	
		〃		売上返品高		90,000	⓫
				純売上高		966,000	

売掛金元帳

阿蘇商店　2

	令和○年		摘要	借方	貸方	借または貸	残高	
	/	/	前月繰越	342,000		借	342,000	
●		8	売り上げ	450,000		〃	792,000	❷
		10	返品		90,000	〃	702,000	❸
		31	次月繰越		702,000			
				792,000	792,000			⓬

買掛金元帳

八代商店　3

	令和○年		摘要	借方	貸方	借または貸	残高	
	/	/	前月繰越		335,000	貸	335,000	
●		5	仕入れ		44,000	〃	379,000	❶
		12	支払い	209,000		〃	170,000	❹
		31	次月繰越	170,000				
				379,000	379,000			⓭

商品有高帳

(移動平均法)　(品名)　A品　(単位：個)

令和○年		摘要	受入 数量	受入 単価	受入 金額	払出 数量	払出 単価	払出 金額	残高 数量	残高 単価	残高 金額	
/	/	前月繰越	600	240	144,000				600	240	144,000	
	5	八代商店	200	220	44,000			●	800	235	188,000	❶
	17	天草商店				700	235	164,500	100	235	23,500	❺
	29	人吉商店	250	200	50,000				350	210	73,500	❽
	31	次月繰越				350	210	73,500				
			1,050		238,000	1,050		238,000				⓮

解説

❶ 1/ 5 （借）仕　　入 44,000 （貸）買　掛　金 44,000

仕入勘定の借方，買掛金勘定の貸方に日付・金額を記入する。

八代商店に対する買掛金のため，買掛金元帳の八代商店勘定の貸方欄に記入する。

A品を仕入れたため，商品有高帳の受入欄に記入する。

移動平均法のため，前月繰越の600個と合算し，平均単価を求める。

$$\frac{¥144,000 + ¥44,000}{600個 + 200個} = @¥235$$

❷ 1/ 8 （借）売　掛　金 450,000 （貸）売　　上 450,000

売掛金勘定の借方，売上勘定の貸方に日付・金額を記入する。

売上帳に売上取引の明細を記入する。

阿蘇商店に対する売掛金のため，売掛金元帳の阿蘇商店勘定の借方欄に記入する。

B品を販売したため，商品有高帳に記入しないことに注意する。

❸ 1/10 （借）売　　上 90,000 （貸）売　掛　金 90,000

売上勘定の借方，売掛金勘定の貸方に日付・金額を記入する。

売上帳に売上取引の明細を記入する。売上返品高は赤字で記入する。

阿蘇商店に対する売掛金のため，売掛金元帳の阿蘇商店勘定の貸方欄に記入する。

B品の売上返品であるため，商品有高帳に記入しないことに注意する。

❹ 1/12 （借）買　掛　金 209,000 （貸）現　　金 209,000

買掛金勘定の借方，現金勘定の貸方に日付・金額を記入する。

八代商店に対する買掛金のため，買掛金元帳の八代商店勘定の借方欄に記入する。

❺ 1/17 （借）前　受　金 200,000 （貸）売　　上 606,000
　　　　　　 売　掛　金 406,000

前受金勘定，売掛金勘定の借方，売上勘定の貸方に日付・金額を記入する。

売上帳に売上取引の明細を記入する。2品目以上売り上げた場合は，品目ごとに内訳欄に記入し，合計金額を金額欄に記入する。

A品を販売したため，商品有高帳の払出欄に記入する。

❻ 1/25 （借）当 座 預 金 350,000 （貸）受 取 手 形 350,000

当座預金勘定の借方，受取手形勘定の貸方に日付・金額を記入する。

当座預金勘定が増加したため，当座預金出納帳の預入欄に記入する。

❼ 1/28 （借）現　　金 100,000 （貸）前　受　金 100,000

現金勘定の借方，前受金勘定の貸方に日付・金額を記入する。

注文を受けた場合は売上にしないことに注意する。

前もって商品代金の一部を受け取った場合は，前受金勘定（負債の勘定）で処理する。

❽ 1/29 （借）仕　　入 50,000 （貸）当 座 預 金 50,000

仕入勘定の借方，当座預金勘定の貸方に日付・金額を記入する。

当座預金勘定が減少したため，当座預金出納帳の引出欄に記入する。

A品を仕入れたため，商品有高帳の受入欄に記入する。

移動平均法のため，1/17の残高の100個と合算し，平均単価を求める。

$$\frac{¥23,500 + ¥50,000}{100個 + 250個} = @¥210$$

❾ 1/30 （借）支 払 手 形 280,000 （貸）当 座 預 金 280,000

支払手形勘定の借方，当座預金勘定の貸方に日付・金額を記入する。

当座預金勘定が減少したため，当座預金出納帳の引出欄に記入する。

❿ 当座預金出納帳の引出欄に残高を記入し，締め切る。

⓫ 売上帳の総売上高には赤字以外の合計金額を記入する。

売上返品高は赤字で記入した金額の合計金額を記入する。

総売上高から売上返品高を控除したものを純売上高として記入する。

⓬ 売掛金元帳の貸方欄に残高を記入し，締め切る。

⓭ 買掛金元帳の借方欄に残高を記入し，締め切る。

⓮ 商品有高帳の払出欄に残高を記入し，締め切る。

5

精　算　表

令和○年12月31日

●印@3点×8＝24点

勘定科目	残高試算表		整理記入		損益計算書		貸借対照表	
	借方	貸方	借方	貸方	借方	貸方	借方	貸方
現金	3,775,000						3,775,000	
当座預金	2,472,000						2,472,000	
受取手形	2,250,000						2,250,000	
売掛金	2,850,000						2,850,000	
貸倒引当金		100,000		2,000				● 102,000
有価証券	2,900,000			50,000			● 2,850,000	
繰越商品	560,000		655,000	560,000			655,000	
建物	3,450,000						3,450,000	
建物減価償却累計額		2,070,000		345,000				2,415,000
備品	800,000						800,000	
備品減価償却累計額		200,000		150,000				350,000
支払手形		1,887,000						1,887,000
買掛金		3,115,000						3,115,000
借入金		1,632,000						1,632,000
資本金		8,000,000						8,000,000
売上		6,992,000				6,992,000		
受取家賃		1,800,000	40,000			1,760,000		
受取手数料		40,000		5,000		45,000		
仕入	5,434,000		560,000	655,000	● 5,339,000			
給料	183,000				183,000			
発送費	473,000				473,000			
支払地代	250,000				250,000			
保険料	350,000			69,000	281,000			
租税公課	50,000			● 12,000	38,000			
雑費	35,000				35,000			
支払利息	4,000		14,000		18,000			
	25,836,000	25,836,000						
貸倒引当金繰入			2,000 ❶		2,000			
減価償却費			● 495,000 ❷		495,000			
有価証券評価(損)			50,000 ❸		50,000			
貯蔵品			12,000 ❹				12,000	
前払保険料			69,000 ❺				● 69,000	
(前受)家賃				40,000				● 40,000
(未払)利息				14,000				14,000
(未収)手数料			5,000				5,000	
当期純(利益)					1,633,000			● 1,633,000
			1,902,000	1,902,000	8,797,000	8,797,000	19,188,000	19,188,000

解説

〈決算整理仕訳〉

a．(借)	仕入	560,000	(貸)	繰越商品	560,000
	繰越商品	655,000		仕入	655,000
b．(借)	貸倒引当金繰入	2,000❶	(貸)	貸倒引当金	2,000
c．(借)	減価償却費	495,000❷	(貸)	建物減価償却累計額	345,000
				備品減価償却累計額	150,000
d．(借)	有価証券評価損	50,000❸	(貸)	有価証券	50,000
e．(借)	貯蔵品	12,000❹	(貸)	租税公課	12,000
f．(借)	前払保険料	69,000❺	(貸)	保険料	69,000
g．(借)	受取家賃	40,000	(貸)	前受家賃	40,000
h．(借)	支払利息	14,000	(貸)	未払利息	14,000
i．(借)	未収手数料	5,000	(貸)	受取手数料	5,000

❶ 貸倒引当金繰入　(受取手形 ¥2,250,000＋売掛金 ¥2,850,000)×2%
－貸倒引当金残高 ¥100,000＝¥2,000

❷ 減価償却費　建物：$\dfrac{\text{建物 ¥3,450,000－残存価額 ¥0}}{\text{耐用年数10年}}$＝¥345,000

備品：(備品 ¥800,000－減価償却累計額 ¥200,000)×償却率25%
＝¥150,000

❸ 有価証券評価損　時価 ¥2,850,000(50株×¥57,000)－帳簿価額 ¥2,900,000
＝(－)¥50,000

❹ 貯蔵品　収入印紙の未使用高は，租税公課勘定から貯蔵品勘定（資産の勘定）に振り替える。

❺ 前払保険料　¥276,000×$\dfrac{\text{3か月(次期1月分から3月分)}}{\text{12か月(当期4月分から次期3月分)}}$＝¥69,000

前払保険料勘定は資産の勘定なので，貸借対照表欄に表示する。

●ポイント

精算表は，貸借対照表や損益計算書を作成するための基礎資料となる。ここでは，神奈川商店の12月31日の精算表から，損益計算書を作成してみよう。

損　益　計　算　書

神奈川商店　　令和○年1月1日から令和○年12月31日まで　　（単位：円）

費　用	金　額	収　益	金　額
（　　　）		（　　　）	
給　料		受取家賃	
（　　　）		受取手数料	
（　　　）			
発送費			
支払地代			
保険料			
租税公課			
雑費			
支払利息			
（　　　）			
（　　　）			

※解答はp.100

6

@4点×3＝12点

a	￥ 2,450,000 ❶	b	￥ 460,000 ❷	c	￥ 1,916,000 ❸

解説

❶ 資料より，期首商品棚卸高 ￥850,000＋当期商品仕入高 ￥2,240,000－期末商品棚卸高 ￥640,000＝売上原価 ￥2,450,000で求める。

なお，損益勘定の仕入は決算整理後の金額であるため，売上原価を意味し，￥2,450,000が入る。

❷ 損益勘定および資料ivより，決算日に次の仕訳をおこなっていることがわかる。

（借）法人税等	770,000	（貸）仮払法人税等	310,000
		未払法人税等	460,000

よって，法人税等の未払額は￥460,000である。

❸ 損益勘定より，貸借差額で当期純利益が￥1,796,000であることがわかる。株式会社の当期純利益は，繰越利益剰余金勘定に振り替えられる。

（借）損益	1,796,000	（貸）繰越利益剰余金	1,796,000

上記仕訳を繰越利益剰余金勘定に転記し，次期繰越高 ￥1,916,000を差額で求める。

2級模擬試験問題　第６回

1

@４点×３＝12点

	借方		貸方		
a	不渡手形	102,000	受取手形 現金	100,000 2,000	❶
b	当座預金	816,000	手形貸付金 受取利息	800,000 16,000	❷
c	有価証券	885,000	当座預金	885,000	❸

解説

❶ 手形が不渡りになったときは，手形金額と償還請求に要した諸費用を請求することができる。請求額は不渡手形勘定（資産の勘定）の借方に記入し，償還請求にかかった費用を含める。

❷ 手形によって貸し付けたときは，手形貸付金勘定（資産の勘定）に記入する。返済を受けたため，手形貸付金勘定が減少するので貸方に記入する。

❸ 株式を買い入れたときは，有価証券勘定（資産の勘定）で処理する。なお，買入手数料は有価証券勘定に含める。

2

@４点×５＝20点

(1)

a	￥　2,320,000 ❶	b	￥　390,000 ❷

解説

❶ 期首商品棚卸高 ￥350,000＋当期仕入高 ￥2,400,000－期末商品棚卸高 ￥430,000＝売上原価 ￥2,320,000を求めることができる。

❷ 売掛金に関する資料を仕訳にすると次のようになる。

ii （借）売掛金 2,830,000　（貸）売上 3,950,000
　　　　現金 1,120,000

iv （借）現金 890,000　（貸）売掛金 1,950,000
　　　　受取手形 1,060,000

v （借）貸倒損失 70,000　（貸）売掛金 70,000
　　　（貸倒引当金）

上記の仕訳を売掛金勘定に転記すると，貸借差額で期首の売掛金 ￥390,000を求めることができる。

売掛金

1/1	前期繰越	390,000		諸口	1,950,000
	売上	2,830,000		貸倒損失	70,000
			12/31	次期繰越	1,200,000
		3,220,000			3,220,000

(2)

a ❶	b ❷
1	2

※二つとも合っている場合に正答とする。

解説

❶ 1．revenues　収益　　2．assets　資産　　3．expenses　費用

❷ 費用・収益の繰り延べと見越しに用いる資産・負債の項目をまとめると次のようになる。
前払費用・未収収益……資産　　前受収益・未払費用……負債

(3)

		借方		貸方	
a	本店	愛知支店	450,000	三重支店	450,000
	三重支店	本店	450,000	当座預金	450,000
	愛知支店	広告料	450,000	本店	450,000
b	本店	三重支店	200,000	愛知支店	200,000
	三重支店	受取手形	200,000	本店	200,000
	愛知支店	本店	200,000	売掛金	200,000

※a・bともに完答の場合に正答とする。

解説

本店集中計算制度を採用している場合は，各支店に本店勘定を設ければよい。各支店は本店と取引したように記帳することで，本店は支店間の取引内容を容易に知ることができる。

3

@2点×4＝8点

ア	¥	2,291,200
イ	¥	1,316,200
ウ	¥	1,996,600
エ	¥	8,175,900

解説

仕訳集計表を作成すると，次のようになる。

仕　訳　集　計　表

令和○年5月/7日

借　方	元丁	勘定科目	元丁	貸　方
2,291,200		現金		1,928,600
947,400		当座預金		1,316,200
350,000		受取手形		
1,866,600		売掛金		1,996,600
165,200		支払手形		
1,061,000		買掛金		1,017,300
		前受金		50,000
66,000		売上		1,866,600
		受取利息		600
1,017,300		仕入		
270,000		給料		
40,300		広告料		
94,800		旅費		
700		支払手数料		
5,400		雑費		
8,175,900				8,175,900

《追加取引の仕訳》

（借）売掛金 350,000　（貸）売上 350,000……振替伝票
（借）受取手形 350,000　（貸）売掛金 350,000……振替伝票
（借）現金 50,000　（貸）前受金 50,000……入金伝票

すべて，いったん掛け取引として処理する方法で起票していることに注意する。

●ポイント

追加取引は，仕訳をして起票すべき伝票を確定する。
仕入・売上の取引は，いったん全額掛けとして起票する。
起票された伝票を仕訳で示すと次のようになる。

入金伝票

	借方科目	金額		貸方科目	金額
（借）	現金	2,291,200	（貸）	売掛金	252,000
				売掛金	659,000
				当座預金	660,000
				売掛金	237,600
				受取利息	600
				売掛金	432,000
〈追〉				前受金	50,000

出金伝票

	借方科目	金額		貸方科目	金額
（借）	支払手数料	700	（貸）	現金	1,928,600
	旅費	94,800			
	当座預金	649,800			
	雑費	5,400			
	広告料	40,300			
	買掛金	840,000			
	当座預金	297,600			

振替伝票

	借方科目	金額		貸方科目	金額
（借）	売掛金	580,600	（貸）	売上	580,600
	売掛金	936,000		売上	936,000
	売上	66,000		売掛金	66,000
	買掛金	221,000		当座預金	221,000
	支払手形	165,200		当座預金	165,200
	仕入	1,017,300		買掛金	1,017,300
	給料	270,000		当座預金	270,000
〈追〉	売掛金	350,000		売上	350,000
〈追〉	受取手形	350,000		売掛金	350,000

4

●印@3点×8＝24点

(1)

総 勘 定 元 帳

現 金 1		当座預金 2		受取手形 3	
2,150,000	1,300,000	3,010,200	1,990,600	980,000	980,000
❻ 5/24 230,000	5/22 170,000 ❺		5/30 ● 200,000 ❾❽	5/29 120,000	

売 掛 金 4		前 払 金 8		支払手形 17	
4,311,500	2,871,300	540,000	370,000	360,000	560,000
❶ 5/11 550,000	5/24 230,000 ❻		5/13 ● 70,000 ❷❾	5/30 200,000	5/28 260,000 ❼
❸ 15 751,000	29 120,000 ❽				

買 掛 金 18		売 上 24		仕 入 30	
2,251,000	3,114,800	412,500	5,382,100	4,089,800	227,300
❺ 5/22 170,000	5/13 65,000 ❷		5/11 550,000 ❶❷	5/13 135,000	
❼ 28 260,000	17 585,000 ❹		15 751,000 ❸❹	17 585,000	

(2)

現 金 出 納 帳

9

令和○年		摘 要	収 入	支 出	残 高
5	1	前 月 繰 越	850,000		850,000
	22	青森商店に買掛金支払い 現金払い		170,000	680,000 ❺
	24	秋田商店から売掛金回収 小切手受け取り	● 230,000		910,000 ❻
	31	次 月 繰 越		910,000	❿
			1,080,000	1,080,000	

受 取 手 形 記 入 帳

	令和○年		摘 要	金 額	手形種類	手形番号	支払人	振出人または裏書人	振出日		満期日		支払場所	てん末			
														月	日	摘 要	
●	5	29	売掛金回収	120,000	約手	7	宮城商店	宮城商店	5	29	8	29	北銀行本店				❽

支 払 手 形 記 入 帳

	令和○年		摘 要	金 額	手形種類	手形番号	受取人	振出人	振出日		満期日		支払場所	てん末			
														月	日	摘 要	
	3	30	仕 入 れ	200,000	約手	10	福島商店	当 店	3	30	5	30	東銀行本店	5	30	支 払 い	❾
●	5	28	買掛金支払い	260,000	約手	11	岩手商店	当 店	5	28	7	28	東銀行本店				❼

売 掛 金 元 帳

宮 城 商 店

1

令和○年		摘 要	借 方	貸 方	借または貸	残 高	
5	1	前 月 繰 越	340,000		借	340,000	
	11	売 り 上 げ	550,000		〃	● 890,000	❶
	29	回 収		120,000	〃	770,000	❽
	31	次 月 繰 越		770,000			⓫
			890,000	890,000			

秋 田 商 店

2

令和○年		摘 要	借 方	貸 方	借または貸	残 高	
5	1	前 月 繰 越	420,000		借	420,000	
	15	売 り 上 げ	751,000		〃	● 1,171,000	❸
	24	回 収		230,000	〃	941,000	❻
	31	次 月 繰 越		941,000			⓫
			1,171,000	1,171,000			

商 品 有 高 帳

(先入先出法)　(品名) A 品　(単位：枚)

令和○年		摘 要	受入 数量	受入 単価	受入 金額		払出 数量	払出 単価	払出 金額	残高 数量	残高 単価	残高 金額	
5	1	前月繰越	60	1,400	84,000					60	1,400	84,000	
	13	岩手商店	100	1,350	135,000					60	1,400	84,000	❷
										100	1,350	135,000	
	15	秋田商店				●	60	1,400	84,000				
						❸	10	1,350	13,500	90	1,350	121,500	
	17	青森商店	150	1,500	225,000					90	1,350	121,500	❹
										150	1,500	225,000	
	31	次月繰越					90	1,350	121,500				
							150	1,500	225,000				⓬
			310		444,000		310		444,000				

解説

❶ 5/11 （借）売掛金 *550,000*　（貸）売上 *550,000*
売掛金勘定の借方，売上勘定の貸方に日付・金額を記入する。
宮城商店に対する売掛金のため，売掛金元帳の宮城商店勘定の借方欄に記入する。

❷ 5/13 （借）仕入 *135,000*　（貸）前払金 *70,000*
　　　　　　　　　　　　　　　　　買掛金 *65,000*
仕入勘定の借方，前払金勘定，買掛金勘定の貸方に日付・金額を記入する。
A品を仕入れたため，商品有高帳の受入欄に記入する。

❸ 5/15 （借）売掛金 *751,000*　（貸）売上 *751,000*
売掛金勘定の借方，売上勘定の貸方に日付・金額を記入する。
秋田商店に対する売掛金のため，売掛金元帳の秋田商店勘定の借方欄に記入する。
A品を売り上げたため，商品有高帳の払出欄に記入する。先入先出法を採用しているため，@¥1,400の商品から払い出す。また，販売単価を記入しないように注意する。

❹ 5/17 （借）仕入 *585,000*　（貸）買掛金 *585,000*
仕入勘定の借方，買掛金勘定の貸方に日付・金額を記入する。
A品を仕入れたため，商品有高帳の受入欄に記入する。

❺ 5/22 （借）買掛金 *170,000*　（貸）現金 *170,000*
買掛金勘定の借方，現金勘定の貸方に日付・金額を記入する。
現金勘定が減少したため，現金出納帳の支出欄に記入する。

❻ 5/24 （借）現金 *230,000*　（貸）売掛金 *230,000*
現金勘定の借方，売掛金勘定の貸方に日付・金額を記入する。
現金勘定が増加したため，現金出納帳の収入欄に記入する。
秋田商店に対する売掛金のため，売掛金元帳の秋田商店勘定の貸方欄に記入する。

❼ 5/28 （借）買掛金 *260,000*　（貸）支払手形 *260,000*
買掛金勘定の借方，支払手形勘定の貸方に日付・金額を記入する。
約束手形を振り出したので，支払手形記入帳に記入する。

❽ 5/29 （借）受取手形 *120,000*　（貸）売掛金 *120,000*
受取手形勘定の借方，売掛金勘定の貸方に日付・金額を記入する。
約束手形を受け取ったため，受取手形記入帳に記入する。
宮城商店に対する売掛金のため，売掛金元帳の宮城商店勘定の貸方欄に記入する。

❾ 5/30 （借）支払手形 *200,000*　（貸）当座預金 *200,000*
支払手形勘定の借方，当座預金勘定の貸方に日付・金額を記入する。
支払手形記入帳のてん末欄に記入する。

❿ 現金出納帳の支出欄に残高を記入し，締め切る。

⓫ 売掛金元帳の貸方欄に残高を記入し，締め切る。

⓬ 商品有高帳の払出欄に残高を記入し，締め切る。

●ポイント

現金出納帳と現金勘定

現金出納帳は，現金に関する取引の明細を記録する補助簿である。現金出納帳の残高は，現金勘定の残高とつねに一致するので，定期的に両者を照合することにより，記帳に誤りがないかを確認することができる。本問を例に挙げると以下のようになる。なお，現金勘定の借方に記入した金額は現金出納帳の収入欄に，現金勘定の貸方に記入した金額は現金出納帳の支出欄に記入する。

現　金　1

	2,150,000		1,300,000
5/24	230,000	5/22	170,000
		残高	¥910,000

収入欄に記入（5/24 230,000）　支出欄に記入（5/22 170,000）
残高 ¥910,000 ← 一致する

現　金　出　納　帳　　9

令和○年		摘　要	収　入	支　出	残　高
5	1	前月繰越	850,000		850,000
	22	青森商店に買掛金支払い　現金払い		170,000	680,000
	24	秋田商店から売掛金回収　小切手受け取り	230,000		910,000
	31	次月繰越		910,000	
			1,080,000	1,080,000	

5

●印@3点×8＝24点

(1)

総勘定元帳

損益　31

	日付	借方科目	金額	日付	貸方科目	金額
	12/31	仕入	(● 18,940,000)	12/31	売上	(31,390,000)
	〃	給料	(7,063,000)	〃	受取家賃	(● 311,000)
❷	〃	(貸倒引当金繰入)	●……182,000)	〃	受取手数料	(59,000)
❸	〃	(減価償却費)	●……214,000)			
❶	〃	広告料	(● 926,000)			
	〃	支払地代	(720,000)			
❺	〃	保険料	(● 879,000)			
	〃	通信費	(15,000)			
	〃	雑費	(45,000)			
	〃	支払利息	(34,000)			
❹	〃	(有価証券評価損)	(233,000)			
❻	〃	(資本金)	●……2,509,000)			
			(31,760,000)			(31,760,000)

(2)

貸借対照表に記載する有価証券の金額	￥ 4,898,000 ● ❼

解説

〈付記事項〉

① (借) 広告料 300,000　(貸) 現金 300,000❶

〈決算整理仕訳〉

a. (借) 仕入 750,000　(貸) 繰越商品 750,000
　　　繰越商品 800,000　　　仕入 800,000

b. (借) 貸倒引当金繰入 182,000❷　(貸) 貸倒引当金 182,000

c. (借) 減価償却費 214,000❸　(貸) 建物減価償却累計額 214,000

d. (借) 有価証券評価損 233,000❹　(貸) 有価証券 233,000

e. (借) 前払保険料 391,000❺　(貸) 保険料 391,000

f. (借) 支払地代 120,000　(貸) 未払地代 120,000

g. (借) 未収家賃 72,000　(貸) 受取家賃 72,000

❶ 誤った仕訳
(借) 現金 150,000　(貸) 広告料 150,000
訂正仕訳
誤った仕訳を貸借反対に仕訳をおこない，誤った仕訳を消去する。
(借) 広告料 150,000　(貸) 現金 150,000
次に正しい仕訳をおこなう。
正しい仕訳
(借) 広告料 150,000　(貸) 現金 150,000

❷ 貸倒引当金繰入　(受取手形 ￥3,742,000＋売掛金 ￥6,308,000)×2%
－貸倒引当金残高 ￥19,000＝￥182,000

❸ 減価償却費　$\frac{\text{建物 ￥3,210,000－残存価額 ￥0}}{\text{耐用年数15年}}$＝￥214,000

❹ 有価証券評価損　時価 ￥4,898,000(1,000株×￥4,898)－帳簿価額 ￥5,131,000
＝(－)￥233,000

❺ 前払保険料　￥938,400×$\frac{\text{5か月(次期1月分から5月分)}}{\text{12か月(当期6月分から次期5月分)}}$＝￥391,000

❻ 損益勘定で当期の損益を計算する。
個人企業の場合，当期純利益は資本金勘定に振り替える。
(借) 損益 2,509,000　(貸) 資本金 2,509,000

❼ 貸借対照表には，有価証券の金額は時価で記載する。

●ポイント

本問は損益勘定作成の問題であり，損益勘定で計算した当期純利益は，決算振替仕訳で資本金勘定に振り替えられる。その振り替えた当期純利益は貸借対照表に表示される。

ここでは，熊本商店の総勘定元帳勘定残高と付記事項および決算整理事項から，貸借対照表を作成し，当期純利益が損益勘定から資本金勘定に振り替えた金額と一致するか確認してみよう。

貸　借　対　照　表

熊本商店　　令和○年12月31日　　(単位：円)

資　　産	金　額	負債および純資産	金　額
現　　金		支払手形	
当座預金		買掛金	
受取手形 (　　)		借入金	
貸倒引当金 (　　)		(　　)	
売掛金 (　　)		資本金	
貸倒引当金 (　　)		(　　)	
(　　)			
(　　)			
(　　)			
(　　)			
建　物 (　　)			
減価償却累計額 (　　)			

※解答はp.100

6

@4点×3＝12点

	借	方	貸	方	
a	開　業　費	*600,000*	当　座　預　金	*600,000*	❶
b	仮払法人税等	*1,100,000*	現　　　金	*1,100,000*	❷
c	繰越利益剰余金	*5,850,000*	未払配当金 利益準備金 別途積立金	*3,500,000* *350,000* *2,000,000*	❸

解説

❶ 会社設立後から開業までに支出した諸費用は，開業費勘定（費用の勘定）の借方に記入する。

❷ 中間申告をおこなって法人税等を納付したときは，仮払法人税等勘定（資産の勘定）の借方に記入する。

仮払法人税等　$¥2,200,000\times\frac{1}{2}=¥1,100,000$

❸ 配当や任意積立金などで処分した額は，繰越利益剰余金勘定（資本の勘定）から各勘定の貸方に振り替える。

2級模擬試験問題　第７回

1

@4点×3＝12点

	借方		貸方		
a	現金過不足	10,000	受取手数料 雑益	8,000 2,000	❶
b	引出金	4,000	仕入	4,000	❷
c	売掛金	462,000	売上 仮受消費税	420,000 42,000	❸

解説

❶ 現金の過剰が発生したときに次の仕訳をおこない，現金勘定を実際有高に修正している。
（借）現　　金 *10,000*　（貸）現金過不足 *10,000*
現金過不足の原因が判明した場合は，該当する勘定に振り替える。また，決算日になっても不明な場合は雑損勘定（費用の勘定）または雑益勘定（収益の勘定）に振り替える。

❷ 事業主による私用のための商品の使用は，資本金勘定（資本の勘定）を減少させるか，引出金勘定（資本金の評価勘定）の借方に記入する。本問では，勘定科目群に資本金勘定がないため，引出金勘定を用いる。なお，仕入勘定（費用の勘定）を取り消すため，貸方に記入する。

❸ 消費税は消費者が負担する税金であるが，その徴収と納付は企業がおこなう。売上に対する消費税は，消費者から企業が預かったものであるため，仮受消費税勘定（負債の勘定）の貸方に記入する。

2

@4点×5＝20点

(1)

①	未払家賃 ❶	②	¥ 780,000 ❷

解説

5か月分が未払い

1月	2月	3月	4月	5月	6月	7月	8月	9月	10月	11月	12月

7月末に，経過した6か月分を支払っていることから，5か月分が未払いである。そのため，決算整理仕訳および再振替仕訳は次のようになる。

〈12月31日　決算整理仕訳〉
（借）支払家賃 5か月分　（貸）未払家賃 5か月分
〈１月１日　再振替仕訳〉
（借）未払家賃 5か月分　（貸）支払家賃 5か月分

1か月あたりの支払家賃　¥*325,000*÷5か月＝¥*65,000*

そのため，1/1～12/31に次の仕訳をおこなっていることがわかる。

1/ 1	（借）未払家賃	*325,000*❶	（貸）支払家賃	*325,000*
1/31	（借）支払家賃	*390,000*	（貸）現金	*390,000*
7/31	（借）支払家賃	*390,000*	（貸）現金	*390,000*
12/31	（借）支払家賃	*325,000*	（貸）未払家賃	*325,000*
〃	（借）損益	*780,000*❷	（貸）支払家賃	*780,000*

上記の仕訳を転記することで解答できる。

(2)

a ❶	b ❷
1	4

※二つとも合っている場合に正答とする。

解説

❶ 1．fixed assets　固定資産　　2．stock ledger　商品有高帳
3．net assets　純資産

❷ 定額法と定率法は減価償却費の計算方法であり，直接法と間接法は減価償却の記帳方法である。直接法では固定資産の勘定の残高を直接減額し，間接法では固定資産ごとの減価償却累計額勘定（固定資産に対する評価勘定）に減価償却費を記入する。

(3)

		借方		貸方	
a	本店	受取手形	*300,000*	支店	*300,000*
	支店	本店	*300,000*	売掛金	*300,000*
b	本店	支店	*400,000*	仕入	*400,000*
	支店	仕入	*400,000*	本店	*400,000*

※a・bともに完答の場合に正答とする。

解説

本支店間の取引では，支店勘定と本店勘定が貸借反対で記入される。

3

●印@2点×4=8点

仕訳集計表

令和○年1月21日

借方	元丁	勘定科目	元丁	貸方
2,963,100		現金		1,551,300 ❶
1,951,900		普通預金		1,354,000
479,000		受取手形		
● 1,440,000		売掛金		2,112,900
		受取商品券		● 150,000
300,000		買掛金		1,153,000
200,000		借入金		
		売上	20	3,294,700
		受取家賃		407,000
		受取利息		52,500
1,679,000		仕入		
550,000		給料		
400,000		広告料		
80,000		旅費		
30,200		消耗品費		
2,200		雑費		
10,075,400		●		10,075,400

売上 20

56,400		9,761,500
	1/21	3,294,700 ●

解説

《追加取引の仕訳》

(借) 受取手形 300,000 (貸) 売上 300,000……振替伝票

(借) 売掛金 240,000 (貸) 売上 240,000……振替伝票

(借) 現金 150,000 (貸) 受取商品券 150,000……入金伝票

❶ 現金勘定の貸方¥1,551,300は出金伝票の合計となる。

●ポイント

追加取引は，仕訳をして起票すべき伝票を確定する。

仕入・売上の取引は，分解して起票する。

起票された伝票を仕訳で示すと次のようになる。

入金伝票

(借) 現金	2,963,100	(貸) 普通預金	504,000
		受取家賃	272,000
		売掛金	162,900
		受取利息	52,500
		売上	393,700
		売掛金	446,000
		売上	262,000
		売上	720,000
〈追〉		受取商品券	150,000

出金伝票

(借) 旅費	80,000	(貸) 現金	1,551,300
普通預金	300,000		
借入金	200,000		
広告料	400,000		
仕入	526,000		
雑費	2,200		
普通預金	12,900		
消耗品費	30,200		

振替伝票

(借) 普通預金	135,000	(貸) 受取家賃	135,000
仕入	353,000	買掛金	353,000
普通預金	1,504,000	売掛金	1,504,000
給料	550,000	普通預金	550,000
受取手形	179,000	売上	179,000
仕入	800,000	買掛金	800,000
買掛金	300,000	普通預金	300,000
売掛金	1,200,000	売上	1,200,000
〈追〉受取手形	300,000	売上	300,000
〈追〉売掛金	240,000	売上	240,000

4

●印@3点×8＝24点

(1)

総勘定元帳

現金 1

1/1	500,000	1/7	100,000 ❷
		22	2,000 ❼❾

当座預金 2

1/1	700,000	1/18	130,000 ❻
30	325,000		

受取手形 3

❶ 1/3	325,000	1/26	150,000 ❽
❺ 14	150,000	30	325,000 ❾

売掛金 4

1/1	630,000	1/10	74,000 ❸
❶ 3	75,000	14	150,000 ❺
❼ 22	720,000		

仮払金 10

❷ 1/7 ●	100,000		

買掛金 17

❻ 1/18	130,000	1/1	500,000
		12	126,000 ❹
		26	84,000 ❽

売上 24

❸ 1/10 ●	74,000	1/3	400,000 ❶
		22	720,000 ❼

仕入 30

❹ 1/12	126,000		
❽ 26	234,000		

発送費 34

❼ 1/22	2,000		

(2)

当座預金出納帳

1

令和○年		摘要	預入	引出	借または貸	残高	
/	/	前月繰越	700,000		借	700,000	
	18	横須賀商店に買掛金支払い　小切手#5		130,000	〃 ●	570,000	❻
●	30	約束手形#10　入金	325,000		〃	895,000	❾
	31	次月繰越		895,000			❿
			1,025,000	1,025,000			

売上帳

1

令和○年		摘要		内訳	金額	
1	3	相模原商店	約手・掛け			
		B品　100個	@¥300	30,000		❶
		C品　500〃	〃〃740	370,000	400,000	
	10	相模原商店	掛け返品			❸
		C品　100個	@¥740		74,000	
❼	22	横浜商店	掛け			
●		A品　800個	@¥900		720,000	
	31		総売上高		1,120,000	
	〃		売上返品高		74,000	⓫
			純売上高		1,046,000	

受取手形記入帳

	令和○年		摘要	金額	手形種類	手形番号	支払人	振出人または裏書人	振出日		満期日		支払場所	てん末 月	日	摘要	
❶●	1	3	売り上げ	325,000	約手	10	相模原商店	相模原商店	1	3	1	30	東銀行本店	1	30	入金	❾
❺		14	売掛金回収	150,000	約手	12	横浜商店	横浜商店	1	14	3	14	南銀行本店	1	26	裏書譲渡	❽

売掛金元帳

横浜商店　1

	令和○年		摘要	借方	貸方	借または貸	残高	
	/	/	前月繰越	250,000		借	250,000	
●		14	回収		150,000	〃	100,000	❺
		22	売り上げ	720,000		〃	820,000	❼
		31	次月繰越		820,000			⓬
				970,000	970,000			

買掛金元帳

横須賀商店　2

	令和○年		摘要	借方	貸方	借または貸	残高	
	/	/	前月繰越		280,000	貸	280,000	
●		12	仕入れ		126,000	〃	406,000	❹
		18	支払い	130,000		〃	276,000	❻
		26	仕入れ		84,000	〃	360,000	❽
		31	次月繰越	360,000				⓭
				490,000	490,000			

解説

❶ 1/ 3 (借) 受取手形 325,000 (貸) 売　上 400,000
　　　　　売掛金 75,000

受取手形勘定，売掛金勘定の借方，売上勘定の貸方に日付・金額を記入する。

売上帳に売上取引の明細を記入する。2品目以上売り上げた場合は，品目ごとに内訳欄に記入し，合計金額を金額欄に記入する。

約束手形を受け取ったため，受取手形記入帳に記入する。

❷ 1/ 7 (借) 仮払金 100,000 (貸) 現　金 100,000

仮払金勘定の借方，現金勘定の貸方に日付・金額を記入する。

❸ 1/10 (借) 売　上 74,000 (貸) 売掛金 74,000

売上勘定の借方，売掛金勘定の貸方に日付・金額を記入する。

売上帳に売上取引の明細を記入する。売上返品高は赤字で記入する。

❹ 1/12 (借) 仕　入 126,000 (貸) 買掛金 126,000

仕入勘定の借方，買掛金勘定の貸方に日付・金額を記入する。

横須賀商店に対する買掛金のため，買掛金元帳の横須賀商店勘定の貸方欄に記入する。

❺ 1/14 (借) 受取手形 150,000 (貸) 売掛金 150,000

受取手形勘定の借方，売掛金勘定の貸方に日付・金額を記入する。

約束手形を受け取ったため，受取手形記入帳に記入する。

横浜商店に対する売掛金のため，売掛金元帳の横浜商店勘定の貸方欄に記入する。

❻ 1/18 (借) 買掛金 130,000 (貸) 当座預金 130,000

買掛金勘定の借方，当座預金勘定の貸方に日付・金額を記入する。

当座預金勘定が減少したため，当座預金出納帳の引出欄に記入する。小切手番号を忘れずに記入する。

横須賀商店に対する買掛金のため，買掛金元帳の横須賀商店勘定の借方欄に記入する。

❼ 1/22 (借) 売掛金 720,000 (貸) 売　上 720,000
　　　　　発送費 2,000 　　　　現　金 2,000

売掛金勘定，発送費勘定の借方，売上勘定，現金勘定の貸方に日付・金額を記入する。

売上帳に売上取引の明細を記入する。当店負担の発送費は売上帳に記入しないよう注意する。

横浜商店に対する売掛金のため，売掛金元帳の横浜商店勘定の借方欄に記入する。

❽ 1/26 (借) 仕　入 234,000 (貸) 受取手形 150,000
　　　　　　　　　　　　　　　買掛金 84,000

仕入勘定の借方，受取手形勘定，買掛金勘定の貸方に日付・金額を記入する。

約束手形を裏書譲渡したため，受取手形記入帳のてん末欄に日付とともに，「裏書譲渡」と記入する。

横須賀商店に対する買掛金のため，買掛金元帳の横須賀商店勘定の貸方欄に記入する。

❾ 1/30 (借) 当座預金 325,000 (貸) 受取手形 325,000

当座預金勘定の借方，受取手形勘定の貸方に日付・金額を記入する。

当座預金勘定が増加したため，当座預金出納帳の預入欄に記入する。

受取手形記入帳のてん末欄に記入する。

❿ 当座預金出納帳の引出欄に残高を記入し，締め切る。

⓫ 売上帳の総売上高には赤字以外の合計金額を記入する。
売上返品高は赤字で記入した金額の合計金額を記入する。
総売上高から売上返品高を控除した金額を純売上高として記入する。

⓬ 売掛金元帳の貸方欄に残高を記入し，締め切る。

⓭ 買掛金元帳の借方欄に残高を記入し，締め切る。

●ポイント

受取手形記入帳と受取手形勘定

受取手形記入帳は手形に関する債権の明細を記録するための補助簿であり，受取手形勘定は手形債権の発生・消滅を記録する勘定である。そのため，受取手形記入帳と受取手形勘定は互いに照合し合うことができる。本問を例に挙げると，次のようになる。

受取手形記入帳

令和○年		摘要	金額	手形種類	手形番号	支払人	振出人または裏書人	振出日		満期日		支払場所	てん末		
													月	日	摘要
1	3	売り上げ	325,000	約手	10	相模原商店	相模原商店	1	3	1	30	東銀行本店	1	30	入金
	14	売掛金回収	150,000	約手	12	横浜商店	横浜商店	1	14	3	14	南銀行本店	1	26	裏書譲渡

手形債権の発生時に記入　　手形債権の消滅時に記入

受取手形　3

1/ 3	325,000	1/26	150,000
14	150,000	30	325,000

(手形債権の発生)　(手形債権の消滅)

5

●印@3点×8＝24点

(1)

貸借対照表

山形商店　令和○年12月31日　(単位：円)

資産		金額	負債および純資産	金額
現金		1,084,000	支払手形	1,110,000
受取手形	(1,680,000)		買掛金	1,828,800
貸倒引当金	(❶ 16,800)	● 1,663,200	(当座借越)	● 270,000 ❻
売掛金	(2,850,000)		(未払家賃)	● 60,000
貸倒引当金	(❶ 28,500)	2,821,500	前受金	120,000
❸(有価証券)		2,400,000	資本金	4,542,400
(商品)		● 320,000	(当期純利益)	● 1,272,500
❹貯蔵品		40,000		
❺(前払保険料)		● 65,000		
備品	(1,440,000)			
❷減価償却累計額	(630,000)	● 810,000		
		9,203,700		9,203,700

(2)

売上総利益	¥	5,582,900 ● ❼

解説

〈付記事項〉

①（借）仮受金 100,000　（貸）売掛金 100,000

〈決算整理仕訳〉

	借方科目	金額	貸方科目	金額
a.	（借）仕入	337,200	（貸）繰越商品	337,200
	繰越商品	320,000	仕入	320,000
b.	（借）貸倒引当金繰入	35,700❶	（貸）貸倒引当金	35,700
c.	（借）減価償却費	270,000❷	（貸）備品減価償却累計額	270,000
d.	（借）有価証券	96,000	（貸）有価証券評価益	96,000❸
e.	（借）貯蔵品	40,000❹	（貸）租税公課	40,000
f.	（借）前払保険料	65,000❺	（貸）保険料	65,000
g.	（借）支払家賃	60,000	（貸）未払家賃	60,000
h.	（借）当座預金	270,000	（貸）当座借越	270,000❻

❶ 貸倒引当金繰入　(受取手形 ¥1,680,000＋売掛金 ¥2,950,000
－付記事項① ¥100,000)×1％－貸倒引当金残高 ¥9,600＝¥35,700

❷ 減価償却費　(備品 ¥1,440,000－減価償却累計額 ¥360,000)×25％＝¥270,000

❸ 有価証券評価益　時価 ¥2,400,000(50株×¥48,000)－帳簿価額 ¥2,304,000
＝(＋)¥96,000

❹ 貯蔵品　収入印紙の未使用高は，租税公課勘定から貯蔵品勘定（資産の勘定）に振り替える。

❺ 前払保険料　$¥195,000 \times \frac{4か月(次期1月分から4月分)}{12か月(当期5月分から次期4月分)} = ¥65,000$
前払保険料勘定は資産の勘定なので，貸借対照表に記載する。

❻ 決算時に当座預金勘定が貸方残高の場合は，当座借越勘定（負債の勘定）に振り替える。

❼ 売上原価 ¥4,452,600＝期首商品棚卸高 ¥337,200＋当期純仕入高 ¥4,435,400
－期末商品棚卸高 ¥320,000
売上総利益 ¥5,582,900＝売上高 ¥10,035,500－売上原価 ¥4,452,600

●ポイント

本問は貸借対照表作成の問題だが，損益勘定または損益計算書を作成し，当期純利益を計算することで，貸借対照表の作成が正しくおこなわれたか確認することができる。

ここでは，山形商店の総勘定元帳勘定残高と付記事項および決算整理事項から，損益計算書を作成し，当期純利益が貸借対照表と一致するか確認してみよう。

損益計算書

山形商店　令和○年1月1日から令和○年12月31日まで　(単位：円)

費用	金額	収益	金額
売上原価		売上高	
給料		有価証券売却益	
(　　)		(　　)	
(　　)			
発送費			
支払家賃			
保険料			
租税公課			
雑費			
(　　)			

※解答はp.100

●ポイント

① 減価償却費の計算方法

定額法：毎期，同一金額の減価償却費を計算する方法

この方法は，固定資産の価値は，毎期，一定額ずつ減少するという考え方にもとづいており，建物などの償却に適している。

定率法：固定資産の毎期末の未償却残高に一定の償却率をかけて，毎期の減価償却費を計算する方法

この方法は，固定資産の価値は，取得直後において著しく減少し，その後は減少幅がしだいに小さくなるという考え方にもとづいており，備品や車両運搬具の償却に適している。

② 貸借対照表の金額について

貸　借　対　照　表

東京商店　　令和○年12月31日

資　　産		金額	
受 取 手 形	*100*		←期末残高
貸倒引当金	*20*	*80*	来年度貸し倒れになるであろう見積額（20）／次期に回収できると予想される金額（80）
⋮			
有 価 証 券		*300*	←評価替えした金額
商　　品		*100*	←期末商品棚卸高
貯 蔵 品		*10*	←当期の未使用分
備　　品	*80*		←取得原価
減価償却累計額	*18*	*62*	前期までの減価償却累計額＋当期分（18）／帳簿価額（62）

6

@4点×3＝12点

	借 方		貸 方		
a	未 払 配 当 金	*4,200,000*	当 座 預 金	*4,200,000*	❶
b	仮 払 法 人 税 等	*1,750,000*	現 金	*1,750,000*	❷
c	損 益	*900,000*	繰 越 利 益 剰 余 金	*900,000*	❸

解説

❶ 未払配当金は負債であるから，株主に支払ったときは未払配当金勘定（負債の勘定）が減少するため，借方に記入する。

❷ 中間申告をおこなって法人税等を納付したときは，仮払法人税等勘定（資産の勘定）の借方に記入する。

❸ 当期純利益は，損益勘定の借方から繰越利益剰余金勘定（資本の勘定）の貸方に振り替えて，次期に繰り越す。

２級模擬試験問題　第８回

1

@４点×３＝12点

	借方		貸方		
a	受取手形	121,800	受取手形 受取利息	120,000 1,800	❶
b	備品減価償却累計額 営業外受取手形 未収入金	650,000 500,000 300,000	備品 固定資産売却益	1,400,000 50,000	❷
c	当座預金 支払利息	245,000 5,000	手形借入金	250,000	❸

解説

❶ 手形の書き換えによって旧手形の債権は消滅し，新手形の債権が発生する。そこで，手形の受取人は，受取利息￥1,800と受取手形（旧手形）￥120,000を貸方に記入し，借方に利息を含めた新手形の￥121,800を記入する。

❷ 商品売買や金銭の貸借以外の取引のため，受取手形ではなく営業外受取手形勘定（資産の勘定），売掛金にせず未収入金勘定（資産の勘定）で処理する。帳簿価額（取得原価－減価償却累計額）＜売却価額なので，差額は固定資産売却益勘定（収益の勘定）で処理する。

❸ 借用証書のかわりに約束手形を振り出して金銭を借り入れた場合，手形借入金勘定（負債の勘定）に記入する。

2

@４点×５＝20点

(1)

a	￥ 804,000 ❶	b	有価証券（売却益・売却損）￥ 13,800 ❷

（売却益に丸印）

解説

6/ 1　（借）有価証券　804,000❶　（貸）当座預金　804,000

有価証券を購入したときは，取得原価に買入手数料などの付随費用を加えることに注意する。

1株あたりの取得原価は，￥804,000÷1,000株＝@￥804である。

10/ 2　（借）当座預金　255,000　（貸）有価証券　241,200
有価証券売却益　13,800❷

売却価額￥255,000（300株×@￥850）と帳簿価額￥241,200（300株×@￥804）との差額￥13,800が売却益である。

(2)

ア	イ	ウ
3	5	2

※三つとも合っている場合に正答とする。

解説

1．bank overdraft　当座借越　2．transactions　取引

3．financial statements　財務諸表　4．expenses　費用

5．cash over and short　現金過不足

6．principle of equilibrium　貸借平均の原理

(3)

a	￥ 481,000 ❶	b	￥ 1,297,000 ❷

解説

❶ 支店勘定残高と本店勘定残高の一致額

12月31日における本支店間の取引

①	本店	（借）支店	122,000	（貸）現金	122,000
	支店	（借）買掛金	122,000	（貸）本店	122,000
②	支店	（借）仕入	89,000	（貸）本店	89,000
	本店	12月29日に仕訳済みのため，仕訳不要。			

支店

借方	貸方
359,000	
① 122,000	

本店

借方	貸方
	270,000
	① 122,000
	② 89,000

貸借反対で一致

❷ 本支店合併後の売上原価

期首商品棚卸高￥165,000（本店￥90,000＋支店￥75,000）

＋当期商品仕入高￥1,348,000（本店￥856,000＋支店￥403,000＋②￥89,000）

－期末商品棚卸高￥216,000（本店￥73,000＋支店￥143,000）＝売上原価￥1,297,000

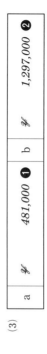

3

●印@2点×4=8点

(1)

仕訳集計表

令和○年/月/9日

借方	元丁	勘定科目	元丁	貸方
● 4,551,400		現金		4,631,200
2,650,900		当座預金		1,326,500
394,000		受取手形		
2,177,800		売掛金		4,064,100
439,000		備品		
405,600		支払手形		380,000
2,314,300		買掛金		● 3,407,000
		借入金		525,000
		売上		2,177,800
		受取家賃		531,300
3,407,000		仕入		
595,000		給料		
39,500		修繕費		
51,800		発送費		
16,600		支払利息		
17,042,900		●		17,042,900

(2)

総勘定元帳に転記後の仕入勘定の残高	¥	8,885,000 ● ❶

解説

《追加取引の仕訳》

(借) 仕入 600,000　(貸) 買掛金 600,000……振替伝票
(借) 買掛金 380,000　(貸) 支払手形 380,000……振替伝票
(借) 買掛金 220,000　(貸) 現金 220,000……出金伝票

すべて，いったん掛け取引として処理する方法によって起票することと指示があるため，いったん全額を買掛金として振替伝票に起票する。支払手形で支払った¥380,000は振替伝票，現金で支払った¥220,000は出金伝票に起票する。

❶ 1月18日の残高 ¥5,478,000に¥3,407,000(振替伝票 ¥2,336,200＋振替伝票 ¥470,800＋振替伝票 ¥600,000)を加算する。

仕入

	5,478,000		
1/19 仕訳集計表	3,407,000		

●ポイント

追加取引は，仕訳をして起票すべき伝票を確定する。
仕入・売上の取引は，いったん全額掛けとして起票する。
起票された伝票を仕訳で示すと次のようになる。

入金伝票

(借)	現金	4,551,400	(貸) 売掛金	1,225,000
			売掛金	217,300
			売掛金	595,000
			借入金	525,000
			当座預金	363,300
			売掛金	960,800
			受取家賃	350,000
			当座預金	315,000

出金伝票

(借)	備品	439,000	(貸) 現金	4,631,200
	買掛金	420,300		
	買掛金	1,051,400		
	給料	595,000		
	発送費	51,800		
	当座預金	1,797,600		
	修繕費	39,500		
	支払利息	16,600		
〈追〉	買掛金	220,000		

振替伝票

(借)	売掛金	2,177,800	(貸) 売上	2,177,800
	買掛金	242,600	当座預金	242,600
	仕入	2,336,200	買掛金	2,336,200
	支払手形	405,600	当座預金	405,600
	仕入	470,800	買掛金	470,800
	当座預金	181,300	受取家賃	181,300
	受取手形	394,000	売掛金	394,000
	当座預金	672,000	売掛金	672,000
〈追〉	仕入	600,000	買掛金	600,000
〈追〉	買掛金	380,000	支払手形	380,000

4　●印@3点×8＝24点

(1)

総勘定元帳

現金　1

日付	借方	日付	貸方
1/1	650,000	1/29	450,000 ❽

当座預金　2

日付	借方	日付	貸方
1/1	1,450,000	1/25	350,000 ❼
❶ 5	378,000		
❺ 18	1,050,000		

受取手形　3

日付	借方	日付	貸方
1/1	240,000		

売掛金　4

日付	借方	日付	貸方
1/1	750,000	1/18	1,050,000 ❺
❸ 10	656,000		
❾ 30	740,000		

支払手形　16

日付	借方	日付	貸方
❼ 1/25	350,000	1/1	350,000

買掛金　17

日付	借方	日付	貸方
❹ 1/14	32,800	1/1	440,000
❽ 29	450,000	8	868,000 ❷
		21	550,000 ❻

前受金　20

日付	借方	日付	貸方
❾ 1/30 ●	360,000	1/1	360,000

売上　24

日付	借方	日付	貸方
		1/5	378,000 ❶
		10	656,000 ❸
		30	1,100,000 ❾

仕入　30

日付	借方	日付	貸方
❷ 1/8	868,000	1/14	32,800 ❹
❻ 21	550,000		

(2)

当座預金出納帳　1

令和○年		摘要	預入	引出	借または貸	残高	
/	/	前月繰越	1,450,000		借	1,450,000	
	5	白河商店に売り上げ	378,000		〃	1,828,000	❶
	18	郡山商店から売掛金回収	1,050,000		〃 ●	2,878,000	❺
●	25	約束手形#8 支払い		350,000	〃	2,528,000	❼
	31	次月繰越		2,528,000			
			2,878,000	2,878,000			❿

仕入帳　1

令和○年		摘要		内訳	金額	
1	8	喜多方商店	掛け			❷
		A品　300個	@¥1,800	540,000		●
		B品　100〃	〃〃3,280	328,000	868,000	
	14	喜多方商店	掛け返品			❹
		B品　10個	@¥3,280		32,800	●
	21	いわき商店	掛け			
		C品　500個	@¥1,100		550,000	❻
	31		総仕入高		1,418,000	
	〃		仕入返品高		32,800	⓫
			純仕入高		1,385,200	

売掛金元帳

郡山商店　1

	令和○年		摘要	借方	貸方	借または貸	残高	
	/	/	前月繰越	600,000		借	600,000	
●		10	売り上げ	656,000		〃	1,256,000	❸
		18	回収		1,050,000	〃	206,000	❺
		31	次月繰越		206,000			
				1,256,000	1,256,000			⓬

買掛金元帳

いわき商店　1

	令和○年		摘要	借方	貸方	借または貸	残高	
	/	/	前月繰越		300,000	貸	300,000	
●		21	仕入れ		550,000	〃	850,000	❻
		29	支払い	450,000		〃	400,000	❽
		31	次月繰越	400,000				
				850,000	850,000			⓭

商品有高帳

(先入先出法)　(品名) C品　(単位：個)

令和○年		摘要	受入 数量	受入 単価	受入 金額		払出 数量	払出 単価	払出 金額	残高 数量	残高 単価	残高 金額	
/	/	前月繰越	450	1,200	540,000					450	1,200	540,000	
	5	白河商店					180	1,200	216,000	270	1,200	324,000	❶
	21	いわき商店	500	1,100	550,000					270	1,200	324,000	❻
										500	1,100	550,000	
	30	南相馬商店				●	270	1,200	324,000				
						❾	280	1,100	308,000	220	1,100	242,000	
	31	次月繰越					220	1,100	242,000				
			950		1,090,000		950		1,090,000				⓮

解説

❶ 1/5 (借) 当座預金 *378,000* (貸) 売上 *378,000*
当座預金勘定の借方，売上勘定の貸方に日付・金額を記入する。
当座預金勘定が増加したため，当座預金出納帳の預入欄に記入する。
C品を売り上げたため，商品有高帳の払出欄に記入する。

❷ 1/8 (借) 仕入 *868,000* (貸) 買掛金 *868,000*
仕入勘定の借方，買掛金勘定の貸方に日付・金額を記入する。
仕入帳に仕入取引の明細を記入する。2品目以上仕入れた場合は，品目ごとに内訳欄に記入し，合計金額を金額欄に記入する。

❸ 1/10 (借) 売掛金 *656,000* (貸) 売上 *656,000*
売掛金勘定の借方，売上勘定の貸方に日付・金額を記入する。
郡山商店に対する売掛金のため，売掛金元帳の郡山商店勘定の借方欄に記入する。

❹ 1/14 (借) 買掛金 *32,800* (貸) 仕入 *32,800*
買掛金勘定の借方，仕入勘定の貸方に日付・金額を記入する。
仕入帳に仕入取引の明細を記入する。仕入返品高は赤字で記入する。

❺ 1/18 (借) 当座預金 *1,050,000* (貸) 売掛金 *1,050,000*
当座預金勘定の借方，売掛金勘定の貸方に日付・金額を記入する。
当座預金勘定が増加したため，当座預金出納帳の預入欄に記入する。
郡山商店に対する売掛金のため，売掛金元帳の郡山商店勘定の貸方欄に記入する。

❻ 1/21 (借) 仕入 *550,000* (貸) 買掛金 *550,000*
仕入勘定の借方，買掛金勘定の貸方に日付・金額を記入する。
仕入帳に仕入取引の明細を記入する。
いわき商店に対する買掛金のため，買掛金元帳のいわき商店勘定の貸方欄に記入する。
C品を仕入れたため，商品有高帳の受入欄に記入する。

❼ 1/25 (借) 支払手形 *350,000* (貸) 当座預金 *350,000*
支払手形勘定の借方，当座預金勘定の貸方に日付・金額を記入する。
当座預金勘定が減少したため，当座預金出納帳の引出欄に記入する。

❽ 1/29 (借) 買掛金 *450,000* (貸) 現金 *450,000*
買掛金勘定の借方，現金勘定の貸方に日付・金額を記入する。
いわき商店に対する買掛金のため，買掛金元帳のいわき商店勘定の借方欄に記入する。

❾ 1/30 (借) 前受金 *360,000* (貸) 売上 *1,100,000*
売掛金 *740,000*
前受金勘定，売掛金勘定の借方，売上勘定の貸方に日付・金額を記入する。
C品を売り上げたため，商品有高帳の払出欄に記入する。

❿ 当座預金出納帳の引出欄に残高を記入し，締め切る。

⓫ 仕入帳の総仕入高には赤字以外の合計金額を記入する。
仕入返品高は赤字で記入した金額の合計金額を記入する。
総仕入高から仕入返品高を控除した金額を純仕入高として記入する。

⓬ 売掛金元帳の貸方欄に残高を記入し，締め切る。

⓭ 買掛金元帳の借方欄に残高を記入し，締め切る。

⓮ 商品有高帳の払出欄に残高を記入し，締め切る。

5

●印@3点×8＝24点

(1)

損　益　計　算　書

徳島商店　令和○年/月/日から令和○年/2月3/日まで　(単位：円)

費用	金額	収益	金額
売上原価	● 19,278,000	売上高	29,030,000
給料	6,173,000	受取家賃	● 206,000
❶ (貸倒引当金繰入)	● 68,000	受取手数料	51,000
❷ (減価償却費)	638,000	(有価証券評価益)	● 481,000 ❸
発送費	539,000		
支払地代	620,000		
❹ 保険料	● 941,200		
租税公課	18,000		
雑費	38,000		
支払利息	● 66,400		
(雑損)	● 15,000		
(当期純利益)	1,373,400		
	29,768,000		29,768,000

(2)

建物の帳簿価額	¥ 10,208,000 ● ❺

解説

〈付記事項〉

①（借）雑損　15,000　（貸）現金　15,000

〈決算整理仕訳〉

	借方	金額	貸方	金額
a.	(借) 仕入	646,000	(貸) 繰越商品	646,000
	繰越商品	720,000	仕入	720,000
b.	(借) 貸倒引当金繰入	68,000❶	(貸) 貸倒引当金	68,000
c.	(借) 減価償却費	638,000❷	(貸) 建物減価償却累計額	638,000
d.	(借) 有価証券	481,000	(貸) 有価証券評価益	481,000❸
e.	(借) 前払保険料	150,800❹	(貸) 保険料	150,800
f.	(借) 支払利息	36,500	(貸) 未払利息	36,500
g.	(借) 未収家賃	42,000	(貸) 受取家賃	42,000

❶ 貸倒引当金繰入　(受取手形 ¥3,222,000＋売掛金 ¥5,473,000)×2%
　－貸倒引当金残高 ¥105,900＝¥68,000

❷ 減価償却費　$\frac{\text{建物 ¥12,760,000－残存価額 ¥0}}{\text{耐用年数20年}}$＝¥638,000

❸ 有価証券評価益　時価 ¥4,900,000(3,500株×¥1,400)－帳簿価額 ¥4,419,000
＝(＋)¥481,000

❹ 前払保険料　¥904,800×$\frac{\text{2か月(次期1月分から2月分)}}{\text{12か月(当期3月分から次期2月分)}}$＝¥150,800

❺ 建物の帳簿価額　取得原価 ¥12,760,000－減価償却累計額(¥1,914,000
＋決算整理事項c．¥638,000)＝¥10,208,000

●ポイント

本問は損益計算書作成の問題だが，貸借対照表を作成し，当期純利益を計算することで，損益計算書の作成が正しくおこなわれたか確認することができる。

ここでは，徳島商店の総勘定元帳勘定残高と付記事項および決算整理事項から，貸借対照表を作成し，当期純利益が損益計算書と一致するか確認してみよう。

貸　借　対　照　表

徳島商店　令和○年/2月3/日　(単位：円)

資産	金額	負債および純資産	金額
現金		支払手形	
当座預金		買掛金	
受取手形 (　)		借入金	
貸倒引当金 (　)		(　)	
売掛金 (　)		資本金	
貸倒引当金 (　)		(　)	
(　)			
(　)			
前払保険料			
(　)			
建物 (　)			
減価償却累計額 (　)			

※解答はp.100

●ポイント

当期純損失が生じた場合の損益勘定の記入と損益計算書の表示

決算にさいして，当期純損失を計上する場合がある。その場合，損益勘定の貸方から資本金勘定の借方に振り替える。損益計算書では，**当期純損失**を収益の下に表示する。損益勘定の記入例と損益計算書の表示例を示すと次のようになる。

損　益

12/31	仕入	8,000,000	12/31	売上	10,000,000
〃	給料	1,500,000	〃	受取手数料	600,000
〃	貸倒引当金繰入	100,000	〃	資本金	400,000
〃	減価償却費	300,000			
〃	発送費	150,000			
〃	支払家賃	500,000			
〃	保険料	260,000			
〃	通信費	40,000			
〃	雑費	30,000			
〃	支払利息	20,000			
〃	有価証券評価損	100,000			
		11,000,000			11,000,000

損益計算書

南北商店　令和○年/月/日から令和○年/2月3/日まで　(単位：円)

費用	金額	収益	金額
売上原価	8,000,000	売上高	10,000,000
給料	1,500,000	受取手数料	600,000
貸倒引当金繰入	100,000	当期純損失	400,000
減価償却費	300,000		
発送費	150,000		
支払家賃	500,000		
保険料	260,000		
通信費	40,000		
雑費	30,000		
支払利息	20,000		
有価証券評価損	100,000		
	11,000,000		11,000,000

6

@4点×3＝12点

	借方		貸方		
a	創立費	400,000	当座預金	400,000	❶
b	未払法人税等	700,000	当座預金	700,000	❷
c	繰越利益剰余金	8,700,000	未払配当金	7,000,000	❸
			利益準備金	700,000	
			別途積立金	1,000,000	

解説

❶ 株式会社の設立のために支出した費用は，創立費勘定（費用の勘定）の借方に記入する。

❷ 株式会社は決算の翌日から原則2か月以内に確定申告をおこない，未払法人税等を納付する。

❸ 配当や任意積立金などで処分した額は，繰越利益剰余金勘定（資本の勘定）から各勘定の貸方に振り替える。

未払配当金 ¥7,000,000＝20,000株×1株 ¥350

2級模擬試験問題　第９回

1

@４点×３＝12点

	借方		貸方		
a	貸倒引当金 貸倒損失	400,000 201,200	不渡手形	601,200	❶
b	買掛金	320,000	受取手形	320,000	❷
c	当座預金 有価証券売却損	2,640,000 160,000	有価証券	2,800,000	❸

解説

❶ 約束手形が不渡りとなったさい，諸費用とあわせて償還請求することができるため，次の仕訳をおこなっている。

（借）不渡手形 601,200　（貸）受取手形 600,000
　　　　　　　　　　　　　　現金など 1,200

そのため，償還請求していた手形が回収不能となった場合は，不渡手形勘定（資産の勘定）を減少させる。貸倒引当金の残高をこえた分は，貸倒損失勘定（費用の勘定）で処理する。

❷ 約束手形を裏書譲渡した場合は，手形債権が消滅するため，受取手形勘定（資産の勘定）を減少させる。

❸ 有価証券を売却したときは，有価証券勘定（資産の勘定）の貸方に帳簿価額で記入する。また，売却価額との差額は有価証券売却益勘定（収益の勘定）または有価証券売却損勘定（費用の勘定）に記入する。

2

@４点×５＝20点

(1)

a	¥	5,121,000 ❷	b	¥	2,900,000 ❷

解説

❶ 仕入高

仕訳帳の決算仕訳より，当期純利益が ¥478,000であることがわかる。

収益総額 ¥7,089,000－費用総額 ¥[x]＝当期純利益 ¥478,000であるため，費用総額 ¥[x]＝¥6,611,000が求められる。

費用総額 ¥6,611,000－給料 ¥759,000－減価償却費 ¥410,000－雑費 ¥21,000＝仕入 ¥5,421,000

損益

仕入	(　　)	売上	7,089,000
給料	759,000		
減価償却費	410,000		
雑費	21,000		
資本金	478,000		
	7,089,000		7,089,000

仕訳帳の仕入勘定 ¥5,421,000は決算整理後の金額のため，売上原価をあらわしている。

期首商品棚卸高 ¥730,000＋仕入高 ¥（ a ）－期末商品棚卸高 ¥430,000＝売上原価 ¥5,421,000

仕入高 ¥（ a ）＝¥5,121,000

❷ 期首の負債総額

資料 i より期首の資産総額が ¥3,420,000であるとわかっている。そのため，資本金勘定を作成し，期首資本を求めることで期首の負債総額を求めることができる。

① 資料 ii と資料 iii より期末資本を求める。
期末資産 ¥3,203,000－期末負債 ¥2,045,000＝期末資本 ¥1,158,000

② 資本の追加元入れ
（借）現金など 250,000　（貸）資本金 250,000

③ 資本の引き出し
（借）資本金 90,000　（貸）引出金 90,000

④ 当期純利益（仕訳帳より）
（借）損益 478,000　（貸）資本金 478,000

資本金

引出金	90,000	前期繰越	(　　)
次期繰越	1,158,000	追加元入	250,000
		損益	478,000
	1,248,000		1,248,000

⑤ 資本金勘定の貸借差額で前期繰越（期首資本）¥520,000を求める。

⑥ 期首資産 ¥3,420,000－期首負債 ¥（ b ）＝期首資本 ¥520,000
期首負債 ¥（ b ）＝¥2,900,000

(2)

ア	イ	ウ
1	3	5

※三つとも合っている場合に正答とする。

解説

1．capital　資本　2．general ledger　総勘定元帳
3．cost of goods sold　売上原価　4．sales book　売上帳
5．work sheet　精算表　6．expenses　費用

(3)

		借方		貸方	
a	本店	広告料 山口支店	600,000 300,000	岡山支店	900,000
	岡山支店	本店	900,000	現金	900,000
	山口支店	広告料	300,000	本店	300,000
b	本店	山口支店	200,000	岡山支店	200,000
	岡山支店	本店	200,000	仕入	200,000
	山口支店	仕入	200,000	本店	200,000

※a・bともに完答の場合に正答とする。

解説

本店集中計算制度を採用している場合は，各支店に本店勘定を設ければよい。各支店は本店と取引したように記帳することで，本店は支店間の取引内容を容易に知ることができる。

3

●印@2点×4＝8点

仕訳集計表
令和○年/月20日

	借方	元丁	勘定科目	元丁	貸方
❶	2,489,100	1	現金	1	● 840,300
	662,600		当座預金		1,548,700
	1,197,000		受取手形		
	88,900		売掛金		444,600
	80,000		従業員立替金		
	250,000		備品		
	202,800		支払手形		300,000
	121,300		買掛金		● 1,503,500
			売上		2,501,300
			受取家賃		272,200
			受取利息		35,000
	1,908,800		仕入		
	352,100		広告料		
	19,700		交通費		
	60,500		消耗品費		
	8,300		支払手数料		
	4,500		雑費		
	7,445,600		●		7,445,600

現金　1

		4,530,000	1/20	840,300
❶●	1/20	2,489,100		

解説

《追加取引の仕訳》

（借）仕入 300,000　（貸）支払手形 300,000……振替伝票
（借）仕入 100,000　（貸）買掛金 100,000……振替伝票
（借）備品 250,000　（貸）現金 250,000……出金伝票

❶ 現金勘定の借方￥2,489,100は入金伝票の合計となる。

●ポイント

追加取引は，仕訳をして起票すべき伝票を確定する。
仕入・売上の取引は，分解して起票する。
起票された伝票を仕訳で示すと次のようになる。

入金伝票

(借) 現金	2,489,100	(貸) 売掛金	108,600
		売上	262,500
		売上	297,500
		当座預金	336,000
		受取家賃	181,600
		売上	175,000
		受取利息	35,000
		売上	480,400
		当座預金	612,500

出金伝票

(借) 支払手数料	8,300	(貸) 現金	840,300
交通費	19,700		
当座預金	210,100		
雑費	4,500		
従業員立替金	80,000		
広告料	76,000		
仕入	105,300		
当座預金	25,900		
消耗品費	60,500		
〈追〉備品	250,000		

振替伝票

(借) 受取手形	1,197,000	(貸) 売上	1,197,000
当座預金	90,600	受取家賃	90,600
仕入	235,400	買掛金	235,400
広告料	276,100	当座預金	276,100
当座預金	336,000	売掛金	336,000
仕入	1,168,100	買掛金	1,168,100
支払手形	202,800	当座預金	202,800
買掛金	121,300	当座預金	121,300
売掛金	88,900	売上	88,900
〈追〉仕入	300,000	支払手形	300,000
〈追〉仕入	100,000	買掛金	100,000

4

●印@3点×8＝24点

(1)

総勘定元帳

現金 1

	1/1	690,000	1/13	206,000	❷
❼	25	80,000	23	170,000	❻

当座預金 2

1/1	2,500,000	1/31	500,000	❾❸

受取手形 3

1/18	120,000		

売掛金 4

	1/1	750,000	1/18	120,000	❸
❶	12	● 100,000	25	80,000	❼
❹	19	200,000			

前払金 8

1/1	200,000	1/20	200,000	❺❾

支払手形 17

1/31	500,000	1/10	500,000	
		27	260,000	❽

買掛金 18

❻	1/23	170,000	1/1	1,050,000	
❽	27	260,000	20	● 410,800	❺

売上 24

		1/12	100,000	❶
		19	200,000	❹❷

仕入 30

	1/10	500,000		
	13	206,000		
❺	20	610,800		

(2)

現金出納帳

1

令和○年		摘要	収入	支出	残高	
1	1	前月繰越	690,000		690,000	
	13	新潟商店から仕入れ　現金払い		206,000	484,000	❷
	23	富山商店に買掛金支払い　現金払い		170,000	314,000	❻
	25	石川商店から売掛金回収　小切手受け取り	80,000		● 394,000	❼
	31	次月繰越		394,000		❿
			770,000	770,000		

受取手形記入帳

	令和○年		摘要	金額	手形種類	手形番号	支払人	振出人または裏書人	振出日		満期日		支払場所	てん末 月	日	摘要	
●	1	18	売掛金回収	120,000	約手	7	福島商店	福島商店	1	18	4	18	北銀行本店				❸

支払手形記入帳

令和○年		摘要	金額	手形種類	手形番号	受取人	振出人	振出日		満期日		支払場所	てん末 月	日	摘要	
1	10	仕入れ	500,000	約手	12	岐阜商店	当店	1	10	1	31	東銀行本店	1	31	支払い ●	❾
	27	買掛金支払い	260,000	約手	13	新潟商店	当店	1	27	3	27	東銀行本店				❽

売 掛 金 元 帳

福 島 商 店　　2

令和○年		摘要	借方	貸方	借または貸	残高	
/	/	前月繰越	430,000		借	430,000	
	18	回収		120,000	〃	310,000	❸
	19	売り上げ	200,000		〃	❹ 510,000	❹
	31	次月繰越		510,000			⓫
			630,000	630,000			

買 掛 金 元 帳

富 山 商 店　　2

令和○年		摘要	借方	貸方	借または貸	残高	
/	/	前月繰越		220,000	貸	220,000	
	20	仕入れ		410,800	〃	❺ 630,800	❺
	23	支払い	170,000		〃	460,800	❻
	31	次月繰越	460,800				⓬
			630,800	630,800			

商 品 有 高 帳

（移動平均法）　（品名）　A　品　（単位：枚）

令和○年		摘要	受入 数量	受入 単価	受入 金額	払出 数量	払出 単価	払出 金額	残高 数量	残高 単価	残高 金額	
/	/	前月繰越	60	2,000	120,000				60	2,000	120,000	
	12	石川商店				40	2,000	80,000	20	2,000	40,000	❶
	13	新潟商店	100	2,060	206,000				● 120	2,050	246,000	❷
	20	富山商店	120	2,090	250,800				240	2,070	496,800	❺
	31	次月繰越				240	2,070	496,800				⓭
			280		576,800	280		576,800				

解説

❶ 1/12 （借）売　掛　金 100,000　（貸）売　　上 100,000
売掛金勘定の借方，売上勘定の貸方に日付・金額を記入する。
A品を販売したため，商品有高帳の払出欄に記入する。

❷ 1/13 （借）仕　　入 206,000　（貸）現　　金 206,000
仕入勘定の借方，現金勘定の貸方に日付・金額を記入する。
現金勘定が減少したため，現金出納帳の支出欄に記入する。
A品を仕入れたため，商品有高帳の受入欄に記入する。移動平均法のため，仕入のつど平均単価を計算する。

$$\frac{¥40,000 + ¥206,000}{20枚 + 100枚} = @¥2,050$$

❸ 1/18 （借）受 取 手 形 120,000　（貸）売　掛　金 120,000
受取手形勘定の借方，売掛金勘定の貸方に日付・金額を記入する。
受取手形勘定が増加したため，受取手形記入帳に記入する。
福島商店に対する売掛金なので，売掛金元帳の福島商店勘定の貸方欄に記入する。

❹ 1/19 （借）売　掛　金 200,000　（貸）売　　上 200,000
売掛金勘定の借方，売上勘定の貸方に日付・金額を記入する。
福島商店に対する売掛金のため，売掛金元帳の福島商店勘定の借方欄に記入する。
C品を売り上げたため，A品の商品有高帳には記入しないことに注意する。

❺ 1/20 （借）仕　　入 610,800　（貸）前　払　金 200,000
　　　　　　　　　　　　　　　　買　掛　金 410,800
仕入勘定の借方，前払金勘定，買掛金勘定の貸方に日付・金額を記入する。
富山商店に対する買掛金のため，買掛金元帳の富山商店勘定の貸方欄に記入する。
A品を仕入れたため，商品有高帳の受入欄に記入する。移動平均法のため，仕入のつど平均単価を計算する。

$$\frac{¥246,000 + ¥250,800}{120枚 + 120枚} = @¥2,070$$

❻ 1/23 （借）買　掛　金 170,000　（貸）現　　金 170,000
買掛金勘定の借方，現金勘定の貸方に日付・金額を記入する。
現金勘定が減少したため，現金出納帳の支出欄に記入する。
富山商店に対する買掛金のため，買掛金元帳の富山商店勘定の借方欄に記入する。

❼ 1/25 （借）現　　金 80,000　（貸）売　掛　金 80,000
現金勘定の借方，売掛金勘定の貸方に日付・金額を記入する。
現金勘定が増加したため，現金出納帳の収入欄に記入する。

❽ 1/27 （借）買　掛　金 260,000　（貸）支 払 手 形 260,000
買掛金勘定の借方，支払手形勘定の貸方に日付・金額を記入する。
約束手形を振り出したため，支払手形記入帳に記入する。

❾ 1/31 （借）支 払 手 形 500,000　（貸）当 座 預 金 500,000
支払手形勘定の借方，当座預金勘定の貸方に日付・金額を記入する。
支払手形記入帳のてん末欄に記入する。

❿ 現金出納帳の支出欄に残高を記入し，締め切る。
⓫ 売掛金元帳の貸方欄に残高を記入し，締め切る。
⓬ 買掛金元帳の借方欄に残高を記入し，締め切る。
⓭ 商品有高帳の払出欄に残高を記入し，締め切る。

5

●印@3点×8＝24点

(1)

繰越試算表
令和○年12月31日

借方	勘定科目	貸方
2,149,000	現金	
2,841,000	当座預金	
3,766,000	受取手形	
3,334,000	売掛金	
	貸倒引当金	● 213,000 ❶
❸ ● 5,514,000	有価証券	
880,000	繰越商品	
3,200,000	建物	
	建物減価償却累計額	● 2,080,000 ❷
1,550,000	備品	
	備品減価償却累計額	558,000 ❷
❹ ● 3,500	貯蔵品	
❺ ● 306,000	前払保険料	
6,000	(未収)手数料	
	支払手形	2,442,000
	買掛金	4,031,000
	借入金	2,112,000
	(前受)家賃	90,000
	(未払)利息	2,000
	資本金	●12,021,500 ❻
23,549,500	●	23,549,500

(2)

当期純利益	¥ 1,021,500 ● ❼

解説

〈決算整理仕訳〉

	借方		貸方	
a.(借)	仕入	748,000	(貸) 繰越商品	748,000
	繰越商品	880,000	仕入	880,000
b.(借)	貸倒引当金繰入	13,000❶	(貸) 貸倒引当金	13,000
c.(借)	減価償却費	408,000❷	(貸) 建物減価償却累計額	160,000
			備品減価償却累計額	248,000
d.(借)	有価証券	400,000	(貸) 有価証券評価益	400,000❸
e.(借)	貯蔵品	3,500❹	(貸) 通信費	3,500
f.(借)	前払保険料	306,000❺	(貸) 保険料	306,000
g.(借)	受取家賃	90,000	(貸) 前受家賃	90,000
h.(借)	支払利息	2,000	(貸) 未払利息	2,000
i.(借)	未収手数料	6,000	(貸) 受取手数料	6,000

❶ 貸倒引当金繰入　(受取手形 ¥3,766,000＋売掛金 ¥3,334,000)×3%
－貸倒引当金残高 ¥200,000＝¥13,000

❷ 減価償却費　建物：$\frac{\text{建物 ¥3,200,000－残存価額 ¥0}}{\text{耐用年数20年}}$＝¥160,000
備品：(備品 ¥1,550,000－備品減価償却累計額 ¥310,000)
×償却率20%＝¥248,000

❸ 有価証券評価益　時価 ¥5,514,000(200株×¥27,570)－帳簿価額 ¥5,114,000
＝(＋)¥400,000

❹ 貯蔵品　郵便切手の未使用高は，通信費勘定から貯蔵品勘定（資産の勘定）に振り替える。

❺ 前払保険料　¥408,000×$\frac{\text{9か月(次期1月分から9月分)}}{\text{12か月(当期10月分から次期9月分)}}$＝¥306,000

❻ 繰越試算表の資本金は，期末の資本金をあらわし，当期純利益を含んだ金額である。

❼ 当期純利益 ¥1,021,500＝繰越試算表の資本金 ¥12,021,500－資本金 ¥11,000,000

●ポイント

繰越試算表作成上の注意

繰越試算表は，次の手順で作成される。
① 決算整理事項の仕訳と転記
② 収益・費用の各勘定残高の損益勘定への振り替え
③ 損益勘定で計算された当期純損益の資本金勘定への振り替え
④ 資産・負債の各勘定と資本金勘定の締め切り
⑤ 資産·負債の各勘定と資本金勘定の次期繰越高を集めて「繰越試算表」を作成する。

資産は借方の金額欄に，負債・資本金・評価勘定は貸方の金額欄に記入する。
上記③の手続きを忘れないように注意する。

●ポイント

　繰越試算表は決算日の資産・負債・資本の各勘定の次期繰越高を集めたものであり，これをもとに貸借対照表を作成することがある。静岡商店の12月31日の繰越試算表から，貸借対照表を作成してみよう。

　また，繰越試算表に表示されている資本金は，損益勘定で計算された当期純利益を資本金勘定に振り替えた後の金額である。損益勘定を作成し，資本金勘定に振り替えた当期純利益を確認しよう。

貸　借　対　照　表

静岡商店　　令和○年12月31日　　(単位：円)

資　産		金　額	負債および純資産	金　額
現　金			支払手形	
当座預金			買掛金	
受取手形	(　　)		借入金	
貸倒引当金	(　　)		(　　)利息	
売掛金	(　　)		(　　)家賃	
貸倒引当金	(　　)		資本金	
(　　)			(　　)	
(　　)				
貯蔵品				
(　　)保険料				
(　　)手数料				
建　物	(　　)			
減価償却累計額	(　　)			
備　品	(　　)			
減価償却累計額	(　　)			

損　　益

日付	摘要	金額	日付	摘要	金額
12/31	仕　入	(　　)	12/31	売　上	(　　)
〃	給　料	(　　)	〃	受取家賃	(　　)
〃	(　　)	(　　)	〃	受取手数料	(　　)
〃	(　　)	(　　)	〃	(　　)	(　　)
〃	発送費	(　　)			
〃	支払地代	(　　)			
〃	保険料	(　　)			
〃	通信費	(　　)			
〃	雑　費	(　　)			
〃	支払利息	(　　)			
〃	(　　)	(　　)			
		(　　)			(　　)

※解答はp.101

6

@4点×3＝12点

a	¥ 287,000 ❶	b	¥ 159,500 ❷	c	¥ 995,500 ❸

解説

❶ 損益勘定の仕入は決算整理後の金額であるため，売上原価である。
そのため，期首商品棚卸高 ¥450,000＋当期商品仕入高 ¥4,560,000－期末商品棚卸高 ¥[x]＝売上原価 ¥4,723,000
よって，期末商品棚卸高 ¥287,000が求められる。

❷ 決算日に次の仕訳をおこなっているため，貸借差額で未払法人税等を求める。
(借) 法人税等 289,500　(貸) 仮払法人税等 130,000
　　　　　　　　　　　　　　　未払法人税等 159,500

❸ 資料ⅰより
3/28 (借) 繰越利益剰余金 430,000　(貸) 未払配当金 300,000
　　　　　　　　　　　　　　　　　　　　利益準備金 30,000
　　　　　　　　　　　　　　　　　　　　新築積立金 100,000
資料ⅱ　損益勘定より
12/31 (借) 損　益 675,500　(貸) 繰越利益剰余金 675,500
上記の仕訳を繰越利益剰余金勘定に転記し，貸借差額で次期繰越高 ¥995,500を求める。

２級模擬試験問題　第10回

1

@４点×３＝12点

	借方		貸方		
a	現金	6,000	現金過不足	6,000	❶
b	当座預金 手形売却損	298,500 1,500	受取手形	300,000	❷
c	車両運搬具	1,200,000	営業外支払手形 未払金	800,000 400,000	❸

解説

❶ 現金の実際有高が帳簿残高より多い場合は，現金勘定（資産の勘定）を増加させ，一時的に原因が判明するまで現金過不足勘定の貸方に記帳しておく。原因が判明したときに，該当の勘定科目に振り替える。

❷ 受け取っていた約束手形を割り引いた場合は，手形債権が消滅するため，受取手形勘定（資産の勘定）の貸方に記入する。また，差し引かれた割引料は手形売却損勘定（費用の勘定）で処理する。

❸ 固定資産を買い入れたさいに振り出した約束手形は，商品売買以外のため営業外支払手形勘定（負債の勘定）に記入する。また，残額は買掛金ではなく未払金勘定（負債の勘定）に記入する。

2

@４点×５＝20点

(1)

a	￥ 2,257,000 ❶	b	￥ 1,570,000 ❷

解説

❶ 期首商品棚卸高 ￥410,000＋当期商品仕入高 ￥［ x ］－期末商品棚卸高 ￥630,000＝売上原価 ￥2,037,000

よって，当期商品仕入高 ￥2,257,000を求めることができる。

❷ 収益 ￥4,587,000（売上高 ￥4,524,000＋受取手数料 ￥63,000）－費用 ￥4,027,000（売上原価 ￥2,037,000＋給料 ￥1,870,000＋雑費 ￥120,000）＝当期純利益 ￥560,000を求める。

当期純利益 ￥560,000であることから，次の仕訳を転記すると資本金勘定の次期繰越（期末資本）￥1,314,000を貸借差額で求めることができる。

（借）損　　益　560,000　（貸）資　本　金　560,000

期末資産 ￥2,884,000－期末負債 ￥［ x ］＝期末資本 ￥1,314,000

よって，期末負債 ￥1,570,000が求められる。

(2)

ア	イ	ウ
2	1	6

※三つとも合っている場合に正答とする。

解説

1．work sheet　精算表　2．cash book　現金出納帳
3．first-in first-out method　先入先出法　4．trial balance　試算表
5．bank book　当座預金出納帳　6．moving average method　移動平均法

(3)

		借方		貸方	
a	本店	仕入	50,000	支店	50,000
	支店	本店	50,000	仕入	50,000
b	本店	給料 支店	350,000 350,000	現金	700,000
	支店	給料	350,000	本店	350,000

※ａ・ｂともに完答の場合に正答とする。

解説

a．本店が支店に商品を送付したさい，それぞれ次の仕訳をおこなっている。

本店（借）支　店 ×××　（貸）仕　入 ×××
支店（借）仕　入 ×××　（貸）本　店 ×××

b．本店が，支店負担分の給料を代わりに支払ったため，本店の支店に対する債権が増加し，支店の本店に対する債務が増加する。

3

●印@2点×4＝8点

(1)

仕 訳 集 計 表

令和○年/月/4日

借 方	元丁	勘定科目	元丁	貸 方
● 4,165,000		現金		2,152,250
1,530,000		当座預金		1,138,380
		受取手形		750,000
1,504,000		売掛金		3,625,700
50,080		備品		
67,000		支払手形		
1,302,000		買掛金		1,556,000
50,000		前受金		
		売上		● 1,504,000
		受取手数料		30,000
1,556,000		仕入		
350,000		給料		
120,000		広告料		
45,900		旅費		
8,500		租税公課		
1,450		支払手数料		
6,400		雑費		
10,756,330		●		10,756,330

(2)

総勘定元帳に転記後の売掛金勘定の残高	¥ 1,338,300 ● ❶

解説

《追加取引の仕訳》

（借）売掛金 500,000　（貸）売上 500,000……振替伝票

（借）前受金 50,000　（貸）売掛金 50,000……振替伝票

すべて，いったん掛け取引として処理する方法で起票することと指示があるため，売り上げた¥500,000をいったん売掛金として振替伝票に起票する。そして，前受金¥50,000を売掛金を回収したとして振替伝票に起票する。

❶ ¥3,460,000＋¥1,504,000－¥3,625,700＝¥1,338,300

●ポイント

追加取引は，仕訳をして起票すべき伝票を確定する。

仕入・売上の取引は，いったん全額掛けとして起票する。

起票された伝票を仕訳で示すと次のようになる。

入金伝票

借方	金額	貸方	金額
（借）現金	4,165,000	（貸）売掛金	340,000
		売掛金	890,400
		売掛金	1,850,000
		当座預金	100,400
		売掛金	230,000
		売掛金	205,300
		受取手数料	30,000
		売掛金	60,000
		当座預金	458,900

出金伝票

借方	金額	貸方	金額
（借）買掛金	350,000	（貸）現金	2,152,250
雑費	6,400		
当座預金	780,000		
旅費	45,900		
買掛金	600,000		
広告料	120,000		
買掛金	240,000		
租税公課	8,500		
支払手数料	1,450		

振替伝票

借方	金額	貸方	金額
（借）当座預金	750,000	（貸）受取手形	750,000
売掛金	345,000	売上	345,000
仕入	1,300,000	買掛金	1,300,000
買掛金	112,000	当座預金	112,000
支払手形	67,000	当座預金	67,000
給料	350,000	当座預金	350,000
仕入	256,000	買掛金	256,000
売掛金	659,000	売上	659,000
備品	50,080	当座預金	50,080
〈追〉売掛金	500,000	売上	500,000
〈追〉前受金	50,000	売掛金	50,000

4 ●印@3点×8＝24点

(1)

総勘定元帳

現金 1

日付	金額	日付	金額
1/1	700,000	1/9	2,000 ❷
		27	50,000 ❼❽

当座預金 2

日付	金額	日付	金額
1/1	1,450,000	1/16	150,000 ❹
30	346,000		

受取手形 3

日付	金額	日付	金額
1/1	350,000	1/30	350,000 ❽
❻ 24	550,000		

売掛金 4

日付	金額	日付	金額
1/1	800,000	1/24	550,000 ❻❼
❶ 6	300,000		

仮払金 9

日付	金額	日付	金額
1/27 ●	50,000		

買掛金 17

日付	金額	日付	金額
❸ 1/10	10,000	1/1	400,000
❹ 16	150,000	9	250,000 ❷
		20	928,000 ❺

売上 24

日付	金額	日付	金額
		1/6	300,000 ❶❷

仕入 30

日付	金額	日付	金額
1/9	252,000	1/10	10,000 ❸❽
❺ 20	928,000		

手形売却損 38

日付	金額	日付	金額
1/30	4,000		

(2)

当座預金出納帳

1

令和○年		摘要	預入	引出	借または貸	残高
/	/	前月繰越	1,450,000		借	1,450,000
	16	佐伯商店に買掛金支払い 小切手＃19		150,000	〃	●1,300,000 ❹
●	30	約束手形＃8 割引	346,000		〃	1,646,000 ❽
	31	次月繰越		1,646,000		❾
			1,796,000	1,796,000		

仕入帳

1

令和○年		摘要		内訳	金額
1	9	由布商店	掛け		
❷●		C品 250個	@¥1,000	250,000	
		引取運賃現金払い		2,000	252,000
❸	10	由布商店	掛け返品		
●		C品 10個	@¥1,000		10,000
	20	佐伯商店	掛け		
		A品 200個	@¥1,040	208,000	❺
		B品 800〃	〃〃 900	720,000	928,000
	31		総仕入高		1,180,000
	〃		仕入返品高		10,000 ❿
			純仕入高		1,170,000

売掛金元帳

日田商店 3

令和○年		摘要	借方	貸方	借または貸	残高
/	/	前月繰越	400,000		借	400,000
●	6	売り上げ	300,000		〃	700,000 ❶
	24	回収		550,000	〃	150,000 ❻
	31	次月繰越		150,000		⓫
			700,000	700,000		

買掛金元帳

佐伯商店 2

令和○年		摘要	借方	貸方	借または貸	残高
/	/	前月繰越		200,000	貸	200,000
●	16	支払い	150,000		〃	50,000 ❹
	20	仕入れ		928,000	〃	978,000 ❺
	31	次月繰越	978,000			⓬
			1,128,000	1,128,000		

商品有高帳

(移動平均法) (品名) A品 (単位：個)

令和○年		摘要	受入 数量	受入 単価	受入 金額	払出 数量	払出 単価	払出 金額	残高 数量	残高 単価	残高 金額
/	/	前月繰越	250	960	240,000				250	960	240,000
	6	日田商店				200	960	192,000	50	960	48,000 ❶
	20	佐伯商店	200	1,040	208,000			●	250	1,024	256,000 ❺
	31	次月繰越				250	1,024	256,000			⓭
			450		448,000	450		448,000			

解説

❶ 1/ 6 (借) 売掛金 *300,000* (貸) 売上 *300,000*

売掛金勘定の借方，売上勘定の貸方に日付・金額を記入する。

日田商店に対する売掛金のため，売掛金元帳の日田商店勘定の借方欄に記入する。

A品を販売したため，商品有高帳の払出欄に記入する。

❷ 1/ 9 (借) 仕入 *252,000* (貸) 買掛金 *250,000*

現金 *2,000*

仕入勘定の借方，買掛金勘定，現金勘定の貸方に日付・金額を記入する。

引取運賃（仕入諸掛）は仕入勘定に含める。

仕入帳に仕入取引の明細を記入する。引取運賃は品目とともに摘要欄・内訳欄に記入し，合計金額を金額欄に記入する。

❸ 1/10 (借) 買掛金 *10,000* (貸) 仕入 *10,000*

買掛金勘定の借方，仕入勘定の貸方に日付・金額を記入する。

仕入帳に仕入取引の明細を記入する。仕入返品高は赤字で記入する。

❹ 1/16 (借) 買掛金 *150,000* (貸) 当座預金 *150,000*

買掛金勘定の借方，当座預金勘定の貸方に日付・金額を記入する。

当座預金勘定が減少したため，当座預金出納帳の引出欄に記入する。小切手番号を忘れずに記入する。

佐伯商店に対する買掛金のため，買掛金元帳の佐伯商店勘定の借方欄に記入する。

❺ 1/20 (借) 仕入 *928,000* (貸) 買掛金 *928,000*

仕入勘定の借方，買掛金勘定の貸方に日付・金額を記入する。

仕入帳に仕入取引の明細を記入する。2品目以上仕入れた場合は，品目ごとに内訳欄に記入し，合計金額を金額欄に記入する。

佐伯商店に対する買掛金のため，買掛金元帳の佐伯商店勘定の貸方欄に記入する。

A品を仕入れたため，商品有高帳の受入欄に記入する。移動平均法のため，6日の残高50個と合算し，平均単価を求める。

$$\frac{¥48,000+¥208,000}{50個+200個}=@¥1,024$$

❻ 1/24 (借) 受取手形 *550,000* (貸) 売掛金 *550,000*

受取手形勘定の借方，売掛金勘定の貸方に日付・金額を記入する。

日田商店に対する売掛金のため，売掛金元帳の日田商店勘定の貸方欄に記入する。

❼ 1/27 (借) 仮払金 *50,000* (貸) 現金 *50,000*

仮払金勘定の借方，現金勘定の貸方に日付・金額を記入する。

営業用交通系ICカードに交通費などの概算額を入金した場合，使用金額が確定していないので，仮払金勘定（資産の勘定）で処理する。

❽ 1/30 (借) 当座預金 *346,000* (貸) 受取手形 *350,000*

手形売却損 *4,000*

当座預金勘定，手形売却損勘定の借方，受取手形勘定の貸方に日付・金額を記入する。

当座預金勘定が増加したため，当座預金出納帳の預入欄に記入する。

❾ 当座預金出納帳の引出欄に残高を記入し，締め切る。

❿ 仕入帳の総仕入高には赤字以外の合計金額を記入する。

仕入返品高は赤字で記入した金額の合計金額を記入する。

総仕入高から仕入返品高を控除した金額を純仕入高として記入する。

⓫ 売掛金元帳の貸方欄に残高を記入し，締め切る。

⓬ 買掛金元帳の借方欄に残高を記入し，締め切る。

⓭ 商品有高帳の払出欄に残高を記入し，締め切る。

5

●印@3点×8＝24点

(1)

損益計算書

香川商店　令和○年/月/日から令和○年2月3/日まで　(単位：円)

費用	金額	収益	金額
売上原価	8,248,000	売上高	12,741,000
給料	2,658,000	受取地代	● 60,000
❶(貸倒引当金繰入)	●78,000	固定資産売却益	21,000
❷(減価償却費)	●414,500		
発送費	231,000		
支払家賃	● 266,000		
❺保険料	● 472,000		
❹租税公課	● 6,500		
雑費	16,000		
支払利息	29,200		
❸(有価証券評価損)	150,000		
(当期純利益)	●252,800		
	12,822,000		12,822,000

(2)

貸借対照表に記載する商品の金額	¥	350,000 ● ❻

解説

〈付記事項〉

① (借) 貸倒引当金 50,000 (貸) 売掛金 50,000

〈決算整理仕訳〉

a.	(借) 仕入	277,000	(貸) 繰越商品	277,000
	繰越商品	350,000❻	仕入	350,000
b.	(借) 貸倒引当金繰入	78,000❶	(貸) 貸倒引当金	78,000
c.	(借) 減価償却費	414,500❷	(貸) 備品減価償却累計額	414,500
d.	(借) 有価証券評価損	150,000❸	(貸) 有価証券	150,000
e.	(借) 貯蔵品	1,500❹	(貸) 租税公課	1,500
f.	(借) 前払保険料	38,000❺	(貸) 保険料	38,000
g.	(借) 支払利息	17,200	(貸) 未払利息	17,200
h.	(借) 受取地代	28,000	(貸) 前受地代	28,000

❶ 貸倒引当金繰入　(受取手形 ¥3,385,000＋売掛金 ¥2,315,000－付記事項① ¥50,000)×2%－(貸倒引当金残高 ¥85,000－付記事項① ¥50,000)＝¥78,000

❷ 減価償却費　$\frac{\text{備品 ¥2,487,000－残存価額 ¥0}}{\text{耐用年数6年}}$＝¥414,500

❸ 有価証券評価損　時価 ¥1,750,000(2,500株×¥700)－帳簿価額 ¥1,900,000＝(－)¥150,000

❹ 貯蔵品　収入印紙の未使用高は，租税公課勘定から貯蔵品勘定（資産の勘定）に振り替える。

❺ 前払保険料　¥456,000×$\frac{\text{1か月(次期1月分)}}{\text{12か月(当期2月分から次期1月分)}}$＝¥38,000

❻ 貸借対照表に記載する商品の金額は，繰越商品勘定の残高の¥350,000である。

●ポイント

本問は損益計算書作成の問題だが，貸借対照表を作成し，当期純利益を計算することで，損益計算書の作成が正しくおこなわれたか確認することができる。

ここでは，香川商店の総勘定元帳勘定残高と付記事項および決算整理事項から，貸借対照表を作成し，当期純利益が損益計算書と一致するか確認してみよう。

貸借対照表

香川商店　令和○年2月3/日　(単位：円)

資産	金額	負債および純資産	金額
現金		支払手形	
当座預金		買掛金	
受取手形（　）		借入金	
貸倒引当金（　）		（　）	
売掛金（　）		（　）	
貸倒引当金（　）		資本金	
（　）		（　）	
（　）			
貯蔵品			
（　）			
備品（　）			
減価償却累計額（　）			
土地			

※解答はp.101

6

@4点×3＝12点

	借方		貸方		
a	当座預金	72,000,000	資本金	36,000,000	❶
			資本準備金	36,000,000	
	創立費	500,000	当座預金	500,000	
b	法人税等	1,160,000	仮払法人税等	700,000	❷
			未払法人税等	460,000	
c	繰越利益剰余金	2,380,000	未払配当金	1,800,000	❸
			利益準備金	180,000	
			新築積立金	400,000	

解説

❶ 原則，払込金は全額を資本金に計上するが，例外として払込金額の2分の1をこえない額を資本金として計上しないことが認められている。資本金として計上しない部分は資本準備金勘定（資本の勘定）の貸方に計上する。

株式会社の設立のために支出した費用は，創立費勘定（費用の勘定）の借方に記入する。

❷ 決算日に当期の法人税等を計上したときは，法人税等勘定の借方に記入する。仮払法人税等勘定（資産の勘定）を貸方に記入し，差額を未払法人税等勘定（負債の勘定）に記入する。

❸ 配当や任意積立金などで処分した額は，繰越利益剰余金勘定（資本の勘定）から各勘定の貸方に振り替える。

利益準備金 ￥180,000＝配当金 ￥1,800,000 $\times \frac{1}{10}$

公益財団法人 全国商業高等学校協会主催・文部科学省後援

第95回 簿記実務検定 2級 商業簿記 〔解 答〕

1

@4点×3＝12点

	借方		貸方		
a	普通預金	1,700,000	有価証券 有価証券売却益	1,400,000 300,000	❶
b	受取手形	2,709,000	受取手形 受取利息	2,700,000 9,000	❷
c	仕入 仮払消費税	630,000 63,000	買掛金	693,000	❸

解説

❶ 有価証券を売却したときは，有価証券勘定（資産の勘定）の貸方に帳簿価額で記入する。売却価額との差額は，有価証券売却益勘定（収益の勘定）または有価証券売却損勘定（費用の勘定）に記入する。

❷ 手形の書き換えによって旧手形の債権は消滅し，新手形の債権が発生する。そこで，手形の受取人は，受取手形（旧手形）¥2,700,000と受取利息¥9,000を貸方に記入し，受取利息を含めた受取手形（新手形）¥2,709,000を借方に記入する。

❸ 消費税は消費者が負担する税金であるが，その徴収と納税は企業がおこなう。仕入に対する消費税は，消費者にかわって企業が仮払いしたものであるため，仮払消費税勘定（資産の勘定）の借方に記入する。

2

@4点×5＝20点

(1)

a	¥ 1,870,000 ❶	b	¥ 4,000 ❷

解説

❶ 資料より売掛金勘定を作り売上高を求める。

売掛金

前期繰越	800,000	回収高	2,000,000
売上	x	貸倒発生額	20,000
		次期繰越	650,000
	2,670,000		2,670,000

貸借差額より，売上高¥1,870,000が求められる。

❷ 売掛金の期末残高に対し，毎期末に２％の貸倒引当金を設定していることから，貸倒引当金の残高は前期末残高¥800,000×２％＝¥16,000であることがわかる。そのため，貸倒発生額¥20,000－貸倒引当金¥16,000＝貸倒損失¥4,000が求められる。なお，仕訳に示すと次のようになる。

（借）貸倒引当金 16,000　（貸）売掛金 20,000
　　 貸倒損失 4,000

(2)

a	b
2	1

（注意）二つとも合っている場合に正答とする。

(3)

	借方		貸方	
a	現金	340,000	本店	340,000
b	西宮支店	250,000	神戸支店	250,000

解説

本店集中計算制度を採用している場合，本店は各支店勘定を設け，各支店には本店勘定だけを設ければよい。各支店は本店と取引したように記帳することで，本店は支店間の取引内容を容易に知ることができる。すべての仕訳を示すと次のようになる。

		借方		貸方	
a	本店	神戸支店	340,000	売掛金	340,000
	神戸支店	現金	340,000	本店	340,000
b	本店	西宮支店	250,000	神戸支店	250,000
	西宮支店	仕入	250,000	本店	250,000
	神戸支店	本店	250,000	仕入	250,000

3

●印@2点×4＝8点

仕訳集計表

令和○年/月/6日

借方	元丁	勘定科目	元丁	貸方
● 1,403,900		現金		1,138,800
707,000	2	当座預金	2	1,157,800
940,000		売掛金		1,038,000
794,000		買掛金		819,000
500,000		借入金		
● 283,000		未払金		
		売上		1,362,000
819,000		仕入		
61,900		広告料		
2,900		消耗品費		
3,400		水道光熱費		
500		雑費		
5,515,600		●		5,515,600

当座預金　2

	8,493,600		4,710,200
1/16	707,000	1/16	1,157,800 ●

解説

追加取引を伝票に記入し，仕訳集計表を作成する。

《追加取引の仕訳》

（借）未払金 283,000　（貸）現金 283,000……出金伝票
（借）借入金 500,000　（貸）当座預金 500,000……振替伝票

●ポイント

追加取引は，仕訳をして起票すべき伝票を確定する。
起票された伝票を仕訳で示すと次のようになる。

入金伝票

（借）現金 1,403,900　（貸）売掛金 156,400
当座預金 380,900
売上 248,000
売掛金 257,000
売上 174,000
売掛金 187,600

出金伝票

（借）消耗品費 2,900　（貸）現金 1,138,800
当座預金 270,000
買掛金 189,000
買掛金 390,000
雑費 500
水道光熱費 3,400
〈追〉未払金 283,000

振替伝票

（借）仕入 563,000　（貸）買掛金 563,000
広告料 61,900　当座預金 61,900
買掛金 215,000　当座預金 215,000
当座預金 437,000　売掛金 437,000
仕入 256,000　買掛金 256,000
売掛金 940,000　売上 940,000
〈追〉借入金 500,000　当座預金 500,000

4 ●印@3点×8＝24点

(1)

総勘定元帳

現金 1

1/1 6/9,200	

当座預金 2

1/1 2,743,500	1/23 698,000 ❻
❸ 13 800,000	27 524,000 ❼

受取手形 5

❺ 1/1 767,000	
19 924,000	

売掛金 6

1/1 1,721,000	1/10 9,600 ❶
8 835,000	19 ● 924,000 ❺

前払金 8

1/1 200,000	1/16 ● 200,000 ❹

支払手形 17

❼ 1/27 524,000	1/1 524,000

買掛金 18

❻ 1/23 ● 698,000	1/1 1,185,000
	12 653,000 ❷
	16 304,000 ❹

売上 24

❶ 1/10 9,600	1/8 835,000
	13 800,000 ❸

仕入 30

❹ ❷ 1/12 ● 653,000	
16 504,000	

(2)

当座預金出納帳 1

令和○年		摘要	預入	引出	借または貸	残高	
/	/	前月繰越	2,743,500		借	2,743,500	
	13	四日市商店に売り渡し　小切手受け取り	800,000		〃	3,543,500	❸
	23	津商店に買掛金支払い　小切手＃9		698,000	〃	2,845,500	❻
●	27	伊勢商店あての約手　期日支払い		524,000	〃	2,321,500	❼
	31	次月繰越		2,321,500			
			3,543,500	3,543,500			❽

売上帳 1

令和○年		摘要		内訳	金額	
/	8	亀山商店	掛け			
		A品　700個	@¥800	560,000		
		C品　500〃	〃〃550	275,000	835,000	
	10	亀山商店	掛け返品			❶
		A品　12個	@¥800		9,600	
	13	四日市商店	小切手			
●		A品　400個	@¥800	320,000		
		B品　750〃	〃〃640	480,000	800,000	❸
	31		総売上高		1,635,000	
	〃		売上返品高		9,600	❾
			純売上高		1,625,400	

売掛金元帳

亀山商店 1

令和○年		摘要	借方	貸方	借または貸	残高	
/	/	前月繰越	924,000		借	924,000	
	8	売り上げ	835,000		〃	1,759,000	
●	10	返品		9,600	〃	1,749,400	❶
	19	回収		924,000	〃	825,400	❺
	31	次月繰越		825,400			
			1,759,000	1,759,000			❿

商品有高帳

(先入先出法)　品名　B品　単位：個

令和○年		摘要	受入 数量	受入 単価	受入 金額	払出 数量	払出 単価	払出 金額	残高 数量	残高 単価	残高 金額	
/	/	前月繰越	300	500	150,000				300	500	150,000	
	12	津商店	600	520	312,000				300	500	150,000	❷
									600	520	312,000	
	13	四日市商店				300	500	150,000				❸
						450	520	234,000	150	520	78,000	●
	31	次月繰越				150	520	78,000				
			900		462,000	900		462,000				⓫

解説

❶ 1/10 (借) 売　　上 *9,600* (貸) 売 掛 金 *9,600*

売上勘定の借方，売掛金勘定の貸方に日付・金額を記入する。

売上帳に売上取引の明細を記入する。売上返品高は赤字で記入する。

亀山商店に対する売掛金のため，売掛金元帳の亀山商店勘定の貸方欄に記入する。

❷ 1/12 (借) 仕　　入 *653,000* (貸) 買 掛 金 *653,000*

仕入勘定の借方，買掛金勘定の貸方に日付・金額を記入する。

Ｂ品を仕入れたため，商品有高帳の受入欄に記入する。先入先出法のため，前月繰越と区別して記入する。

❸ 1/13 (借) 当座預金 *800,000* (貸) 売　　上 *800,000*

当座預金勘定の借方，売上勘定の貸方に日付・金額を記入する。

当座預金勘定が増加したため，当座預金出納帳の預入欄に記入する。

売上帳に売上取引の明細を記入する。

Ｂ品を販売したため，商品有高帳の払出欄に記入する。先入先出法のため，前月繰越の300個を先に払い出し，残りの450個は12日に仕入れた商品を払い出す。

❹ 1/16 (借) 仕　　入 *504,000* (貸) 前 払 金 *200,000*

買 掛 金 *304,000*

仕入勘定の借方，前払金勘定，買掛金勘定の貸方に日付・金額を記入する。

❺ 1/19 (借) 受取手形 *924,000* (貸) 売 掛 金 *924,000*

受取手形勘定の借方，売掛金勘定の貸方に日付・金額を記入する。

亀山商店に対する売掛金のため，売掛金元帳の亀山商店勘定の貸方欄に記入する。

❻ 1/23 (借) 買 掛 金 *698,000* (貸) 当座預金 *698,000*

買掛金勘定の借方，当座預金勘定の貸方に日付・金額を記入する。

当座預金勘定が減少したため，当座預金出納帳の引出欄に記入する。摘要欄には，小切手番号を忘れずに記入する。

❼ 1/27 (借) 支払手形 *524,000* (貸) 当座預金 *524,000*

支払手形勘定の借方，当座預金勘定の貸方に日付・金額を記入する。

当座預金勘定が減少したため，当座預金出納帳の引出欄に記入する。

❽ 当座預金出納帳の引出欄に残高を記入して締め切る。

❾ 売上帳の総売上高には赤字以外の合計金額を記入する。

売上返品高は赤字で記入した金額の合計金額を記入する。

総売上高から売上返品高を控除した金額を純売上高として記入する。

❿ 売掛金元帳の貸方欄に残高を記入し，締め切る。

⓫ 商品有高帳の払出欄に残高を記入し，締め切る。

5

●印@3点×8＝24点

(1)

貸　借　対　照　表

滋賀商店　　令和○年12月31日　　(単位：円)

資　産		金　額	負債および純資産	金　額
現　金		375,000	支払手形	547,000
当座預金		2,536,000	買掛金	1,295,000
受取手形	(900,000)		借入金	2,080,000
貸倒引当金	(❺ 9,000)	● 891,000	所得税預り金	98,000
売掛金	(3,200,000)		(未払利息)	● 13,000
貸倒引当金	(❺ 32,000)	3,168,000	営業外支払手形	439,000
❼(有価証券)		● 1,775,000	資本金	7,265,000
商　品		863,000	当期純利益	● 360,000
❹(前払保険料)		● 108,000		
(未収地代)		● 7,000		
備　品	(2,150,000)			
減価償却累計額	(❻1,376,000)	● 774,000		
土　地		1,600,000		
		12,097,000		12,097,000

(2)

¥ 16,398,000 ● ❽

解説

〈決算整理仕訳〉

a.	(借) 仕入	976,000	(貸) 繰越商品	976,000
	繰越商品	863,000	仕入	863,000
b.	(借) 貸倒引当金繰入	38,000❶	(貸) 貸倒引当金	38,000
c.	(借) 減価償却費	516,000❷	(貸) 備品減価償却累計額	516,000
d.	(借) 有価証券評価損	25,000❸	(貸) 有価証券	25,000
e.	(借) 前払保険料	108,000❹	(貸) 保険料	108,000
f.	(借) 支払利息	13,000	(貸) 未払利息	13,000
g.	(借) 未収地代	7,000	(貸) 受取地代	7,000

❶ 貸倒引当金繰入　(受取手形¥900,000＋売掛金¥3,200,000)×1%－貸倒引当金残高¥3,000＝¥38,000

❷ 減価償却費　(備品¥2,150,000－備品減価償却累計額¥860,000)×40%＝¥516,000

❸ 有価証券評価損　時価¥1,775,000(2,500株×¥710)－帳簿価額¥1,800,000＝(－)¥25,000

❹ 前払保険料　$¥162,000 \times \frac{8か月(次期1月分から8月分)}{12か月(当期9月分から次期8月分)} = ¥108,000$

❺ 貸倒引当金　受取手形　¥900,000×1％＝¥9,000
売掛金　¥3,200,000×1％＝¥32,000

❻ 減価償却累計額　帳簿価額¥860,000＋決算整理事項(c)¥516,000＝¥1,376,000

❼ 有価証券　帳簿価額¥1,800,000－決算整理事項(d)¥25,000＝¥1,775,000

❽ 損益計算書に記載する売上原価は，決算整理後の仕入勘定の残高である。
期首商品棚卸高¥976,000＋当期商品仕入高¥16,285,000－期末商品棚卸高¥863,000＝売上原価¥16,398,000で求めることができる。

●ポイント

本問について，損益計算書を作成すると次のようになる。

損　益　計　算　書

滋賀商店　　令和○年1月1日から令和○年12月31日まで　　(単位：円)

費　用	金　額	収　益	金　額
売上原価	16,398,000	売上高	20,493,000
給料	1,896,000	受取地代	84,000
貸倒引当金繰入	38,000		
減価償却費	516,000		
支払家賃	864,000		
保険料	166,000		
租税公課	83,000		
雑費	75,000		
支払利息	156,000		
有価証券評価損	25,000		
当期純利益	360,000		
	20,577,000		20,577,000

6

@4点×3＝12点

	借方		貸方		
a	未払法人税等	*623,000*	現金	*623,000*	❶
b	繰越利益剰余金	*307,000*	損益	*307,000*	❷
c	当座預金	*23,200,000*	資本金	*11,600,000*	❸
			資本準備金	*11,600,000*	
	株式交付費	*360,000*	当座預金	*360,000*	

解説

❶ 株式会社は決算日の翌日から原則２か月以内に確定申告をおこない，未払法人税等を納付する。なお，決算時に次の仕訳を行っている。

（借）法人税等 *1,048,000*　（貸）仮払法人税等 *425,000*
　　　　　　　　　　　　　　　　　未払法人税等 *623,000*

❷ 当期純損失は，損益勘定の貸方から繰越利益剰余金勘定（資本の勘定）の借方に振り替える。

❸ 原則，払込金は全額を資本金に計上するが，例外として払込金の２分の１をこえない額を資本金として計上しないことが認められている。資本金として計上しない部分は資本準備金勘定（資本の勘定）の貸方に計上する。株式をあらたに発行するために要した諸費用は，株式交付費勘定（費用の勘定）の借方に記入する。

公益財団法人 全国商業高等学校協会主催・文部科学省後援

第96回 簿記実務検定 2級 商業簿記 〔解 答〕

1

@4点×3＝12点

	借方		貸方		
a	有価証券	1,845,000	当座預金	1,845,000	❶
b	備品減価償却累計額 営業外受取手形 固定資産売却損	1,068,000 560,000 152,000	備品	1,780,000	❷
c	交通費 雑損	12,000 1,000	現金過不足	13,000	❸

解説

❶ 有価証券を購入したときは，有価証券勘定（資産の勘定）の借方に取得原価で記入する。
取得原価 300株×@￥6,100＋付随費用￥15,000＝￥1,845,000

❷ 取得原価￥1,780,000の備品の帳簿価額が￥712,000であることから，備品減価償却累計額が￥1,068,000であることがわかる。
（取得原価￥1,780,000－減価償却累計額￥［ x ］）＝帳簿価額￥712,000
帳簿価額￥712,000の備品を￥560,000で売却したため，固定資産売却損￥152,000が生じる。また，代金は約束手形で受け取っているが，備品は商品ではないため，営業外受取手形勘定（資産の勘定）の借方に記入する。

❸ 現金の不足額の原因が判明したときは，現金過不足勘定の貸方に記入する。決算日においても原因不明の場合は，差額を雑損または雑益勘定で処理する。
〈現金の不足額が発生したときの仕訳〉
（借）現金過不足 13,000 （貸）現 金 13,000

2

@4点×5＝20点

(1)

①	受取利息	②	￥ 76,800

解説

期首に再振替仕訳をおこなうため，①に入るのは受取利息であることがわかる。

1/ 1	（借）受取利息	12,800	（貸）未収利息	12,800

未収利息勘定の前期繰越は前期11月～12月の2か月分であることから，1か月分の利息は￥12,800÷2か月＝￥6,400であり，6か月分は￥6,400×6か月＝￥38,400である。

4/30	（借）現金	38,400	（貸）受取利息	38,400
10/31	（借）現金	38,400	（貸）受取利息	38,400
12/31	（借）未収利息	12,800	（貸）受取利息	12,800
〃	（借）受取利息	76,800	（貸）損益	76,800

貸借差額，あるいは12か月分で②の￥76,800が求められる。

(2)

a ❶	b ❷
3	1

※二つとも合っている場合に正答とする。

解説

❶ balance sheet 貸借対照表 moving average method 移動平均法
first-in first-out method 先入先出法

❷ 先入先出法を採用している場合，次月に繰り越されるのは，後から仕入れた商品になる。そのため，仕入価格が上昇している場合は，次月繰越は移動平均法より大きくなる。

(3)

	借方		貸方	
a	買掛金	682,000	本店	682,000
b	損益	473,000	本店	473,000

解説

本店集中計算制度を採用している場合は，各支店に本店勘定を設ければよい。各支店は本店と取引したように記帳することで，本店は支店間の取引内容を容易に知ることができる。また，支店で計上した当期純利益は本店勘定を通して，本店の損益勘定に振り替えられる。なお，本支店の各取引を示すと次のようになる。

		借方		貸方	
a	本店	北上支店	682,000	花巻支店	682,000
	北上支店	買掛金	682,000	本店	682,000
	花巻支店	本店	682,000	現金	682,000
b	本店	花巻支店	473,000	損益	473,000
	花巻支店	損益	473,000	本店	473,000

3

@2点×4＝8点

ア	¥ 1,245,400	イ	¥ 693,000
ウ	¥ 1,062,600	エ	¥ 5,291,600

解説

仕訳集計表を作成すると，次のようになる。

仕　訳　集　計　表

令和○年6月/日

借方	元丁	勘定科目	元丁	貸方
2,528,000		現金		1,245,400
		普通預金		191,400
		受取手形		185,000
803,000		売掛金		990,000
57,200		前払金		
693,000		買掛金		440,000
		未払金		83,800
		売上		2,156,000
1,062,600		仕入		
83,800		広告料		
35,000		水道光熱費		
29,000		通信費		
5,291,600				5,291,600

《追加取引の仕訳》

（借）仕入 176,000　（貸）買掛金 176,000……振替伝票
（借）水道光熱費 35,000　（貸）現金 35,000……出金伝票

●ポイント

追加取引は，仕訳をして起票すべき伝票を確定する。
起票された伝票を仕訳で示すと次のようになる。

入金伝票

（借）現金	2,528,000	（貸）売掛金	187,000
		売上	594,000
		売掛金	341,000
		売上	759,000
		売掛金	462,000
		受取手形	185,000

出金伝票

（借）買掛金	297,000	（貸）現金	1,245,400
仕入	385,000		
前払金	57,200		
買掛金	204,600		
通信費	29,000		
仕入	237,600		
〈追〉水道光熱費	35,000		

振替伝票

（借）売掛金	407,000	（貸）売上	407,000
仕入	264,000	買掛金	264,000
広告料	83,800	未払金	83,800
買掛金	191,400	普通預金	191,400
売掛金	396,000	売上	396,000
〈追〉仕入	176,000	買掛金	176,000

4 ●印@3点×8＝24点

(1)

総勘定元帳

現金 1

借方		貸方	
	323,200		272,000
❼ 6/28 ●	64,700		

当座預金 2

借方		貸方	
	408,100		240,600
❹ 6/16	97,400	6/30	147,900 ❽
❺ 21	17,800		

売掛金 4

借方		貸方	
	684,100		489,400
❸ 6/9	114,900	6/16	97,400 ❹
		28	64,700 ❼

前払金 7

借方		貸方	
	131,200		98,400
		6/23 ●	25,000 ❻

支払手形 16

借方		貸方	
	76,500		253,000
❽ 6/30	147,900	6/6	76,000 ❷

買掛金 17

借方		貸方	
	69,000		281,300
❷ 6/6	76,000	6/2	132,800 ❶
		23	51,000 ❻

売上 21

借方		貸方	
	8,700		741,100
		6/9 ●	114,900 ❸
		21	17,800 ❺

仕入 28

借方		貸方	
	546,000		13,000
❶ 6/2	132,800		
❻ 23	76,000		

(2)

当座預金出納帳

12

令和○年		摘要	預入	引出	借または貸	残高	
6	1	前月繰越	167,500		借	167,500	
●	16	大竹商店から売掛金回収	97,400		〃	264,900	❹
	21	三原商店に売り渡し　小切手受取	17,800		〃	●282,700	❺
	30	府中商店あての約手　期日支払い		147,900	〃	134,800	❽
	〃	次月繰越		134,800			❾
			282,700	282,700			

支払手形記入帳

令和○年		摘要	金額	手形種類	手形番号	受取人	振出人	振出日		満期日		支払場所	てん末 月	日	摘要
4	30	仕入れ	147,900	約手	18	府中商店	当店	4	30	6	30	南銀行本店	6	30	支払い ● ❽
5	15	仕入れ	28,600	約手	19	福山商店	当店	5	15	7	15	南銀行本店			
❷ 6	6	買掛金支払い	76,000	約手	20	福山商店	当店	6	6	8	6	南銀行本店			

買掛金元帳

府中商店　1

令和○年		摘要	借方	貸方	借または貸	残高	
6	1	前月繰越		82,900	貸	82,900	
	2	仕入れ		132,800	〃	215,700	❶
	30	次月繰越	215,700				❿
			215,700	215,700			

福山商店　2

令和○年		摘要	借方	貸方	借または貸	残高	
6	1	前月繰越		90,000	貸	90,000	
●	6	支払い	76,000		〃	14,000	❷
	23	仕入れ		51,000	〃	65,000	❻
	30	次月繰越	65,000				❿
			141,000	141,000			

商品有高帳

(移動平均法)　品名　A 品　単位：個

令和○年		摘要	受入 数量	受入 単価	受入 金額	払出 数量	払出 単価	払出 金額	残高 数量	残高 単価	残高 金額	
6	1	前月繰越	10	1,960	19,600				10	1,960	19,600	
●	2	府中商店	30	1,980	59,400				40	1,975	79,000	❶
	9	大竹商店				20	1,975	39,500	20	1,975	39,500	❸
	23	福山商店	40	1,900	76,000				60	1,925	115,500	❻
	30	次月繰越				60	1,925	115,500				⓫
			80		155,000	80		155,000				

解説

❶ 6/ 2 （借）仕　入 *132,800* （貸）買　掛　金 *132,800*

仕入勘定の借方，買掛金勘定の貸方に日付・金額を記入する。

府中商店に対する買掛金のため，買掛金元帳の府中商店勘定の貸方欄に記入する。

A品を仕入れたため，商品有高帳の受入欄に記入する。

移動平均法のため，平均単価を求める。

$$\frac{¥19,600 + ¥59,400}{10個 + 30個} = @¥1,975$$

❷ 6/ 6 （借）買　掛　金 *76,000* （貸）支　払　手　形 *76,000*

買掛金勘定の借方，支払手形勘定の貸方に日付・金額を記入する。

約束手形を振り出したため，支払手形記入帳に必要事項を記入する。

福山商店に対する買掛金のため，買掛金元帳の福山商店勘定の借方欄に記入する。

❸ 6/ 9 （借）売　掛　金 *114,900* （貸）売　上 *114,900*

売掛金勘定の借方，売上勘定の貸方に日付・金額を記入する。

A品を販売したため，商品有高帳の払出欄に記入する。売価ではなく，平均単価で払い出す点に注意する。

❹ 6/16 （借）当　座　預　金 *97,400* （貸）売　掛　金 *97,400*

当座預金勘定の借方，売掛金勘定の貸方に日付・金額を記入する。

当座預金勘定が増加したため，当座預金出納帳の預入欄に記入する。

❺ 6/21 （借）当　座　預　金 *17,800* （貸）売　上 *17,800*

当座預金勘定の借方，売上勘定の貸方に日付・金額を記入する。

当座預金勘定が増加したため，当座預金出納帳の預入欄に記入する。

❻ 6/23 （借）仕　入 *76,000* （貸）前　払　金 *25,000*
買　掛　金 *51,000*

仕入勘定の借方，前払金勘定，買掛金勘定の貸方に日付・金額を記入する。

福山商店に対する買掛金のため，買掛金元帳の福山商店勘定の貸方欄に記入する。

A品を仕入れたため，商品有高帳の受入欄に記入する。

移動平均法のため，平均単価を求める。

$$\frac{¥39,500 + ¥76,000}{20個 + 40個} = @¥1,925$$

❼ 6/28 （借）現　金 *64,700* （貸）売　掛　金 *64,700*

現金勘定の借方，売掛金勘定の貸方に日付・金額を記入する。

❽ 6/30 （借）支　払　手　形 *147,900* （貸）当　座　預　金 *147,900*

支払手形勘定の借方，当座預金勘定の貸方に日付・金額を記入する。

当座預金勘定が減少したため，当座預金出納帳の引出欄に記入する。

約束手形の支払いをおこなったため，支払手形記入帳のてん末欄に記入する。

❾ 当座預金出納帳の引出欄に残高を記入し，締め切る。

❿ 買掛金元帳の借方欄に残高を記入し，締め切る。

⓫ 商品有高帳の払出欄に残高を記入し，締め切る。

5

●印@3点×8＝24点

(1)

損益計算書

沖縄商店　　令和○年/月/日から令和○年/2月3/日まで　　(単位：円)

費用	金額	収益	金額
(売上原価)	●14,948,900	売上高	17,973,000
給料	1,680,000	受取地代	● 144,000
❶ 貸倒引当金繰入	● 65,400	有価証券売却益	7,000
❷ (減価償却費)	● 375,000	(有価証券評価益)	● 120,000 ❸
支払家賃	420,000		
❹ 保険料	88,000		
通信費	42,000		
雑費	39,700		
支払利息	● 114,000		
(当期純利益)	● 471,000		
	18,244,000		18,244,000

(2)

¥ 28,000 ● ❹

解説

〈付記事項〉

① (借) 当座預金 380,000　(貸) 受取手形 380,000

〈決算整理仕訳〉

a. (借) 仕入 760,000　(貸) 繰越商品 760,000
　　　 繰越商品 824,000　　 仕入 824,000

b. (借) 貸倒引当金繰入 65,400❶　(貸) 貸倒引当金 65,400

c. (借) 減価償却費 375,000❷　(貸) 備品減価償却累計額 375,000

d. (借) 有価証券 120,000　(貸) 有価証券評価益 120,000❸

e. (借) 前払保険料 28,000❹　(貸) 保険料 28,000

f. (借) 受取地代 12,000　(貸) 前受地代 12,000

g. (借) 支払利息 18,000　(貸) 未払利息 18,000

❶ 貸倒引当金繰入　(受取手形¥1,550,000＋売掛金¥4,050,000－付記事項①¥380,000)×2％－貸倒引当金残高¥39,000＝¥65,400

❷ 減価償却費　(備品¥2,250,000－残存価額¥0)÷耐用年数6年＝¥375,000

❸ 有価証券評価益　時価¥1,740,000(400株×¥4,350)－帳簿価額¥1,620,000＝(＋)¥120,000

❹ 前払保険料　$¥84,000\times\frac{\text{4か月(次期1月分から4月分)}}{\text{12か月(当期5月分から次期4月分)}}=¥28,000$

●ポイント

本問について，貸借対照表を作成すると次のようになる。

貸借対照表

沖縄商店　　令和○年/2月3/日　　(単位：円)

資産		金額	負債および純資産	金額
現金		619,000	支払手形	948,000
当座預金		2,758,000	買掛金	2,548,600
受取手形	(1,170,000)		借入金	1,600,000
貸倒引当金	(23,400)	1,146,600	未払利息	18,000
売掛金	(4,050,000)		前受地代	12,000
貸倒引当金	(81,000)	3,969,000	資本金	8,537,000
有価証券		1,740,000	当期純利益	471,000
商品		824,000		
前払保険料		28,000		
備品	(2,250,000)			
減価償却累計額	(1,500,000)	750,000		
土地		2,300,000		
		14,134,600		14,134,600

6

@4点×3＝12点

	借方		貸方		
a	繰越利益剰余金	2,632,000	未払配当金	1,120,000	❶
			利益準備金	112,000	
			別途積立金	1,400,000	
b	法人税等	3,820,000	仮払法人税等	1,570,000	❷
			未払法人税等	2,250,000	
c	当座預金	46,000,000	資本金	46,000,000	❸
	創立費	594,000	当座預金	594,000	

解説

❶ 配当や任意積立金などで処分した額は，繰越利益剰余金勘定（資本の勘定）の借方から各勘定の貸方に振り替える。

未払配当金 ￥1,120,000＝5,600株×1株 ￥200

❷ 決算日に当期の法人税等を計上したときは，法人税等勘定（費用の勘定）の借方に記入する。

中間申告をおこなっているため，仮払法人税等勘定（資産の勘定）を貸方に記入し，差額を未払法人税等勘定（負債の勘定）に記入する。

❸ 株式の発行は原則，払込金は資本金勘定（資本の勘定）に計上する。株式会社の設立のために支出した費用は創立費勘定（費用の勘定）の借方に記入する。

重要仕訳問題

	借方		貸方		
1	現金過不足	*8,000*	受取利息 雑益	*6,000* *2,000*	❶
2	当座預金	*780,000*	有価証券 有価証券売却益	*650,000* *130,000*	❷
3	現金	*493,500*	不渡手形 受取利息	*492,500* *1,000*	❸
4	受取手形	*265,000*	受取手形 受取利息	*263,000* *2,000*	❹
5	建物	*10,000,000*	営業外支払手形 未払金	*8,000,000* *2,000,000*	❺
6	備品減価償却累計額 営業外受取手形	*250,000* *300,000*	備品 固定資産売却益	*500,000* *50,000*	❻

解説

❶ 現金の過剰が発生したときに次の仕訳をおこない，現金勘定を実際有高に修正している。

（借）現　金 *8,000*　（貸）現金過不足 *8,000*

現金過不足の原因が判明した場合は，該当する勘定に振り替える。また，決算日になっても不明な場合は雑損勘定（費用の勘定）または雑益勘定（収益の勘定）に振り替える。

❷ 有価証券を売却したときは，有価証券勘定（資産の勘定）の貸方に帳簿価額で記入する。売却価額との差額は有価証券売却益勘定（収益の勘定）または有価証券売却損勘定（費用の勘定）に記入する。

❸ 手形が不渡り（支払期日に支払いを受けることができなくなること）となったときには，裏書人などに対し，償還請求をおこなっている。

償還請求時　（借）不渡手形 *492,500*　（貸）受取手形 *490,000*
　　　　　　　　　　　　　　　　　　　　　　現金など *2,500*

不渡手形の請求金額を回収したときは，不渡手形勘定（資産の勘定）の貸方に記入する。

請求額回収時　（借）現　金 *493,500*　（貸）不渡手形 *492,500*
　　　　　　　　　　　　　　　　　　　　　　受取利息 *1,000*

❹ 手形の書き換えにより，旧手形の債権は消滅し，新手形の債権が発生する。

（借）受取手形［新手形］ *265,000*　（貸）受取手形［旧手形］ *263,000*
　　　　　　　　　　　　　　　　　　　　受取利息 *2,000*

❺ 固定資産を買い入れたさいに振り出した約束手形は，商品売買以外のため営業外支払手形勘定（負債の勘定）に記入する。また，残額は買掛金ではなく未払金勘定（負債の勘定）に記入する。

❻ 固定資産を売却し，約束手形を受け取ったときは，営業外受取手形勘定（資産の勘定）で処理する。

帳簿価額（取得原価－減価償却累計額）と売却価額との差額は，固定資産売却益勘定（収益の勘定）または固定資産売却損勘定（費用の勘定）で処理する。

	借方		貸方	
7	仕入 仮払消費税	*500,000* *50,000*	現金	*550,000*
8	仮受消費税	*95,000*	仮払消費税 未払消費税	*80,000* *15,000*
9	損益	*280,000*	支店	*280,000*
10	広告料 神奈川支店	*35,000* *27,000*	東京支店	*62,000*
11	当座預金 創立費	*51,000,000* *520,000*	資本金 資本準備金 当座預金	*30,000,000* *21,000,000* *520,000*
12	当座預金 株式交付費	*35,000,000* *130,000*	資本金 資本準備金 当座預金	*20,000,000* *15,000,000* *130,000*

解説

❼ 消費税は消費者が負担する税金であるが，その徴収と納付は企業がおこなう。仕入に対する消費税は，消費者にかわって企業が仮払いしたものであるため，仮払消費税勘定（資産の勘定）の借方に記入する。

❽ 企業が納付する消費税は，仮受消費税から仮払消費税を差し引いた額であり，決算にあたり，その差額を未払消費税勘定（負債の勘定）の貸方に記入する。

❾ 決算において，支店は，計上した純損益を損益勘定から本店勘定に振り替えて，これを本店に報告する。

【支　　店】（借）本　　店 *280,000*　（貸）損　　益 *280,000*

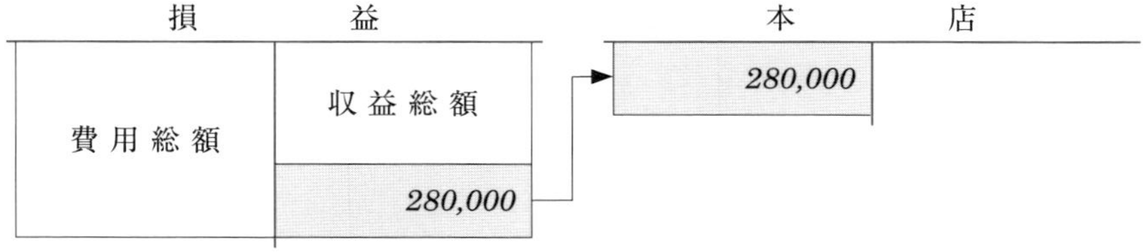

本店はこの報告を受け，支店勘定と損益勘定に記入する。

【本　　店】（借）損　　益 *280,000*　（貸）支　　店 *280,000*

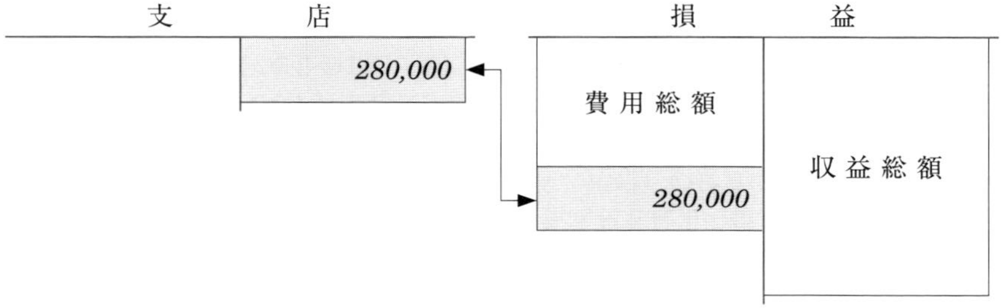

❿ 本店集中計算制度では，各支店では本店勘定を設ければよく，本店では，それぞれの支店勘定により，支店間の取引内容を容易に知ることができる。

【東京支店】（借）本　　店 *62,000*　（貸）（現金など） *62,000*
【神奈川支店】（借）広告料 *27,000*　（貸）本　　店 *27,000*
【本　　店】（借）広告料 *35,000*　（貸）東京支店 *62,000*
　　　　　　　　神奈川支店 *27,000*

⓫ 払込金額のうち，資本金に計上しないことができる金額は，資本準備金勘定（資本の勘定）で処理をする。

資本金　（*¥85,000*－*¥35,000*）×600株＝*¥30,000,000*
資本準備金　*¥35,000*×600株＝*¥21,000,000*
設立に要した諸費用は，創立費勘定（費用の勘定）で処理をする。

⓬ 資本金　（*¥140,000*－*¥60,000*）×250株＝*¥20,000,000*
資本準備金　*¥60,000*×250株＝*¥15,000,000*
事業拡張に要した諸費用は，株式交付費勘定（費用の勘定）で処理をする。

	借方		貸方		
13	繰越利益剰余金	*3,680,000*	未払配当金 利益準備金 別途積立金	*3,200,000* *320,000* *160,000*	⓭
14	繰越利益剰余金	*542,000*	損益	*542,000*	⓮
15	法人税等	*1,560,000*	仮払法人税等 未払法人税等	*730,000* *830,000*	⓯
16	仮払法人税等	*620,000*	現金	*620,000*	⓰

解説

⓭ 繰越利益剰余金の配当および処分額は，それぞれの勘定に振り替えられる。なお，配当金は配当額が決定しただけであるため，未払配当金勘定（負債の勘定）で処理をする。

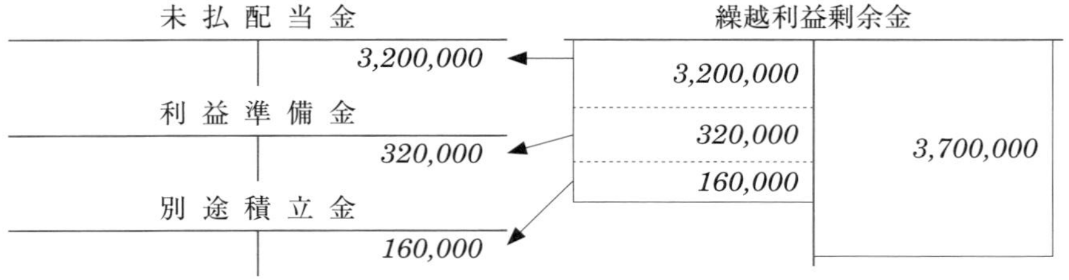

⓮ 損益勘定で計算された当期純損失は，繰越利益剰余金勘定の借方に振り替える。

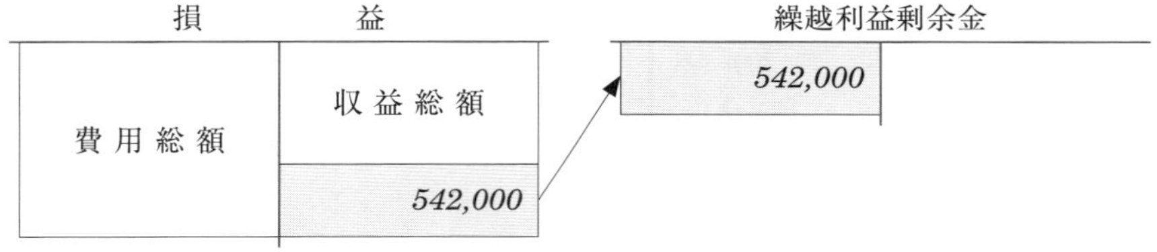

⓯ 決算日に当期の法人税等を計上したときは，法人税等勘定の借方に記入するとともに，中間申告による納付額を仮払法人税等勘定（資産の勘定）の貸方に，また，法人税等の額と中間納付額との差額（未納額）を未払法人税等勘定（負債の勘定）の貸方に記入する。

⓰ 株式会社は，期首から6か月経過後，2か月以内に中間申告をおこなう。中間申告では，前年度の法人税等の額の2分の1を，または中間決算をおこなって，法人税等の額を計算して申告納付する。

ポイントの解答

第1回模擬5

損　益　計　算　書

山梨商店　　令和○年1月1日から令和○年12月31日まで　　(単位：円)

費　　用	金　額	収　　益	金　額
(売上原価)	21,138,000	(売上高)	26,640,000
給料	2,464,000	受取地代	50,000
(貸倒引当金繰入)	50,000		
(減価償却費)	672,000		
支払家賃	1,123,000		
保険料	236,000		
租税公課	107,000		
雑費	97,000		
支払利息	211,000		
有価証券評価損	60,000		
(当期純利益)	532,000		
	26,690,000		26,690,000

第2回模擬5

貸　借　対　照　表

東京商店　　令和○年12月31日　　(単位：円)

資　　産	金　額	負債および純資産	金　額
現金	7,339,000	支払手形	2,425,600
当座預金	5,282,000	買掛金	9,165,000
受取手形 (810,000)		借入金	1,872,000
貸倒引当金 (24,300)	785,700	(未払利息)	5,600
売掛金 (2,880,000)		所得税預り金	88,000
貸倒引当金 (86,400)	2,793,600	営業外支払手形	395,000
(有価証券)	1,690,000	資本金	6,538,000
(商品)	950,000	(当期純利益)	546,200
(前払保険料)	7,500		
(未収地代)	51,000		
備品 (1,935,000)			
減価償却累計額 (1,238,400)	696,600		
土地	1,440,000		
	21,035,400		21,035,400

第3回模擬5

損　益　計　算　書

石川商店　　令和○年1月1日から令和○年12月31日まで　　(単位：円)

費　　用	金　額	収　　益	金　額
売上原価	8,382,000	売上高	14,823,000
給料	3,335,000	受取手数料	44,000
(貸倒引当金繰入)	9,800		
(減価償却費)	302,800		
発送費	295,000		
支払家賃	340,000		
保険料	207,500		
通信費	8,000		
雑費	21,400		
支払利息	24,500		
(有価証券評価損)	233,000		
(当期純利益)	1,708,000		
	14,867,000		14,867,000

第4回模擬5

貸　借　対　照　表

千葉商店　　令和○年12月31日　　(単位：円)

資　　産	金　額	負債および純資産	金　額
現金	3,541,000	支払手形	1,554,000
当座預金	3,683,000	買掛金	2,421,000
受取手形 (2,350,000)		借入金	1,344,000
貸倒引当金 (47,000)	2,303,000	(未払給料)	120,000
売掛金 (3,975,000)		資本金	10,900,000
貸倒引当金 (79,500)	3,895,500	(当期純利益)	1,873,900
(有価証券)	2,875,000		
(商品)	450,000		
貯蔵品	35,000		
(前払保険料)	144,000		
備品 (2,010,000)			
減価償却累計額 (723,600)	1,286,400		
	18,212,900		18,212,900

第５回模擬5

損　益　計　算　書

神奈川商店　　令和○年/月/日から令和○年12月31日まで　　(単位：円)

費用	金額	収益	金額
(売上原価)	5,339,000	(売上高)	6,992,000
給料	183,000	受取家賃	1,760,000
(貸倒引当金繰入)	2,000	受取手数料	45,000
(減価償却費)	495,000		
発送費	473,000		
支払地代	250,000		
保険料	281,000		
租税公課	38,000		
雑費	35,000		
支払利息	18,000		
(有価証券評価損)	50,000		
(当期純利益)	1,633,000		
	8,797,000		8,797,000

第６回模擬5

貸　借　対　照　表

熊本商店　　令和○年12月31日　　(単位：円)

資産		金額	負債および純資産	金額
現金		5,257,000	支払手形	2,471,000
当座預金		5,049,000	買掛金	4,080,000
受取手形	(3,742,000)		借入金	2,138,000
貸倒引当金	(74,840)	3,667,160	(未払地代)	120,000
売掛金	(6,308,000)		資本金	16,068,000
貸倒引当金	(126,160)	6,181,840	(当期純利益)	2,509,000
(有価証券)		4,898,000		
(商品)		800,000		
(前払保険料)		391,000		
(未収家賃)		72,000		
建物	(3,210,000)			
減価償却累計額	(2,140,000)	1,070,000		
		27,386,000		27,386,000

第７回模擬5

損　益　計　算　書

山形商店　　令和○年/月/日から令和○年12月31日まで　　(単位：円)

費用	金額	収益	金額
売上原価	4,452,600	売上高	10,035,500
給料	2,559,400	有価証券売却益	108,000
(貸倒引当金繰入)	35,700	(有価証券評価益)	96,000
(減価償却費)	270,000		
発送費	278,400		
支払家賃	996,000		
保険料	194,200		
租税公課	69,500		
雑費	111,200		
(当期純利益)	1,272,500		
	10,239,500		10,239,500

第８回模擬5

貸　借　対　照　表

徳島商店　　令和○年12月31日　　(単位：円)

資産		金額	負債および純資産	金額
現金		7,780,000	支払手形	2,128,000
当座預金		7,307,000	買掛金	3,513,000
受取手形	(3,222,000)		借入金	2,000,000
貸倒引当金	(64,440)	3,157,560	(未払利息)	36,500
売掛金	(5,473,000)		資本金	30,578,000
貸倒引当金	(109,460)	5,363,540	(当期純利益)	1,373,400
(有価証券)		4,900,000		
(商品)		720,000		
前払保険料		150,800		
(未収家賃)		42,000		
建物	(12,760,000)			
減価償却累計額	(2,552,000)	10,208,000		
		39,628,900		39,628,900

第9回模擬5

貸借対照表

静岡商店　　令和○年12月31日　　(単位：円)

資産		金額	負債および純資産	金額
現金		2,149,000	支払手形	2,442,000
当座預金		2,841,000	買掛金	4,031,000
受取手形	(3,766,000)		借入金	2,112,000
貸倒引当金	(112,980)	3,653,020	(未払)利息	2,000
売掛金	(3,334,000)		(前受)家賃	90,000
貸倒引当金	(100,020)	3,233,980	資本金	11,000,000
(有価証券)		5,514,000	(当期純利益)	1,021,500
(商品)		880,000		
貯蔵品		3,500		
(前払)保険料		306,000		
(未収)手数料		6,000		
建物	(3,200,000)			
減価償却累計額	(2,080,000)	1,120,000		
備品	(1,550,000)			
減価償却累計額	(558,000)	992,000		
		20,698,500		20,698,500

損益

12/31	仕入	(5,594,000)	12/31 売上	(8,846,000)
〃	給料	(2,680,000)	〃 受取家賃	(2,256,000)
〃	(貸倒引当金繰入)	(13,000)	〃 受取手数料	(46,000)
〃	(減価償却費)	(408,000)	〃 (有価証券評価益)	(400,000)
〃	発送費	(318,000)		
〃	支払地代	(1,077,000)		
〃	保険料	(344,000)		
〃	通信費	(39,500)		
〃	雑費	(46,000)		
〃	支払利息	(7,000)		
〃	(資本金)	(1,021,500)		
		(11,548,000)		(11,548,000)

第10回模擬5

貸借対照表

香川商店　　令和○年12月31日　　(単位：円)

資産		金額	負債および純資産	金額
現金		3,504,000	支払手形	915,000
当座預金		3,159,000	買掛金	1,510,000
受取手形	(3,385,000)		借入金	860,000
貸倒引当金	(67,700)	3,317,300	(未払利息)	17,200
売掛金	(2,265,000)		(前受地代)	28,000
貸倒引当金	(45,300)	2,219,700	資本金	15,000,000
(有価証券)		1,750,000	(当期純利益)	252,800
(商品)		350,000		
貯蔵品		1,500		
(前払保険料)		38,000		
備品	(2,487,000)			
減価償却累計額	(1,243,500)	1,243,500		
土地		3,000,000		
		18,583,000		18,583,000

目　次

※（　　）内は解答用紙のページ番号です。

本書の特色

本書は，公益財団法人全国商業高等学校協会が実施する簿記実務検定試験を受験するみなさんが，検定試験の形式と傾向を的確にとらえ，受験に備えられるように編集いたしました。

1．模擬試験問題の前に，検定試験で出題される６問の出題形式ごとに，問題演習ができるよう，**出題形式別練習問題**を掲載いたしました。
2．最新の傾向をとらえた**模擬試験問題 10 回分と検定試験問題２回分を掲載**いたしました。
3．収録しているすべての問題は，全商協会発表の「簿記実務検定試験出題範囲」に準拠して作成しました。
4．模擬試験の解答用紙は切り取り式とし，切り離して使えるようにしました。
5．解答は別冊とし，問題を解くうえで直接必要となる「解説」と，理解が深まるような内容の「●ポイント」を入れました。
6．補充問題（４回分）について，弊社 WEB サイト（https://www.jikkyo.co.jp/）の「令和６年版　全商簿記実務検定模擬試験問題集２級」のページより，ダウンロードしてご利用いただけます。
　パスワードは「bokimogi02 」です。
7．出題形式別練習問題について，解説動画を用意しました。各問題ページのＱＲコードよりアクセスしてご利用ください。

※コンテンツ利用料は発生しませんが，通信料は自己負担となります。

出題形式別練習問題　仕訳の問題

1　下記の取引の仕訳を示しなさい。ただし，勘定科目は，次のなかからもっとも適当なものを使用すること。

現金	当座預金	受取手形	売掛金
有価証券	営業外受取手形	不渡手形	未収入金
貸付金	手形貸付金	仮払消費税	備品
備品減価償却累計額	車両運搬具	支払手形	買掛金
営業外支払手形	当座借越	手形借入金	未払金
未払消費税	仮受消費税	売上	受取利息
有価証券売却益	雑益	固定資産売却益	仕入
給料	交通費	租税公課	手形売却損
有価証券売却損	雑損	固定資産売却損	現金過不足

a．現金の実際有高を調べたところ，帳簿残高より¥10,000不足していた。

b．かねて，現金の実際有高を調べたところ¥30,000であり，帳簿残高より¥8,000不足していたため，現金過不足勘定で処理し原因を調査していたが，決算日に交通費¥7,000の記帳もれであることが判明した。なお，残額の¥1,000については，原因が不明であるため，雑益または雑損として処理する。

c．決算にあたり，当座預金勘定の貸方残高¥40,000を適切な勘定に振り替えた。

d．北海道商店に対する買掛金の支払いとして，さきに得意先青森商店から商品代金として受け取っていた約束手形¥500,000を裏書譲渡した。

e．商品代金として岩手商店から裏書きのうえ譲り受けていた約束手形¥300,000が不渡りとなったので，同店に償還請求をした。なお，この償還請求の諸費用¥1,000は現金で支払った。

f．秋田商店に¥600,000を貸し付け，同額の約束手形を受け取り，利息¥3,000を差し引いた残額を当店の当座預金口座から秋田商店の普通預金口座に振り込んだ。

g．期首に，これまで使用してきた取得原価¥700,000の備品を¥300,000で売却し，代金のうち¥200,000は約束手形で受け取り，残額は月末に受け取ることにした。なお，この備品に対する減価償却累計額は¥500,000であり，これまでの減価償却高は間接法で記帳している。

h．営業用の小型トラック1台¥800,000を買い入れ，代金のうち¥500,000は約束手形を振り出して支払い，残額は月末に支払うことにした。

i．売買目的で福島商事株式会社の株式200株を1株につき¥8,000で買い入れ，代金は小切手を振り出して支払った。また，買入手数料¥4,000は現金で支払った。

j．売買目的で保有している群馬商事株式会社の株式90株（1株の帳簿価額¥75,000）を1株につき¥83,000で売却し，代金は当店の当座預金口座に振り込まれた。

k．長野商店は商品¥1,100,000（消費税¥100,000を含む）を仕入れ，代金は掛けとした。ただし，消費税の処理方法は税抜き方式による。

l．山梨商店は商品¥391,600（消費税¥35,600を含む）を売り渡し，代金は掛けとした。ただし，消費税の処理方法は税抜き方式による。

1

	借　　　方	貸　　　方
a		
b		
c		
d		
e		
f		
g		
h		
i		
j		
k		
l		

2 下記の取引の仕訳を示しなさい。ただし，勘定科目は，次のなかからもっとも適当なものを使用すること。

現金	当座預金	受取手形	売掛金
有価証券	受取商品券	営業外受取手形	不渡手形
未収入金	貸付金	手形貸付金	仮払消費税
建物	建物減価償却累計額	車両運搬具	支払手形
買掛金	営業外支払手形	当座借越	未払金
仮受消費税	未払消費税	引出金	売上
受取利息	有価証券売却益	雑益	固定資産売却益
仕入	給料	交通費	雑損
手形売却損	有価証券売却損	固定資産売却損	現金過不足

a．かねて，現金の実際有高を調べたところ ¥400,000 であり，帳簿残高より ¥8,000 多かったため，現金過不足勘定で処理し原因を調査していたが，決算日に受取利息 ¥6,000 の記帳もれであることが判明した。なお，残額の ¥2,000 については，原因が不明であるため，雑益または雑損として処理する。

b．さきに横浜商店から商品代金として受け取っていた同店振り出し，当店あての約束手形 ¥600,000 について，支払期日の延期の申し出があり，これを承諾した。よって，支払期日の延期にともなう利息 ¥3,000 を含めた新しい約束手形を受け取り，旧手形と交換した。

c．高知商店から，商品代金として受け取っていた同店振り出しの約束手形 ¥340,000 を取引銀行で割り引き，割引料 ¥6,800 を差し引かれた手取金は当座預金とした。

d．北海道商店は，不要になった備品を北東商店に売却したさいに受け取っていた同店振り出しの約束手形 ¥90,000 が不渡りとなったので，同店に償還請求をした。なお，この償還請求の諸費用 ¥3,000 は現金で支払った。

e．神戸商店は，さきに京都商店に裏書譲渡した西南商店振り出しの約束手形 ¥700,000 が不渡りとなり，償還請求を受けたので，償還に要した費用 ¥9,000 および期日後の利息 ¥7,000 とともに小切手で支払った。

f．店主は，住民税の第2期分 ¥9,000 を店の現金で納付した。

g．愛媛商店は，松山商店に商品 ¥200,000 を売り渡し，代金のうち ¥150,000 は四国百貨店が発行した商品券で受け取り，残額は掛けとした。

h．期首に，これまで使用してきた取得原価 ¥3,000,000 の営業用倉庫を ¥1,700,000 で売却し，代金は月末に受け取ることにした。なお，この営業用倉庫に対する減価償却累計額は ¥1,000,000 であり，これまでの減価償却高は間接法で記帳している。

i．成田商店は商品 ¥500,000 を仕入れ，代金は消費税 ¥50,000 と合わせて現金で支払った。ただし，消費税の処理方法は税抜き方式による。

j．浜松商店は商品 ¥600,000 を売り渡し，代金は消費税 ¥60,000 と合わせて掛けとした。ただし，消費税の処理方法は税抜き方式による。

k．決算にあたり，消費税の未払額を計上した。仮払消費税勘定の残高は ¥50,000，仮受消費税勘定の残高は ¥60,000 であった。ただし，消費税の処理方法は税抜き方式による。

l．確定申告をおこない，消費税額 ¥10,000 を現金で納付した。ただし，消費税の処理方法は税抜き方式による。

2

	借　　　　　方	貸　　　　　方
a		
b		
c		
d		
e		
f		
g		
h		
i		
j		
k		
l		

出題形式別練習問題　計算・英語・本支店会計の問題

〔計算の問題（個人企業）〕

1　次の各問いに答えなさい。

(1)　山口商店（個人企業　決算年1回　12月31日）の決算日における保険料勘定は次のとおりであった。よって，（　①　）に入る勘定科目と（　②　）に入る金額を記入しなさい。ただし，保険料は毎年9月1日に1年分を支払っている。

保　険　料

1/1	（　①　）	（　　　）	12/31	（　　　）	（　　　）
9/1	当座預金	78,000	〃	損　益	（　②　）
		（　　　）			（　　　）

①	②
	¥

(2)　茨城商店（個人企業　決算年1回　12月31日）の決算日における支払利息勘定は次のとおりであった。よって，（　①　）に入る勘定科目と（　②　）に入る金額を記入しなさい。ただし，支払利息勘定の記録は，前期の10月1日に借入期間2年の条件で借り入れた¥3,600,000に対するものである。なお，この借入金の利息は利率年3.5％で，3月末と9月末に経過した6か月分を支払う契約となっている。

支　払　利　息

3/31	現　金	（　　　）	1/1	（　　　）	（　　　）
9/30	現　金	（　　　）	12/31	（　①　）	（　　　）
12/31	（　　　）	（　②　）			
		（　　　）			（　　　）

①	②
	¥

(3)　北海道商店（個人企業　決算年1回　12月31日）の下記の各勘定と資料によって，次の金額を計算しなさい。

a．当期商品仕入高　　　b．期末の資産総額

繰　越　商　品

1/1	前期繰越	370,000	12/31	仕　入	370,000
12/31	仕　入	420,000	〃	次期繰越	420,000
		790,000			790,000

資　本　金

12/31	引出金	560,000	1/1	前期繰越	3,042,000
〃	次期繰越	（　　　）	6/30	現　金	450,000
			12/31	損　益	（　　　）
		（　　　）			（　　　）

資　　料

i　期間中の収益および費用

売上高　¥4,737,000
受取手数料　¥356,000
売上原価　¥2,020,200
営業費　¥1,200,000

ii　期末の負債総額　¥2,648,200

a	b
¥	¥

〔計算の問題（株式会社）〕

2 次の各問いに答えなさい。

(1) 愛知商事株式会社（決算年1回 3月31日）の下記の各勘定と資料によって，次の金額を計算しなさい。

a．期末商品棚卸高　　b．繰越利益剰余金勘定の次期繰越高

損　益

3/31 仕入	760,000	3/31 売上	2,350,000
〃 給料	220,000		
〃 減価償却費	50,000		
〃 雑費	30,000		
〃 法人税等	403,500		
〃 (　　)	(　　)		
	2,350,000		2,350,000

繰越利益剰余金

6/27 未払配当金	(　　)	4/1 前期繰越	1,150,000
〃 利益準備金	(　　)	3/31 (　　)	(　　)
〃 別途積立金	(　　)		
3/31 次期繰越	(　　)		
	(　　)		(　　)

資　料

i 期首商品棚卸高 ¥340,000

ii 当期商品仕入高 ¥700,000

iii 6/27 繰越利益剰余金を次のとおり配当および処分することを決議した。

配当金 ¥500,000

利益準備金 ¥50,000

別途積立金 ¥400,000

a	b
¥	¥

(2) 神奈川商事株式会社（決算年1回 12月31日）の下記の資料によって，次の金額を計算しなさい。

a．当期商品仕入高　　b．決算日における法人税等の未払額

c．繰越利益剰余金勘定の次期繰越高

資　料

i 3月28日におこなわれた株主総会において，前期の繰越利益剰余金の配当および処分が次のとおり決議されている。

配当金 ¥500,000　利益準備金 ¥50,000　新築積立金 ¥400,000

ii 総勘定元帳勘定（一部）

繰越商品

1/1 前期繰越	350,000	12/31 仕入	350,000
12/31 仕入	420,000	〃 次期繰越	420,000
	770,000		770,000

繰越利益剰余金

3/28 諸口	(　　)	1/1 前期繰越	1,200,000
12/31 次期繰越	(　　)	12/31 損益	(　　)
	(　　)		(　　)

仮払法人税等

8/27 当座預金	350,000	12/31 法人税等	350,000

損　益

12/31 仕入	(　　)	12/31 売上	7,540,000
〃 給料	1,300,000		
〃 減価償却費	400,000		
〃 雑費	30,000		
〃 法人税等	660,900		
〃 繰越利益剰余金	1,629,100		
	7,540,000		7,540,000

a	b	c
¥	¥	¥

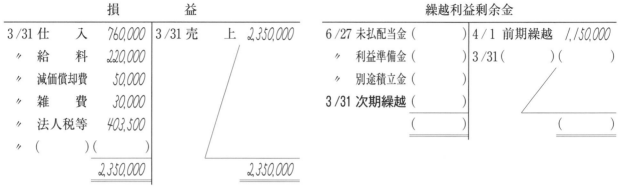

〔英語の問題〕

3 次の簿記に関する用語を英語にしなさい。ただし，もっとも適当な語を下記の語群から選び，その番号を記入すること。

ア．簿　記　イ．資　産　ウ．負　債　エ．資　本　オ．貸借対照表
カ．収　益　キ．費　用　ク．損益計算書　ケ．取　引　コ．勘　定
サ．借　方　シ．貸　方　ス．仕　訳　セ．転　記　ソ．仕訳帳
タ．総勘定元帳　チ．試算表　ツ．精算表　テ．先入先出法　ト．移動平均法

1．revenues　2．credit　3．assets　4．transactions　5．balance sheet
6．liabilities　7．bookkeeping　8．journal　9．first-in first-out method
10．moving average method　11．debit　12．trial balance
13．profit and loss statement　14．capital　15．work sheet　16．general ledger
17．expenses　18．journalizing　19．account　20．posting

ア	イ	ウ	エ	オ	カ	キ	ク	ケ	コ
サ	シ	ス	セ	ソ	タ	チ	ツ	テ	ト

〔本支店会計の問題〕

4 次の各問いに答えなさい。

(1) 次の愛媛商店の取引について，本店と支店の仕訳を示しなさい。ただし，勘定科目は，次のなかからもっとも適当なものを使用すること。

現　金　当座預金　売掛金　支払手形
広告料　損　益　本　店　支　店

a．本店は，広告料 ¥400,000 を現金で支払った。ただし，このうち ¥180,000 は支店の負担分である。

b．本店は，決算の結果，支店が当期純利益 ¥800,000 を計上したとの通知を受けた。

		借　方	貸　方
a	本　店		
	支　店		
b	本　店		
	支　店		

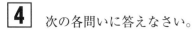

(2) 支店会計が独立している東海商店（個人企業　決算年1回　12月31日）の下記の資料によって，次の金額を計算しなさい。

a．支店勘定残高と本店勘定残高の一致額　　b．本支店合併後の売掛金

資　　料

i　12月30日における元帳勘定残高（一部）

	本　店	支　店
売 掛 金	¥320,000	¥450,000
支　　店	650,000（借方）	――――
本　　店	――――	530,000（貸方）

ii　12月31日における本支店間の取引

① 本店は，支店の売掛金 ¥300,000 を現金で受け取った。
支店は，その通知を受けた。

② 本店は，支店が12月29日に発送した商品 ¥120,000（原価）を受け取った。

a	b
¥	¥

(3) 次の神奈川商店の取引について，各支店と本店の仕訳を示しなさい。ただし，本店集中計算制度を採用している。なお，勘定科目は，次のなかからもっとも適当なものを使用すること。

現　　金	当座預金	売 掛 金	仕　　入
広 告 料	本　　店	埼玉支店	千葉支店

a．千葉支店は，埼玉支店の広告料 ¥150,000 を小切手を振り出して支払った。本店と埼玉支店はこの通知を受けた。

b．埼玉支店は，千葉支店に現金 ¥500,000 を送り，千葉支店はこれを受け取った。本店はこの通知を受けた。

		借　方	貸　方
a	本　店		
	千葉支店		
	埼玉支店		
b	本　店		
	千葉支店		
	埼玉支店		

出題形式別練習問題　伝票の問題

1 熱海商店の下記の伝票を集計し，(1)1月22日の仕訳集計表を作成し，(2)総勘定元帳に転記後の売上勘定の残高を計算しなさい。なお，1月21日の売上勘定の残高（貸方）は¥780,000であった。

ただし，i　下記の取引について，必要な伝票に記入したうえで集計すること。

ii　仕入・売上の各取引については，代金の決済条件にかかわらず，すべて，いったん掛け取引として処理する方法によっている。

取　　引

1月22日　伊東商店に商品¥500,000を販売し，代金はさきに受け取っていた商品代金の内金¥50,000を差し引き，残額は掛けとした。

入金伝票	
売掛金	750,000
受取利息	8,000
売掛金	980,000
受取家賃	800,000
売掛金	250,000
当座預金	355,000
売掛金	650,000
売掛金	300,000
前受金	450,000
(　　　)	(　　　)

振替伝票（借方）		振替伝票（貸方）	
売上	60,000	売掛金	60,000
売掛金	6,300,000	売上	6,300,000
受取手形	800,000	売掛金	800,000
仕入	1,000,000	買掛金	1,000,000
買掛金	600,000	支払手形	600,000
当座預金	500,000	受取家賃	500,000
給料	789,000	当座預金	789,000
仕入	1,200,000	買掛金	1,200,000
当座預金	300,000	売掛金	300,000
(　　　)	(　　　)	(　　　)	(　　　)
(　　　)	(　　　)	(　　　)	(　　　)

出金伝票	
租税公課	50,000
当座預金	430,000
買掛金	970,000
雑費	12,000
借入金	800,000
広告料	565,000
支払手数料	20,000
当座預金	804,000
旅費	340,000
(　　　)	(　　　)

(1)

仕訳集計表

令和○年1月22日

借方	元丁	勘定科目	元丁	貸方
		現金		
		当座預金		
		受取手形		
		売掛金		
		支払手形		
		買掛金		
		前受金		
		借入金		
		売上		
		受取家賃		
		受取利息		
		仕入		
		給料		
		広告料		
		旅費		
		租税公課		
		支払手数料		
		雑費		

(2)

総勘定元帳に転記後の売上勘定の残高	¥

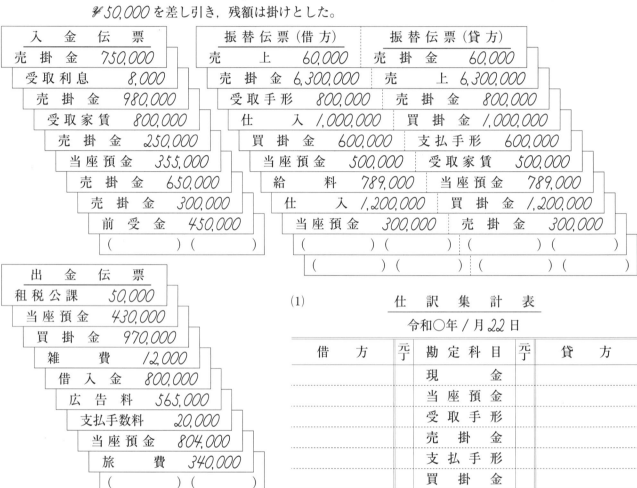

2 沼津商店の下記の伝票を集計し，/月/8日の仕訳集計表を作成し，総勘定元帳の現金勘定に転記しなさい。

ただし，i 下記の取引について，必要な伝票に記入したうえで集計すること。

ii 総勘定元帳の記入は，日付・金額を示せばよい。

iii 仕入・売上の各取引については，取引を分解して処理する方法で起票すること。

取　　引

/月/8日 三島商店から商品 ¥250,000 を仕入れ，代金のうち ¥150,000 は富士宮商店振り出し，当店あての約束手形を裏書譲渡し，残額は掛けとした。

入金伝票

科目	金額
売掛金	585,000
当座預金	390,000
受取家賃	461,000
売上	845,000
売掛金	325,000
売上	1,040,000
売上	1,274,000
受取利息	10,000
売上	975,000
（　　）	（　　）

振替伝票（借方）／振替伝票（貸方）

借方科目	金額	貸方科目	金額
当座預金	650,000	受取家賃	650,000
仕入	1,560,000	買掛金	1,560,000
仕入	780,000	支払手形	780,000
受取手形	1,040,000	売上	1,040,000
売上	78,000	売掛金	78,000
当座預金	390,000	受取手形	390,000
給料	1,025,000	当座預金	1,025,000
仕入	1,300,000	買掛金	1,300,000
売掛金	2,990,000	売上	2,990,000
（　　）	（　　）	（　　）	（　　）
（　　）	（　　）	（　　）	（　　）

出金伝票

科目	金額
旅費	374,000
支払手数料	22,000
借入金	880,000
仕入	1,067,000
消耗品費	55,000
当座預金	884,000
広告料	621,000
雑費	13,000
当座預金	473,000
（　　）	（　　）

仕訳集計表

令和○年/月/8日

借方	元丁	勘定科目	元丁	貸方
		現金		
		当座預金		
		受取手形		
		売掛金		
		支払手形		
		買掛金		
		借入金		
		売上		
		受取家賃		
		受取利息		
		仕入		
		給料		
		広告料		
		旅費		
		消耗品費		
		支払手数料		
		雑費		

（注意）現金勘定の記録は，合計額で示してある。

現　　金　　1

借方	貸方
1,480,000	912,000

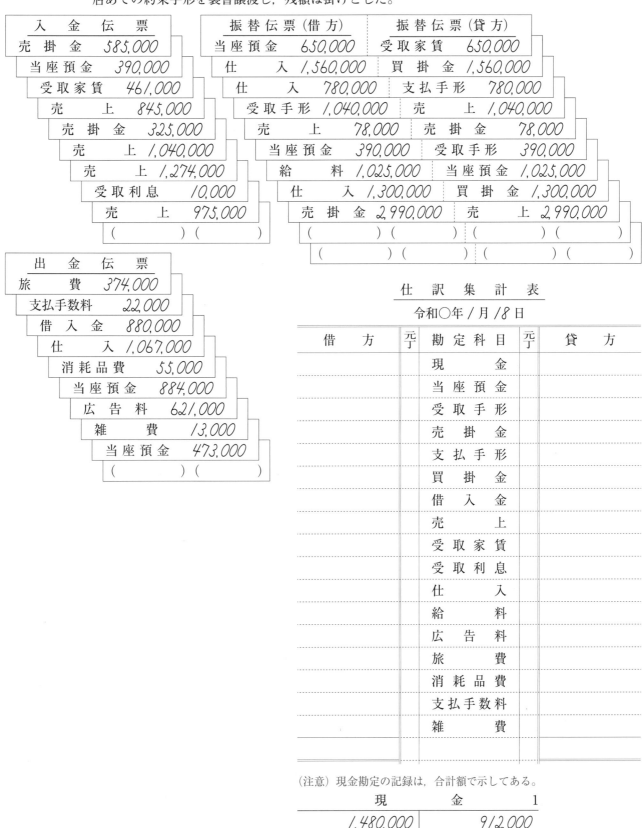

出題形式別練習問題　帳簿の問題

1 柏商店の下記の取引について，(1)総勘定元帳と，(2)現金出納帳に記入しなさい。
ただし，i　総勘定元帳の記入は，日付と金額を示せばよい。
ii　現金出納帳は月末に締め切るものとする。

取　　　引
1月15日　千葉商店に商品を注文し，内金として ¥200,000 を現金で支払った。
20日　千葉商店から次の商品を仕入れ，代金はさきに支払った内金 ¥200,000 を差し引き，残額は現金で支払った。
A　品　　600個　　@¥　800
23日　松戸商店に次の商品を販売し，代金は同店振り出しの小切手＃5で受け取った。
A　品　　200個　　@¥2,700
29日　館山商店に対する売掛金 ¥500,000 について，同店振り出しの小切手で受け取り，ただちに当座預金に預け入れた。

(1)
総　勘　定　元　帳

現　金　1

1/1　950,000	

当座預金　2

1/1　800,000	

売掛金　6

1/1　700,000	

前払金　10

売　上　24

仕　入　30

(2)
現　金　出　納　帳　1

令和○年		摘　要	収　入	支　出	残　高
1	1	前月繰越	950,000		950,000

2 岩手商店の下記の取引について，(1)総勘定元帳と，(2)当座預金出納帳に記入しなさい。
ただし，i　総勘定元帳の記入は，日付と金額を示せばよい。
ii　当座預金出納帳は月末に締め切るものとする。

取　　　引
1月4日　東北銀行と当座取引契約を結び，現金 ¥800,000 を当座預金に預け入れた。また，同銀行と ¥3,000,000 を限度額とする当座借越契約を結んだ。
10日　花巻商店に対する売掛金 ¥700,000 を同店振り出しの小切手＃6で受け取り，ただちに当座預金に預け入れた。
18日　大船渡商店から次の商品を仕入れ，代金は小切手＃1を振り出して支払った。
C　品　　600個　　@¥3,500
25日　花巻商店に次の商品を販売し，代金は同店振り出しの小切手＃9で受け取り，ただちに当座預金に預け入れた。
A　品　　500個　　@¥2,500

(1)　　総勘定元帳

現金	1
1/1　1,550,000	

当座預金	2

売掛金	6
1/1　800,000	

買掛金	17
	1/1　600,000

売上	24

仕入	30

(2)　　当座預金出納帳　　1

令和○年		摘要	預入	引出	借または貸	残高

3 滋賀商店の下記の取引について，(1)総勘定元帳と，(2)売掛金元帳に記入しなさい。

ただし，i　総勘定元帳の記入は，日付と金額を示せばよい。

ii　売掛金元帳は月末に締め切るものとする。

取　　引

1月7日　彦根商店に商品 ¥200,000 を販売し，代金は掛けとした。

11日　米原商店に商品 ¥250,000 を販売し，代金は掛けとした。

12日　米原商店に販売した商品のうち，¥50,000 が品違いのため返品された。なお，代金は売掛金から差し引くことにした。

28日　彦根商店に対する売掛金 ¥400,000 を同店振り出しの小切手で受け取った。

(1)　　総勘定元帳

現金	1
1/1　675,000	

売掛金	6
1/1　630,000	

売上	24

(2)　　売掛金元帳

彦根商店　1

令和○年		摘要	借方	貸方	借または貸	残高
1	1	前月繰越	300,000		借	300,000

米原商店　2

令和○年		摘要	借方	貸方	借または貸	残高
1	1	前月繰越	330,000		借	330,000

4 徳島商店の下記の取引について，

(1) 総勘定元帳に記入しなさい。

(2) 補助簿である仕入帳，売上帳，商品有高帳に記入しなさい。

ただし，i　総勘定元帳の記入は，日付と金額を示せばよい。

ii　商品有高帳は，先入先出法により記帳している。

iii　仕入帳，売上帳，商品有高帳は月末に締め切るものとする。

取　　引

1月6日　美馬商店から次の商品を仕入れ，代金のうち￥100,000は現金で支払い，残額は掛けとした。

A　品	100個	@￥2,060
B　品	200〃	〃〃1,300

7日　美馬商店から仕入れた次の商品を品違いのため返品し，代金は買掛金から差し引くことにした。

B　品	20個	@￥1,300

11日　小松商店に次の商品を販売し，代金は掛けとした。

A　品	70個	@￥6,500

24日　吉野川商店に次の商品を販売し，代金のうち￥400,000は同店振り出しの約束手形で受け取り，残額は掛けとした。

B　品	200個	@￥3,000

25日　吉野川商店に販売した上記の商品のうち，一部品違いがあったため，次のとおり返品された。なお，この代金は売掛金から差し引くことにした。

B　品	20個	@￥3,000

(1)

総　勘　定　元　帳

現　　金　1

1/1　1,210,000	

受取手形　5

1/1　350,000	

売　掛　金　6

1/1　850,000	

買　掛　金　17

	1/1　800,000

売　　上　24

仕　　入　30

(2) (注意) 各帳簿は締め切ること。

仕　入　帳　　1

令和○年		摘　要	内　訳	金　額

売　上　帳　　1

令和○年		摘　要	内　訳	金　額

商　品　有　高　帳

(先入先出法)　(品名)　A　品　(単位：個)

令和○年		摘　要	受入 数量	受入 単価	受入 金額	払出 数量	払出 単価	払出 金額	残高 数量	残高 単価	残高 金額
1	1	前月繰越	60	2,000	120,000				60	2,000	120,000

5 千葉商店の下記の取引について,

(1) 総勘定元帳に記入しなさい。

(2) 当座預金勘定, 受取手形記入帳, 支払手形記入帳, 売掛金元帳, 買掛金元帳, 商品有高帳に記入しなさい。

ただし, i 総勘定元帳の記入は, 日付と金額を示せばよい。

ii 商品有高帳は, 先入先出法により記帳している。

iii 当座預金出納帳, 売掛金元帳, 買掛金元帳, 商品有高帳は月末に締め切るものとする。

取　　引

1月12日 茨城商店から次の商品を仕入れ, 代金は掛けとした。

A 品 100枚 @¥2,500

B 品 100 〃 〃〃1,300

14日 群馬商店に次の商品を販売し, 代金は掛けとした。

A 品 120枚 @¥5,600

16日 栃木商店から次の商品を仕入れ, 代金はさきに支払ってある内金 ¥100,000 を差し引き, 残額は掛けとした。

A 品 200枚 @¥2,800

18日 埼玉商店に次の商品を販売し, 代金は掛けとした。

C 品 180枚 @¥6,000

21日 茨城商店に対する買掛金 ¥180,000 の支払いとして, 小切手#8を振り出した。

23日 群馬商店に対する売掛金 ¥451,000 が, 当店の当座預金口座に振り込まれたとの連絡を取引銀行から受けた。

25日 栃木商店に対する買掛金の支払いとして, 次の約束手形を振り出した。

金　額 ¥387,500 手形番号 16

振 出 日 1月25日 支払期日 3月25日

支払場所 北銀行本店

27日 埼玉商店から売掛金の一部について, 次の同店振り出しの約束手形で受け取った。

金　額 ¥170,000 手形番号 7

振 出 日 1月27日 支払期日 4月27日

支払場所 東銀行本店

29日 東京商店あてに振り出していた約束手形 ¥551,000 (#15) が期日となり, 当店の当座預金口座から支払われたむね, 取引銀行から通知を受けた。

(1)

総　勘　定　元　帳

現　金		1
1/1 300,000		

当座預金		2
1/1 2,500,000		

受取手形		5

売 掛 金		6
1/1 1,350,000		

前 払 金		8
1/1 250,000		

支払手形		17
	1/4 551,000	

買 掛 金		18
	1/1 846,000	

売　上		24

仕　入		30
1/4 551,000		

(2)

当 座 預 金 出 納 帳　　1

令和○年		摘　要	預　入	引　出	借または貸	残　高
1	1	前 月 繰 越	2,500,000		借	2,500,000

受取手形記入帳

令和○年		摘要	金額	手形種類	手形番号	支払人	振出人または裏書人	振出日		満期日		支払場所	てん末		
													月	日	摘要

支払手形記入帳

令和○年		摘要	金額	手形種類	手形番号	受取人	振出人	振出日		満期日		支払場所	てん末		
													月	日	摘要
1	4	仕入れ	551,000	約手	15	東京商店	当店	1	4	1	29	北銀行本店			

売掛金元帳

埼玉商店　2

令和○年		摘要	借方	貸方	借または貸	残高
1	1	前月繰越	450,000		借	450,000

買掛金元帳

茨城商店　1

令和○年		摘要	借方	貸方	借または貸	残高
1	1	前月繰越		320,000	貸	320,000

商品有高帳

(先入先出法)　(品名)　A品　(単位：枚)

令和○年		摘要	受入			払出			残高		
			数量	単価	金額	数量	単価	金額	数量	単価	金額
1	1	前月繰越	100	2,450	245,000				100	2,450	245,000

出題形式別練習問題　決算の問題

1　新宿商店(個人企業　決算年1回　12月31日)の総勘定元帳勘定残高と決算整理事項は，次のとおりであった。よって，精算表を完成しなさい。

元帳勘定残高

現　　金	¥ 3,488,000	当座預金	¥ 8,418,000	受取手形	¥ 4,000,000
売 掛 金	5,100,000	貸倒引当金	230,000	有価証券	5,000,000
繰越商品	1,078,000	建　　物	14,620,000	建物減価償却累計額	3,655,000
支払手形	3,552,000	買 掛 金	5,063,000	借 入 金	1,072,000
資 本 金	24,000,000	売　　上	35,396,000	受取家賃	619,000
受取手数料	89,000	仕　　入	20,992,000	給　　料	8,190,000
発 送 費	890,000	支払地代	660,000	保 険 料	828,000
通 信 費	350,000	雑　　費	12,000	支払利息	50,000

決算整理事項

a. 期末商品棚卸高　¥1,100,000

b. 貸倒見積高　受取手形と売掛金の期末残高に対し，それぞれ3％と見積もり，貸倒引当金を設定する。

c. 建物減価償却高　定額法による。ただし，残存価額は零（0）　耐用年数は20年とする。

d. 有価証券評価高　有価証券は，売買目的で保有している次の株式であり，時価によって評価する。

　　北海道株式会社　1,000株　　時価　1株　¥5,070

e. 郵便切手未使用高　未使用分¥50,000を次期に繰り延べる。

f. 保険料前払高　保険料のうち¥360,000は，本年3月1日に1年分の保険料として支払ったものであり，前払高を次期に繰り延べる。

g. 家賃前受高　¥　80,000

h. 地代未払高　地代は1か月¥60,000で，12月分は翌月4日に支払う契約のため，見越し計上する。

i. 手数料未収高　¥　70,000

精　　算　　表

令和○年12月31日

勘定科目	残高試算表		整理記入		損益計算書		貸借対照表	
	借　方	貸　方	借　方	貸　方	借　方	貸　方	借　方	貸　方
現　　金								
当座預金								
受取手形								
売 掛 金								
貸倒引当金								
有価証券								
繰越商品								
建　　物								
建物減価償却累計額								
支払手形								
買 掛 金								
借 入 金								
資 本 金								
売　　上								
受取家賃								
受取手数料								
仕　　入								
給　　料								
発 送 費								
支払地代								
保 険 料								
通 信 費								
雑　　費								
支払利息								
貸倒引当金繰入								
減価償却費								
有価証券評価益								
貯 蔵 品								
前払保険料								
前受家賃								
未払地代								
未収手数料								
当期純利益								

2 東京商店（個人企業　決算年１回　12月31日）の決算整理事項は，次のとおりであった。よって，(1)精算表，(2)損益計算書，(3)貸借対照表を完成しなさい。

決算整理事項

a．期末商品棚卸高　¥150,000

b．貸倒見積高　受取手形と売掛金の期末残高に対し，それぞれ2％と見積もり，貸倒引当金を設定する。

c．備品減価償却高　定率法による。ただし，償却率は25％とする。

d．有価証券評価高　有価証券は，売買目的で保有している次の株式であり，時価によって評価する。

千葉株式会社　300株　時価　1株　¥3,200

e．収入印紙未使用高　未使用分¥14,000を次期に繰り延べる。

f．保険料前払高　保険料のうち¥90,000は，本年9月1日に1年分の保険料として支払ったものであり，前払高を次期に繰り延べる。

g．家賃未払高　家賃は1か月¥34,000で，12月分は翌月4日に支払う契約のため，見越し計上する。

h．手数料未収高　¥20,000

i．利息前受高　¥9,000

(1)

精　算　表

令和○年12月31日

勘定科目	残高試算表		整理記入		損益計算書		貸借対照表	
	借方	貸方	借方	貸方	借方	貸方	借方	貸方
現金	472,000							
当座預金	1,052,000							
受取手形	672,000							
売掛金	1,128,000							
貸倒引当金		3,000						
有価証券	921,000							
繰越商品	134,000							
貸付金	384,000							
備品	576,000							
備品減価償却累計額		252,000						
支払手形		444,000						
買掛金		732,000						
資本金		3,794,000						
売上		5,174,000						
受取手数料		50,000						
受取利息		15,000						
仕入	3,374,000							
給料	1,076,000							
発送費	111,000							
支払家賃	374,000							
保険料	103,000							
租税公課	43,000							
雑費	44,000							
	10,464,000	10,464,000						
貸倒引当金繰入								
減価償却費								
有価証券評価(　)								
貯蔵品								
前払保険料								
(　)家賃								
(　)手数料								
(　)利息								
当期純(　)								

(2)

損　益　計　算　書

東京商店　　　令和○年 1 月 1 日から令和○年 12 月 31 日まで　　　(単位：円)

費　　用	金　額	収　　益	金　額
売上原価		売上高	
給料		受取手数料	
(　　)		受取利息	
(　　)		(　　)	
発送費			
支払家賃			
保険料			
租税公課			
雑費			
(　　)			

(3)

貸　借　対　照　表

東京商店　　　令和○年 12 月 31 日　　　(単位：円)

資　　産	金　額	負債および純資産	金　額
現金		支払手形	
当座預金		買掛金	
受取手形 (　　)		(　　)	
貸倒引当金 (　　)		(　　)	
売掛金 (　　)		資本金	
貸倒引当金 (　　)		(　　)	
(　　)			
(　　)			
貸付金			
貯蔵品			
(　　)			
(　　)			
備品 (　　)			
減価償却累計額 (　　)			

3 大阪商店（個人企業　決算年1回　12月31日）の総勘定元帳勘定残高と付記事項および決算整理事項は，次のとおりであった。よって，

(1) 損益計算書を完成しなさい。

(2) 貸借対照表を完成しなさい。

元帳勘定残高

現金	¥4,118,000	当座預金	¥8,018,000	受取手形	¥3,000,000
売掛金	5,300,000	貸倒引当金	36,000	有価証券	2,800,000
繰越商品	1,280,000	建物	5,480,000	建物減価償却累計額	3,288,000
備品	2,100,000	備品減価償却累計額	420,000	支払手形	5,375,000
買掛金	6,962,000	借入金	3,648,000	資本金	10,000,000
売上	37,638,000	受取家賃	3,085,000	受取手数料	400,000
仕入	26,946,000	給料	8,190,000	発送費	890,000
支払地代	1,815,000	保険料	828,000	租税公課	25,000
雑費	12,000	支払利息	50,000		

付記事項

① 堺商店に対する売掛金¥300,000が，当店の当座預金口座に振り込まれていたが，記帳していなかった。

決算整理事項

a. 期末商品棚卸高　¥1,130,000

b. 貸倒見積高　受取手形と売掛金の期末残高に対し，それぞれ3％と見積もり，貸倒引当金を設定する。

c. 減価償却高　建物：定額法による。ただし，残存価額は零（0）　耐用年数は20年とする。
備品：定率法による。ただし，償却率は20％とする。

d. 有価証券評価高　有価証券は，売買目的で保有している次の株式であり，時価によって評価する。
北海道株式会社　4,000株　時価　1株　¥680

e. 収入印紙未使用高　未使用分¥3,000を次期に繰り延べる。

f. 保険料前払高　保険料のうち¥600,000は，本年4月1日に1年分の保険料として支払ったものであり，前払高を次期に繰り延べる。

g. 地代未払高　地代は1か月¥165,000で，12月分は翌月4日に支払う契約のため，見越し計上する。

h. 家賃前受高　¥800,000

i. 手数料未収高　¥120,000

(1)

損　益　計　算　書

大阪商店　　令和○年 1 月 1 日から令和○年 12 月 31 日まで　　(単位：円)

費　用	金　額	収　益	金　額
売上原価		売上高	
給料		受取家賃	
(　　　)		(　　　)	
(　　　)			
発送費			
支払地代			
保険料			
租税公課			
雑費			
支払利息			
(　　　)			
(　　　)			

(2)

貸　借　対　照　表

大阪商店　　令和○年 12 月 31 日　　(単位：円)

資　産	金　額	負債および純資産	金　額
現金		支払手形	
当座預金		買掛金	
受取手形 (　　　)		借入金	
貸倒引当金 (　　　)		(　　　)	
売掛金 (　　　)		(　　　)	
貸倒引当金 (　　　)		資本金	
(　　　)		(　　　)	
(　　　)			
貯蔵品			
(　　　)			
(　　　)			
建物 (　　　)			
減価償却累計額 (　　　)			
備品 (　　　)			
減価償却累計額 (　　　)			

出題形式別練習問題　株式会社の問題

下記の取引の仕訳を示しなさい。ただし，勘定科目は，次のなかからもっとも適当なものを使用すること。

当座預金	仮払法人税等	未払法人税等	未払配当金
資本金	資本準備金	利益準備金	別途積立金
繰越利益剰余金	株式交付費	法人税等	損益

a．八戸商事株式会社は，事業規模拡大のため，あらたに株式700株を1株につき¥80,000で発行し，全額の引き受け・払い込みを受け，払込金は当座預金とした。ただし，払込金額のうち，1株につき¥40,000は資本金として計上しないことにした。なお，株式を発行するのに要した諸費用¥500,000は小切手を振り出して支払った。

b．盛岡商事株式会社は，第5期の決算の結果，当期純利益¥900,000を計上した。

c．郡山商事株式会社は，第3期の株主総会において，繰越利益剰余金について，次のとおり配当および処分することを決議した。ただし，繰越利益剰余金勘定の貸方残高は¥2,100,000である。

　　配当金　¥1,800,000　　利益準備金　¥180,000　　別途積立金　¥70,000

d．水戸商事株式会社（決算年1回）は，中間申告をおこない，前年度の法人税・住民税及び事業税の合計額¥2,480,000の2分の1を小切手を振り出して納付した。

e．南北商事株式会社は，第8期の決算の結果，当期純損失¥490,000を計上した。

f．宇都宮商事株式会社は，株主総会で決議された配当金¥4,600,000の支払いを東西銀行に委託し，小切手を振り出して支払った。

	借　　方	貸　　方
a		
b		
c		
d		
e		
f		

公益財団法人全国商業高等学校協会主催・文部科学省後援

第1回　簿記実務検定第2級模擬試験問題　商業簿記　（制限時間1時間30分）

1　下記の取引の仕訳を示しなさい。ただし，勘定科目は，次のなかからもっとも適当なものを使用すること。

普通預金	受取手形	有価証券	営業外受取手形
不渡手形	仮払消費税	建物	建物減価償却累計額
支払手形	買掛金	未払消費税	仮受消費税
売上	固定資産売却益	支払手数料	固定資産売却損

a．売買目的で群馬商事株式会社の株式300株を1株につき¥45,000で買い入れ，代金は買入手数料¥60,000とともに普通預金口座から支払った。

b．千葉商店に対する買掛金の支払いとして，さきに得意先茨城商店から商品代金として受け取っていた約束手形¥300,000を裏書譲渡した。

c．決算にあたり，消費税の未払額を計上した。仮払消費税勘定の残高は¥400,000　仮受消費税勘定の残高は¥550,000であった。ただし，消費税の処理は税抜き方式による。

2　次の各問いに答えなさい。

(1)　滋賀商店（個人企業　決算年1回　12月31日）における下記の資料から，次の金額を求めなさい。なお，仕入れはすべて掛け取引である。

　a．総仕入高　　b．買掛金の支払高

資　料

i　買掛金勘定残高
　前期末　¥250,000
　当期末　¥300,000

ii　繰越商品勘定残高
　前期末　¥180,000
　当期末　¥200,000

iii　売上原価　¥450,000

iv　仕入返品高　¥ 30,000

(2)　次の文を読み，下記のaとbに答えなさい。

企業では，一定時点の財政状態を明らかにするために，［　　　］を作成する。［　　　］は借方に資産の各項目と金額を記入し，貸方に負債および純資産（資本）の各項目と金額を記入する。

　a．下線部を英語表記にした場合にあてはまる語を選び，その番号を記入しなさい。
　　1．liabilities　　2．assets　　3．capital

　b．［　　　］にあてはまる語を選び，その番号を記入しなさい。
　　1．貸借対照表　　2．損益計算書

(3) 支店会計が独立している神奈川商店の下記の取引について，仕訳を示しなさい。ただし，神奈川商店は本店集中計算制度を採用している。なお，勘定科目は，次のなかからもっとも適当なものを使用すること。

現金	売掛金	買掛金	仕入
広告料	本店	横浜支店	川崎支店

a．横浜支店は，本店の仕入先に対する買掛金 ¥450,000 を現金で支払った。（横浜支店の仕訳）

b．本店は，横浜支店から発送された商品 ¥300,000（原価）を川崎支店が受け取ったとの報告を受けた。（本店の仕訳）

3 静岡商店の下記の伝票を集計し，1月22日の仕訳集計表を作成して，総勘定元帳の当座預金勘定に転記しなさい。

ただし，i 次の取引について，必要な伝票に記入したうえで集計すること。

ii 総勘定元帳の記入は，日付・金額を示せばよい。

取　　引

1月22日 かねて，古新聞などの不用品を ¥2,000 で売却し，後日受け取ることになっていた代金 ¥2,000 を現金で受け取った。

〃日 約束手形を振り出して大阪商店から借り入れていた ¥850,000 について，小切手を振り出して返済した。

入金伝票	
当座預金	132,000
当座預金	332,000
売上	210,000
売掛金	218,000
当座預金	147,000
売掛金	159,000
(　　)	(　　)

出金伝票	
雑費	2,000
買掛金	202,000
当座預金	141,000
買掛金	292,000
水道光熱費	25,000
消耗品費	3,000
(　　)	(　　)

振替伝票（借方）		振替伝票（貸方）	
当座預金	478,000	売掛金	478,000
広告料	52,000	当座預金	52,000
買掛金	182,000	当座預金	182,000
仕入	371,000	買掛金	371,000
仕入	217,000	買掛金	217,000
売掛金	799,000	売上	799,000
(　　)	(　　)	(　　)	(　　)

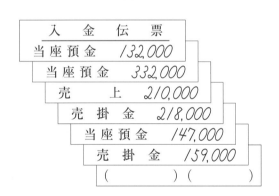

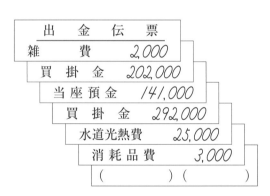

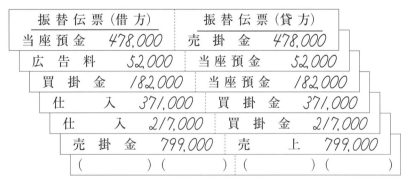

4 広島商店の下記の取引について,

(1) 総勘定元帳に記入しなさい。

(2) 補助簿である当座預金出納帳, 売上帳, 売掛金元帳, 商品有高帳に記入しなさい。

ただし, i 総勘定元帳の記入は, 日付と金額を示せばよい。

ii 商品有高帳は, 先入先出法により記帳している。

iii 当座預金出納帳, 売上帳, 売掛金元帳, 商品有高帳は月末に締め切るものとする。

取　　引

1月10日 呉商店に8日に売り渡した商品の一部について, 次のとおり返品された。なお, この代金は売掛金から差し引くことにした。

A 品　12個　@¥ 900

12日 尾道商店から次の商品を仕入れ, 代金は掛けとした。

A 品　450個　@¥ 720

B 品　500 〃　〃 〃 520

13日 福山商店に次の商品を売り渡し, 代金は同店振り出しの小切手で受け取り, ただちに当座預金に預け入れた。

A 品　300個　@¥1,000

B 品　650 〃　〃 〃 740

16日 竹原商店から次の商品を仕入れ, 代金はさきに支払ってある内金 ¥150,000 を差し引き, 残額は掛けとした。

A 品　800個　@¥ 830

19日 呉商店に対する売掛金 ¥754,000 を, 同店振り出しの約束手形で受け取った。

23日 尾道商店に対する買掛金 ¥300,000 を小切手＃9を振り出して支払った。

27日 仕入先竹原商店あてに振り出していた約束手形 ¥800,000 が, 本日, 支払期日となり当座預金口座から支払われたとの連絡を取引銀行から受けた。

5 山梨商店(個人企業　決算年1回　12月31日)の総勘定元帳勘定残高と決算整理事項は，次のとおりであった。よって，

(1) 貸借対照表を完成しなさい。

(2) 損益計算書に記載する売上原価の金額を求めなさい。

元帳勘定残高

現　　金	¥ 516,000	当座預金	¥ 3,296,000	受取手形	¥ 1,140,000
売掛金	4,160,000	貸倒引当金	3,000	有価証券	2,340,000
繰越商品	1,268,000	備　　品	2,800,000	備品減価償却累計額	1,120,000
土　　地	2,080,000	支払手形	711,000	買掛金	1,683,000
借入金	2,704,000	所得税預り金	127,000	営業外支払手形	570,000
資本金	9,444,000	売　　上	26,640,000	受取地代	100,000
仕　　入	21,170,000	給　　料	2,464,000	支払家賃	1,123,000
保険料	356,000	租税公課	107,000	雑　　費	97,000
支払利息	185,000				

決算整理事項

a．期末商品棚卸高　¥1,300,000

b．貸倒見積高　受取手形と売掛金の期末残高に対して，それぞれ1％と見積もり，貸倒引当金を設定する。

c．備品減価償却高　定率法による。ただし，償却率40％である。

d．有価証券評価高　有価証券は，売買目的で保有している次の株式であり，時価によって評価する。
　　甲府商事株式会社　1,000株　　時価　1株 ¥2,280

e．保険料前払高　保険料のうち¥240,000は，本年7月1日からの1年分を支払ったものであり，前払高を次期に繰り延べる。

f．利息未払高　¥　26,000

g．地代前受高　¥　50,000

6 下記の取引の仕訳を示しなさい。ただし，勘定科目は，次のなかからもっとも適当なものを使用すること。

現　　金	当座預金	仮払法人税等	未払法人税等
資本金	資本準備金	別途積立金	繰越利益剰余金
創立費	株式交付費	法人税等	損　　益

a．岩手商事株式会社は，設立にさいし，株式350株を1株につき¥45,000で発行し，全額の引き受け・払い込みを受け，払込金は当座預金とした。ただし，1株の払込金額のうち¥15,000は資本金に計上しないことにした。なお，設立に要した諸費用¥150,000は小切手を振り出して支払った。

b．北海道商事株式会社は，法人税・住民税及び事業税の確定申告をおこない，決算で計上した法人税等¥2,180,000から中間申告のさいに納付した¥1,100,000を差し引いた額を現金で納付した。

c．沖縄商事株式会社は，第3期の決算の結果，当期純利益¥1,320,000を計上した。

公益財団法人全国商業高等学校協会主催・文部科学省後援

第2回　簿記実務検定第2級模擬試験問題　商業簿記　（制限時間1時間30分）

1 下記の取引の仕訳を示しなさい。ただし，勘定科目は，次のなかからもっとも適当なものを使用すること。

現　　　　金	当　座　預　金	受　取　手　形	受　取　商　品　券
有　価　証　券	支　払　手　形	借　　入　　金	売　　　　上
受　取　利　息	有価証券売却益	雑　　　　益	固定資産売却益
広　告　料	有価証券売却損	雑　　　　損	固定資産売却損

a．青森商店に商品 ¥320,000 を売り渡し，代金として東北百貨店発行の商品券を受け取った。

b．さきに秋田商店から商品代金として受け取っていた同店振り出し，当店あての約束手形 ¥800,000 について，支払期日の延期の申し出があり，これを承諾した。よって，新しい約束手形を受け取り，旧手形と交換した。なお，支払期日の延期にともなう利息 ¥4,000 は現金で受け取った。

c．売買目的で保有している岩手商事株式会社の株式 190 株（1株の帳簿価額 ¥45,000）を1株につき ¥50,000 で売却し，代金は当店の当座預金口座に振り込まれた。

2 次の各問いに答えなさい。

(1) 横浜商店（個人企業　決算年1回　12月31日）における下記の資料から，次の金額を求めなさい。

a．保険料の当期支払額　　b．利息の当期受取額

資　　料

i　前期末貸借対照表（一部）

貸借対照表（一部）　（単位：円）

前払保険料	400,000	前受利息	300

ii　当期末貸借対照表（一部）

貸借対照表（一部）　（単位：円）

前払保険料	450,000	前受利息	200

iii　当期末損益計算書（一部）

損益計算書（一部）　（単位：円）

保険料	700,000	受取利息	600

(2) 次の文を読み，下記のaとbに答えなさい。

<u>仕訳帳</u>は，すべての取引を発生順に記録する帳簿である。また，すべての勘定口座が設けられ，勘定ごとにその金額の増減を記録・計算する帳簿を ＿＿＿＿ という。この二つの帳簿を主要簿という。

a．下線部＿＿＿を英語表記にした場合にあてはまる語を選び，その番号を記入しなさい。

1．journal　　2．sales book　　3．general ledger

b．＿＿＿＿ にあてはまる語を選び，その番号を記入しなさい。

1．総勘定元帳　　2．試算表

(3) 支店会計が独立している関東商店（個人企業　決算年１回　12月31日）の下記の資料によって，次の金額を計算しなさい。

a．支店勘定残高と本店勘定残高の一致額　　b．本支店合併後の売上原価

資　　料

i　12月30日における元帳勘定残高（一部）

	本　店	支　店
繰越商品	¥ 400,000	¥ 250,000
仕　入	1,320,000	850,000
支　店	1,250,000（借方）	―
本　店	―	1,150,000（貸方）

ii　12月31日における本支店間の取引

① 本店は，支店の売掛金 ¥500,000 を現金で受け取った。
支店は，その通知を受けた。

② 本店は，支店が12月29日に発送した商品 ¥100,000（原価）を受け取った。

iii　期末商品棚卸高（資料ii②の商品も含まれている。）
本　店 ¥450,000　　支　店 ¥300,000

3 長崎商店の７月１日の略式伝票から，仕訳集計表の（ア）から（エ）の金額を計算しなさい。ただし，次の取引について，必要な伝票に記入したうえで計算すること。

取　　引

７月１日　備品 ¥350,000 を購入し，代金は約束手形を振り出して支払った。
〃　日　鹿児島商店に商品 ¥400,000 を注文し，内金として ¥80,000 を現金で支払った。

入金伝票	
普通預金	199,000
売掛金	130,000
売　上	126,000
未収入金	95,000
普通預金	88,000
普通預金	79,000
（　　）	（　　）

振替伝票（借方）		振替伝票（貸方）	
売掛金	286,000	売　上	286,000
仕　入	192,000	普通預金	192,000
普通預金	589,000	売　上	589,000
仕　入	522,000	買掛金	522,000
広告料	130,000	未払金	130,000
売掛金	479,000	売　上	479,000
（　　）	（　　）	（　　）	（　　）

出金伝票	
買掛金	151,000
給　料	105,000
仕　入	219,000
買掛金	218,000
水道光熱費	60,000
雑　費	2,000
（　　）	（　　）

仕　訳　集　計　表

令和○年７月１日

借　方	元丁	勘定科目	元丁	貸　方
		現　金		（ア）
		普通預金		
		売掛金		
		前払金		
		未収入金		
		備　品		
		買掛金		
		未払金		
		（　　）		（イ）
		売　上		
（ウ）		仕　入		
		給　料		
		広告料		
		水道光熱費		
		雑　費		
（エ）				（エ）

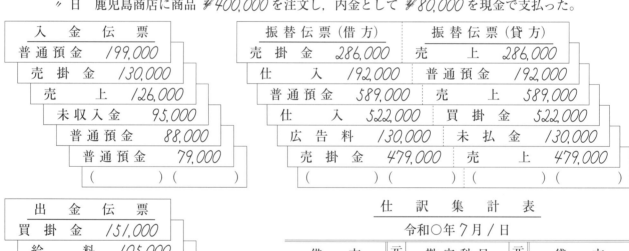

4 埼玉商店の下記の取引について，

(1) 総勘定元帳に記入しなさい。

(2) 補助簿である当座預金出納帳，仕入帳，買掛金元帳，商品有高帳に記入しなさい。

ただし，i 総勘定元帳の記入は，日付と金額を示せばよい。

ii 商品有高帳は，移動平均法により記帳している。

iii 当座預金出納帳，仕入帳，買掛金元帳，商品有高帳は月末に締め切るものとする。

取　　引

6月10日 浦和商店から次の商品を仕入れ，代金は掛けとした。

A 品	400個	@¥ 350
B 品	200 〃	〃 〃 880

13日 浦和商店から10日に仕入れた商品の一部について，次のとおり返品した。なお，この代金は買掛金から差し引くことにした。

A 品	10個	@¥ 350

14日 川越商店に次の商品を売り渡し，代金は掛けとした。

A 品	150個	@¥ 500
B 品	250 〃	〃 〃 1,240

17日 所沢商店に次の商品を売り渡し，代金は同店振り出しの小切手で受け取り，ただちに当座預金に預け入れた。

A 品	200個	@¥ 550

20日 熊谷商店から次の商品を仕入れ，代金はさきに支払ってある内金 ¥70,000 を差し引き，残額は小切手＃5を振り出して支払った。

B 品	350個	@¥ 780

23日 川越商店に対する売掛金 ¥221,000 について，同店振り出しの約束手形で受け取った。

25日 浦和商店に対する買掛金 ¥150,000 を約束手形を振り出して支払った。

30日 得意先川口商店から受け取っていた同店振り出しの約束手形 ¥200,000 が，本日，支払期日となり当座預金口座に入金されたとの連絡を取引銀行から受けた。

5 東京商店（個人企業　決算年１回　12月31日）の総勘定元帳勘定残高と付記事項および決算整理事項は，次のとおりであった。よって，

(1) 損益計算書を完成しなさい。

(2) 貸借対照表に記載する商品の金額を求めなさい。

元帳勘定残高

現　　金	¥ 7,339,000	当座預金	¥ 5,012,000	受取手形	¥ 1,080,000
売 掛 金	2,880,000	貸倒引当金	2,000	有価証券	1,620,000
繰越商品	878,000	備　　品	1,935,000	備品減価償却累計額	774,000
土　　地	1,440,000	支払手形	2,425,600	買 掛 金	9,165,000
借 入 金	1,872,000	所得税預り金	88,000	営業外支払手形	395,000
資 本 金	6,538,000	売　　上	28,443,000	受取地代	69,000
仕　　入	14,656,000	給　　料	9,706,000	支払家賃	2,777,000
保 険 料	246,000	租税公課	74,000	雑　　費	67,000
支払利息	61,600				

付記事項

① かねて受け取っていた得意先新宿商店振り出しの約束手形¥270,000が，期日に当座預金口座に入金されたとの連絡を取引銀行から受けていたが，記帳していなかった。

決算整理事項

a．期末商品棚卸高　¥950,000

b．貸倒見積高　受取手形と売掛金の期末残高に対して，それぞれ3％と見積もり，貸倒引当金を設定する。

c．備品減価償却高　定率法による。ただし，償却率40％である。

d．有価証券評価高　有価証券は，売買目的で保有している次の株式であり，時価によって評価する。
　神奈川物産株式会社　500株　時価　１株　¥3,380

e．保険料前払高　保険料のうち¥45,000は，本年3月1日からの1年分を支払ったものであり，前払高を次期に繰り延べる。

f．利息未払高　¥　5,600

g．地代未収高　¥　51,000

6 下記の取引の仕訳を示しなさい。ただし，勘定科目は，次のなかからもっとも適当なものを使用すること。

現　　金	当座預金	仮払法人税等	未払配当金
未払法人税等	資本準備金	利益準備金	別途積立金
繰越利益剰余金	創 立 費	開 業 費	法人税等

a．仙台商事株式会社は，第6期の株主総会において，繰越利益剰余金を次のとおり配当および処分することを決議した。ただし，繰越利益剰余金勘定の貸方残高は¥3,800,000である。
　配当金　¥2,300,000　　利益準備金　¥230,000　　別途積立金　¥1,000,000

b．盛岡商事株式会社は，開業準備のための諸費用¥490,000を小切手を振り出して支払った。

c．八戸商事株式会社は，法人税・住民税及び事業税の中間申告をおこない，前年度の法人税・住民税及び事業税の合計額¥5,000,000の2分の1を，現金で納付した。

公益財団法人全国商業高等学校協会主催・文部科学省後援

第３回　簿記実務検定第２級模擬試験問題 商業簿記

（制限時間１時間30分）

1 下記の取引の仕訳を示しなさい。ただし，勘定科目は，次のなかからもっとも適当なものを使用すること。

現金	当座預金	受取手形	営業外受取手形
未収入金	建物	建物減価償却累計額	当座借越
営業外支払手形	雑益	固定資産売却益	交通費
雑費	雑損	固定資産売却損	現金過不足

a．決算にあたり，当座預金勘定の貸方残高 ¥550,000 を適切な勘定に振り替えた。

b．かねて，現金の実際有高を調べたところ ¥50,000 であり，帳簿残高より ¥5,000 不足していたため，現金過不足勘定で処理し原因を調査していたが，決算日に交通費 ¥4,000 の記帳もれであることが判明した。なお，残額 ¥1,000 については原因が不明であるため，雑損または雑益として処理する。

c．期首に，取得原価 ¥30,000,000 の建物を ¥7,500,000 で売却し，代金は約束手形で受け取った。なお，この建物の売却時における帳簿価額は ¥6,400,000 であり，これまでの減価償却高は間接法で記帳している。

2 次の各問いに答えなさい。

(1) 愛媛商店（個人企業　決算年１回　12月31日）の決算日における受取地代勘定は次のとおりであった。よって，（　①　）に入る勘定科目と（　②　）に入る金額を記入しなさい。ただし，地代は毎年１月末と７月末に経過した６か月分 ¥132,000 を受け取っている。

受取地代

1/1	（　①　）	110,000	1/31	現金	（　　）
12/31	損益	（　②　）	7/31	現金	（　　）
			12/31	（　　）	（　　）
		（　　）			（　　）

(2) 次の文について，下記の各問いに答えなさい。

現金の実際有高が，現金勘定や現金出納帳の帳簿残高とくいちがいが生じることを現金過不足という。たとえば，現金の実際有高が帳簿残高より少ないことが判明した場合には，現金過不足勘定の ＿＿＿ に記入し，原因を調査することになる。

a．下線部＿＿＿を英語表記にした場合にあてはまる語を選び，その番号を記入しなさい。

１．petty cash　　２．bank overdraft　　３．cash over and short

b．＿＿＿ にあてはまる語を選び，その番号を記入しなさい。

１．借方　　２．貸方

(3) 支店会計が独立している青森商店の下記の取引について，仕訳を示しなさい。ただし，青森商店は本店集中計算制度を採用している。なお，勘定科目は，次のなかからもっとも適当なものを使用すること。

現　　金	受取手形	売　掛　金	支払手形
買　掛　金	本　　店	岩手支店	宮城支店

a．岩手支店は，宮城支店に現金 ¥500,000 を送り，宮城支店はこれを受け取った。本店はこの通知を受けた。（宮城支店の仕訳）

b．宮城支店は，岩手支店の仕入先に対する買掛金 ¥600,000 を立て替え払いするために，かねて商品代金として受け取っていた群馬商店振り出しの約束手形 ¥600,000 を裏書譲渡した。本店と岩手支店はこの通知を受けた。（本店の仕訳）

3 岐阜商店の下記の伝票を集計し，1月18日の仕訳集計表を作成し，総勘定元帳の現金勘定に転記しなさい。
ただし，i　次の取引について，必要な伝票に記入したうえで集計すること。
　　　　ii　総勘定元帳の記入は，日付・金額を示せばよい。

取　　引

1月18日　滋賀商店に商品 ¥250,000 を売り渡し，代金は掛けとした。
　〃日　建物の修繕費 ¥56,000 を現金で支払った。

入金伝票	
売掛金	310,400
借入金	750,000
売掛金	850,000
売上	960,000
当座預金	519,000
受取家賃	500,000
売掛金	1,750,000
(　　　)	(　　　)

出金伝票	
支払利息	23,700
仕入	600,500
備品	627,200
仕入	1,502,000
給料	850,000
発送費	74,100
当座預金	1,568,000
(　　　)	(　　　)

振替伝票（借方）		振替伝票（貸方）	
受取手形	3,420,100	売上	3,420,100
当座預金	259,000	受取家賃	259,000
当座預金	960,000	売掛金	960,000
仕入	3,337,400	買掛金	3,337,400
支払手形	579,500	当座預金	579,500
買掛金	346,600	当座預金	346,600
売掛金	254,000	売上	254,000
(　　　)	(　　　)	(　　　)	(　　　)

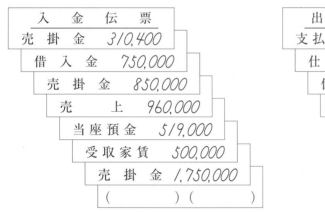

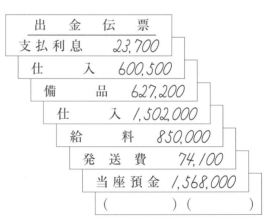

4 東京商店の下記の取引について，

(1) 総勘定元帳に記入しなさい。

(2) 補助簿である当座預金出納帳，受取手形記入帳，支払手形記入帳，売掛金元帳，買掛金元帳，商品有高帳に記入しなさい。

ただし，i 総勘定元帳の記入は，日付と金額を示せばよい。

ii 商品有高帳は，先入先出法により記帳している。

iii 当座預金出納帳，売掛金元帳，買掛金元帳，商品有高帳は月末に締め切るものとする。

取　　引

1月5日 千葉商店から次の商品を仕入れ，代金は掛けとした。

A 品 200枚 @¥3,300

10日 神奈川商店に次の商品を売り渡し，代金は掛けとした。

A 品 120枚 @¥5,000

12日 千葉商店に対する買掛金¥430,000について，現金で支払った。

20日 神奈川商店に対する売掛金¥350,000について，同店振り出しの小切手#10で受け取り，ただちに当座預金に預け入れた。

21日 山梨商店に次の商品を売り渡し，代金はさきに受け取っていた内金¥300,000を差し引き，残額は以下の同店振り出しの約束手形で受け取った。

B 品 200枚 @¥3,000

金　額 ¥300,000　手形番号 11

振出日 1月21日　支払期日 3月21日

支払場所 中銀行本店

23日 群馬商店から次の商品を仕入れ，代金は小切手#7を振り出して支払った。

A 品 40枚 @¥3,000

B 品 80〃 〃〃1,500

28日 栃木商店に対する買掛金の支払いとして，次の約束手形を振り出した。

金　額 ¥100,000　手形番号 4

振出日 1月28日　支払期日 5月28日

支払場所 東銀行本店

30日 茨城商店あてに振り出していた約束手形¥150,000（#3）が期日となり，当店の当座預金口座から支払われたむね，取引銀行から通知を受けた。

31日 山梨商店から次の商品の注文を受け，内金として¥45,000を現金で受け取った。

C 品 100枚 @¥1,200

5 石川商店（個人企業　決算年１回　12月31日）の総勘定元帳勘定残高と付記事項および決算整理事項は，次のとおりであった。よって，

(1) 貸借対照表を完成しなさい。

(2) 損益計算書に記載する貸倒引当金繰入の金額を求めなさい。

元帳勘定残高

現　金	¥ 2,573,000	当座預金	¥ 2,384,000	受取手形	¥ 1,740,000
売掛金	3,000,000	貸倒引当金	78,000	有価証券	2,423,000
繰越商品	354,000	備　品	1,514,000	備品減価償却累計額	908,400
支払手形	1,167,000	買掛金	1,926,000	借入金	500,000
仮受金	350,000	資本金	7,200,000	売　上	14,823,000
受取手数料	28,000	仕　入	8,378,000	給　料	3,335,000
発送費	295,000	支払家賃	340,000	保険料	599,000
通信費	8,000	雑　費	21,400	支払利息	16,000

付記事項

① 仮受金は，全額，得意先新潟商店からの売掛金の回収分であった。

決算整理事項

a. 期末商品棚卸高　¥350,000

b. 貸倒見積高　受取手形と売掛金の期末残高に対し，それぞれ２％と見積もり，貸倒引当金を設定する。

c. 備品減価償却高　定額法による。ただし，残存価額は零（0）耐用年数は５年とする。

d. 有価証券評価高　有価証券は，売買目的で保有している次の株式であり，時価によって評価する。
　岩手商事株式会社　3,000株　　時価　１株　¥730

e. 保険料前払高　保険料のうち ¥522,000は，本年10月１日に１年分の保険料として支払ったものであり，前払高を次期に繰り延べる。

f. 利息未払高　¥　8,500

g. 手数料未収高　¥　16,000

6 下記の取引の仕訳を示しなさい。ただし，勘定科目は，次のなかからもっとも適当なものを使用すること。

現金	当座預金	仮払法人税等	未払法人税等
資本金	利益準備金	別途積立金	繰越利益剰余金
創立費	株式交付費	法人税等	損益

a. 千葉商事株式会社は，設立にさいし，株式400株を１株につき ¥50,000で発行し，全額の引き受け・払い込みを受け，払込金は当座預金とした。なお，設立に要した諸費用 ¥320,000は小切手を振り出して支払った。

b. 東京商事株式会社は，法人税・住民税及び事業税の確定申告をおこない，決算で計上した法人税等 ¥3,000,000から中間申告のさいに納付した ¥1,800,000を差し引いた額を現金で納付した。

c. 東西商事株式会社は，第４期の決算の結果，当期純損失 ¥8,000,000を計上した。

第4回　簿記実務検定第2級模擬試験問題　商業簿記

（制限時間1時間30分）

1 下記の取引の仕訳を示しなさい。ただし，勘定科目は，次のなかからもっとも適当なものを使用すること。

現　金	当座預金	受取手形	営業外受取手形
不渡手形	建　物	建物減価償却累計額	支払手形
買掛金	営業外支払手形	未払金	引出金
支払手数料	租税公課	支払利息	固定資産売却損

a．事業主が，所得税の予定納税額の第1期分 ¥56,000 を，店の現金で納付した。

b．さきに買掛金の支払いのために振り出した岩手商店あての約束手形 ¥500,000 について，支払期日の延期を申し出て，同店の承諾を得た。よって，新しい約束手形を振り出して旧手形と交換した。なお，支払期日の延期にともなう利息 ¥7,500 は現金で支払った。

c．営業用の倉庫 ¥3,000,000 を買い入れ，代金のうち ¥2,000,000 は約束手形を振り出して支払い，残額は月末に支払うことにした。

2 次の各問いに答えなさい。

(1) 滋賀商店（個人企業　決算年1回　12月31日）における，下記の各勘定の（　①　）と（　②　）に入る金額を記入しなさい。

ただし，備品および建物の減価償却は次のとおりである。

i　備品（取得原価　¥2,000,000　償却率　20％　定率法）

ii　建物（取得原価　¥12,000,000　残存価額　零（0）　耐用年数　30年　定額法）

なお，備品は期首にすべて売却し，代金 ¥1,100,000 を全額，現金で受け取っている。

備　品

1/1 前期繰越	2,000,000	1/1 諸　口	2,000,000

備品減価償却累計額

1/1 備　品	400,000	1/1 前期繰越	400,000

建　物

1/1 前期繰越	12,000,000	12/31 次期繰越	12,000,000

建物減価償却累計額

12/31 次期繰越	（　　）	1/1 前期繰越	1,200,000
		12/31 減価償却費	（　①　）
	（　　）		（　　）

固定資産売却（　）

1/1 備　品	（　　）	12/31（　　）	（　②　）

(2) 次の簿記に関する用語を英語にしなさい。ただし，もっとも適当な語を下記の語群から選び，その番号を記入すること。

ア．負　債　　イ．貸借対照表　　ウ．有価証券

1．liabilities　　2．cash　　3．profit and loss statement

4．balance sheet　　5．securities　　6．transactions

(3) 支店会計が独立している長野商店の下記の取引について，仕訳を示しなさい。ただし，勘定科目は，次のなかからもっとも適当なものを使用すること。

現　　金　　当 座 預 金　　売　掛　金　　支 払 手 形
給　　料　　損　　　益　　本　　　店　　支　　　店

a．本店は，給料 ¥800,000 を現金で支払った。ただし，このうち ¥480,000 は支店の負担分である。
（支店の仕訳）

b．本店は，決算の結果，支店が当期純損失 ¥300,000 を計上したとの通知を受けた。（本店の仕訳）

3 茨城商店の2月20日の略式伝票から，仕訳集計表の（ア）から（エ）の金額を計算しなさい。ただし，次の取引について，必要な伝票に記入したうえで計算すること。

取　　引

2月20日　栃木商店から商品 ¥200,000 を仕入れ，代金は掛けとした。
　〃 日　群馬家具店から営業用の机 ¥150,000 を購入し，代金は月末払いとした。

入 金 伝 票

科目	金額
売掛金	175,000
売上	132,500
売掛金	240,000
普通預金	273,000
売掛金	550,000
売上	198,000
（　　　）	（　　　）

振替伝票（借方）　振替伝票（貸方）

借方科目	金額	貸方科目	金額
売掛金	4,150,500	売上	4,150,500
受取手形	780,000	売掛金	780,000
買掛金	221,000	普通預金	221,000
支払手形	149,000	普通預金	149,000
仕入	847,800	買掛金	847,800
給料	270,000	普通預金	270,000
売掛金	101,000	売上	101,000
買掛金	78,900	普通預金	78,900
（　　　）	（　　　）	（　　　）	（　　　）
（　　　）	（　　　）	（　　　）	（　　　）

出 金 伝 票

科目	金額
支払手数料	600
旅費	79,000
普通預金	541,500
雑費	4,500
従業員立替金	80,300
広告料	33,600
買掛金	700,000
仕入	248,000
（　　　）	（　　　）

仕 訳 集 計 表
令和○年2月20日

借　方	元丁	勘定科目	元丁	貸　方
（ア）		現　　金		
		普通預金		
		受取手形		
		売 掛 金		
		従業員立替金		
		備　　品		
		支払手形		
（イ）		買 掛 金		
		未 払 金		（ウ）
		売　　上		
		仕　　入		
		給　　料		
		広 告 料		
		旅　　費		
		支払手数料		
		雑　　費		
（エ）				（エ）

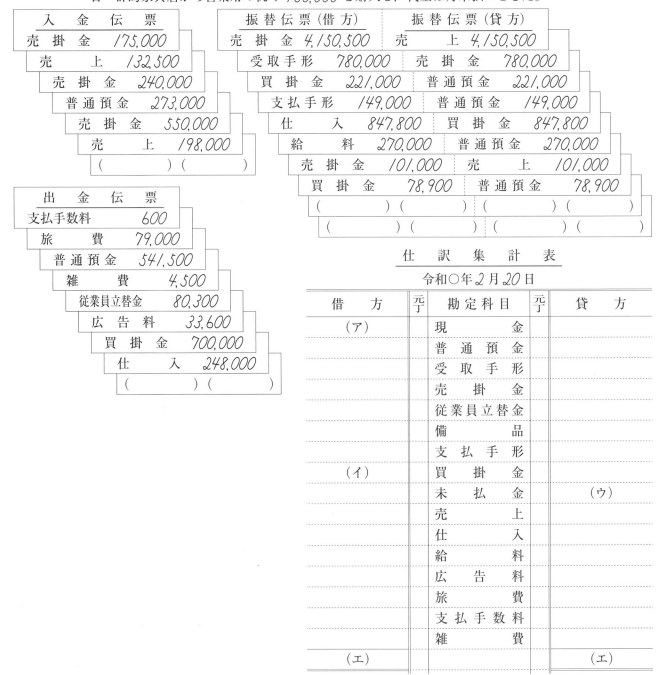

4 長野商店の下記の取引について，

(1) 総勘定元帳に記入しなさい。

(2) 補助簿である当座預金出納帳，仕入帳，支払手形記入帳，買掛金元帳に記入しなさい。

ただし，i 総勘定元帳の記入は，日付と金額を示せばよい。

ii 当座預金出納帳，仕入帳，買掛金元帳は月末に締め切るものとする。

取　　引

1月6日 松本商店に次の商品を注文し，内金として￥200,000を小切手＃13を振り出して支払った。

A 品 600個 @￥1,550

10日 塩尻商店から次の商品を仕入れ，代金は以下の約束手形を振り出して支払った。

B 品 50個 @￥ 800

C 品 300〃 〃〃1,200

No. 6 約 束 手 形

長野県塩尻市大門七番町21-5

塩尻商店 塩 尻 健 太 殿

収入印紙 200円

金額 ￥400,000※

支払期日 令和○年1月29日
支払地 長野県長野市
支払場所 中銀行本店

長野 2001
1335-064

上記金額をあなたまたはあなたの指図人へこの約束手形と引き替えにお支払いいたします

令和○年1月10日

振出地 住所 長野県長野市鶴賀緑町2983番地

振出人 長野商店 長 野 次 郎

11日 佐久商店に次の商品を売り渡し，代金は掛けとした。

A 品 150個 @￥5,000

19日 松本商店から次の商品を仕入れ，代金はさきに支払った内金￥200,000を差し引き，残額は掛けとした。

A 品 600個 @￥1,550

23日 佐久商店に対する売掛金￥320,000について，同店振り出しの小切手＃10で受け取り，ただちに当座預金に預け入れた。

24日 上田商店から次の商品を仕入れ，代金は掛けとした。なお，引取運賃￥3,000は現金で支払った。

D 品 400個 @￥1,400

25日 上田商店から仕入れた商品の一部について，次のとおり返品した。なお，この代金は買掛金から差し引くことにした。

D 品 20個 @￥1,400

27日 松本商店に対する買掛金￥800,000について，現金で支払った。

29日 塩尻商店に対して振り出していた約束手形＃6の支払期限が到来し，当店の当座預金口座から引き落とされたとの連絡が取引銀行からあった。

5 千葉商店（個人企業　決算年１回　12月31日）の総勘定元帳勘定残高と付記事項および決算整理事項は，次のとおりであった。よって，

(1) 損益計算書を完成しなさい。

(2) 貸借対照表に記載する貸倒引当金控除後の売掛金の金額を求めなさい。

元帳勘定残高

現金	¥3,541,000	当座預金	¥3,303,000	受取手形	¥2,350,000
売掛金	4,355,000	貸倒引当金	13,000	有価証券	3,225,000
繰越商品	472,000	備品	2,010,000	備品減価償却累計額	402,000
支払手形	1,554,000	買掛金	2,421,000	借入金	1,344,000
資本金	10,900,000	売上	20,200,000	受取手数料	187,000
仕入	11,809,000	給料	3,707,000	発送費	389,000
支払家賃	1,310,000	保険料	362,000	通信費	153,000
雑費	15,500	支払利息	22,500	現金過不足（貸方残高）	3,000

付記事項

① 船橋商店に対する売掛金¥380,000が当店の当座預金口座に振り込まれていたが，記帳していなかった。

決算整理事項

a．期末商品棚卸高　¥450,000

b．貸倒見積高　受取手形と売掛金の期末残高に対し，それぞれ2％と見積もり，貸倒引当金を設定する。

c．備品減価償却高　定率法による。ただし，償却率は20％とする。

d．有価証券評価高　有価証券は，売買目的で保有している次の株式であり，時価によって評価する。
　青森産業株式会社　1,000株　時価　1株　¥2,875

e．郵便切手未使用高　未使用分¥35,000を次期に繰り延べる。

f．保険料前払高　保険料のうち¥216,000は，本年9月1日に1年分の保険料として支払ったものであり，前払高を次期に繰り延べる。

g．給料未払高　¥120,000

h．現金過不足勘定の残高は決算日になっても原因が不明だったため，適切な勘定に振り替える。

6 下記の取引の仕訳を示しなさい。ただし，勘定科目は，次のなかからもっとも適当なものを使用すること。

当座預金	仮払法人税等	未払配当金	未払法人税等
資本金	資本準備金	利益準備金	新築積立金
繰越利益剰余金	創立費	株式交付費	法人税等

a．岐阜商事株式会社は，事業規模拡大のため，あらたに株式500株を1株につき¥70,000で発行し，全額の引き受け・払い込みを受け，払込金は当座預金とした。ただし，払込金額のうち，1株につき¥35,000は資本金として計上しないことにした。なお，株式を発行するのに要した諸費用¥200,000は小切手を振り出して支払った。

b．愛知商事株式会社（決算年1回）は，決算にさいし，当期の法人税・住民税及び事業税の合計額¥2,360,000を計上した。ただし，中間申告のさいに¥1,300,000を納付しており，仮払法人税等勘定で処理している。

c．静岡商事株式会社は，第2期の株主総会において，繰越利益剰余金を次のとおり配当および処分することを決議した。ただし，繰越利益剰余金勘定の貸方残高は¥1,600,000である。

　配当金　¥1,200,000　　利益準備金　¥120,000　　新築積立金　¥200,000

公益財団法人全国商業高等学校協会主催・文部科学省後援

第５回　簿記実務検定第２級模擬試験問題　商業簿記　（制限時間１時間30分）

1

下記の取引の仕訳を示しなさい。ただし，勘定科目は，次のなかからもっとも適当なものを使用すること。

現　　　　金	当　座　預　金	受　取　手　形	営業外受取手形
不　渡　手　形	仮　払　消　費　税	備　　　　品	備品減価償却累計額
買　掛　金	営業外支払手形	仮　受　消　費　税	売　　　　上
固定資産売却益	仕　　　　入	手　形　売　却　損	固定資産売却損

a．愛知商店から，商品代金として受け取っていた同店振り出しの約束手形 ¥500,000 を取引銀行で割り引き，割引料を差し引かれた手取金 ¥498,000 は当座預金とした。

b．期首に，取得原価 ¥3,000,000 の備品を ¥1,240,000 で売却し，代金は約束手形で受け取った。なお，この備品の売却時における帳簿価額は ¥1,400,000 であり，これまでの減価償却高は間接法で記帳している。

c．大阪商店は商品 ¥935,000（消費税 ¥85,000 を含む）を仕入れ，代金は掛けとした。ただし，消費税の処理方法は税抜き方式による。

2

次の各問いに答えなさい。

(1) 佐賀商店（個人企業　決算年１回　12月31日）の下記の資本金勘定と資料によって，次の金額を計算しなさい。

a．売　上　高　　　b．期末の資本金

資　本　金

12/31	引出金	330,000	1/1	前期繰越	（　　　）
〃	次期繰越	（　　　）	7/31	現　金	300,000
			12/31	損　益	（　　　）
		（　　　）			（　　　）

資　料

i　期首の資産総額 ¥2,560,000

ii　期首の負債総額 ¥2,020,000

iii　期間中の収益および費用

売　上　高	¥□	旅　　費	¥300,000
受取手数料	¥25,000	雑　　費	¥47,000
売上原価	¥3,980,000		

iv　当期純利益 ¥230,000

(2) 次の簿記に関する用語を英語にしなさい。ただし，もっとも適当な語を下記の語群から選び，その番号を記入すること。

ア．費　用　　　イ．損益計算書　　　ウ．当座借越

1．bank overdraft　　2．expenses　　3．profit and loss statement
4．bookkeeping　　5．liabilities　　6．checking account

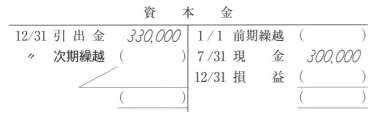

(3) 支店会計が独立している関東商店（個人企業　決算年1回　12月31日）の下記の資料によって，次の金額を計算しなさい。

a．支店勘定残高と本店勘定残高の一致額　　b．本支店合併後の通信費

資　　料

i　12月30日における元帳勘定残高（一部）

	本　店	支　店
現　金	¥130,000	¥80,000
通信費	45,000	32,000
支　店	745,000（借方）	――
本　店	――	680,000（貸方）

ii　12月31日における本支店間の取引

① 本店は，通信費 ¥29,400（うち支店負担分 ¥5,700）を現金で支払った。
支店は，その報告を受けた。

② 支店は，本店の売掛金 ¥80,300 を現金で受け取った。
本店は，その報告を受けた。

③ 支店は，本店が12月29日に送付していた送金小切手 ¥5,000 と商品 ¥60,000（原価）を受け取った。

3 千葉商店の下記の伝票を集計し，1月15日の仕訳集計表を作成して，総勘定元帳の売掛金勘定に転記しなさい。
ただし，i　次の取引について，必要な伝票に記入したうえで集計すること。
ii　総勘定元帳の記入は，日付・金額を示せばよい。
iii　仕入・売上の各取引については，取引を分解して処理する方法で起票すること。

取　　引

1月15日　名古屋商店に商品 ¥150,000 を売り渡し，代金は自治体発行の商品券 ¥50,000 を受け取り，残額は掛けとした。

〃日　横浜商店から商品 ¥300,000 の注文を受け，内金として ¥30,000 を同店振り出しの小切手で受け取った。

入金伝票	
売掛金	75,000
売　上	612,500
売掛金	70,300
当座預金	263,500
売掛金	13,000
売　上	250,000
売　上	89,300
(　　)	(　　)

出金伝票	
交通費	89,700
当座預金	890,700
水道光熱費	25,500
租税公課	2,100
雑　費	1,800
仕　入	150,000
買掛金	216,000
(　　)	(　　)

振替伝票（借方）		振替伝票（貸方）	
売掛金	363,500	売　上	363,500
支払利息	400	当座預金	400
買掛金	60,000	仕　入	60,000
買掛金	169,000	当座預金	169,000
仕　入	347,800	買掛金	347,800
売掛金	230,000	売　上	230,000
仕　入	57,900	当座預金	57,900
(　　)	(　　)	(　　)	(　　)
(　　)	(　　)	(　　)	(　　)

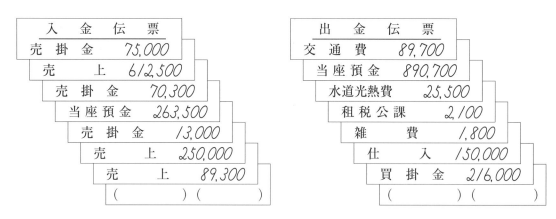

4 熊本商店の下記の取引について，

(1) 総勘定元帳に記入しなさい。

(2) 補助簿である当座預金出納帳，売上帳，売掛金元帳，買掛金元帳，商品有高帳に記入しなさい。

ただし，i 総勘定元帳の記入は，日付と金額を示せばよい。

ii 商品有高帳は，移動平均法により記帳している。

iii 当座預金出納帳，売上帳，売掛金元帳，買掛金元帳，商品有高帳は月末に締め切るものとする。

取　　引

1月5日 八代商店から次の商品を仕入れ，代金は掛けとした。

A 品 200個 @¥220

8日 阿蘇商店に次の商品を売り渡し，代金は掛けとした。

B 品 500個 @¥900

10日 8日に阿蘇商店に売り渡した商品について，品違いがありB品100個が返品された。代金は売掛金から差し引くことにした。

12日 八代商店に対する買掛金 ¥209,000 について，現金で支払った。

17日 天草商店に次の商品を売り渡し，代金はさきに受け取っていた内金 ¥200,000 を差し引き，残額は掛けとした。

A 品 700個 @¥780

C 品 200〃 〃〃300

25日 かねて阿蘇商店から受け取っていた約束手形＃7の支払期日が到来し，手形金額 ¥350,000 が当店の当座預金口座へ入金されたとの通知が取引銀行からあった。

28日 天草商店から商品の注文を受け，商品代金の一部として ¥100,000 を同店振り出しの小切手＃11で受け取った。

29日 人吉商店から次の商品を仕入れ，代金は小切手＃4を振り出して支払った。

A 品 250個 @¥200

30日 かねて八代商店に対して振り出していた約束手形＃13の支払期日が到来し，手形金額 ¥280,000 が当店の当座預金口座から引き落とされたとの通知が取引銀行からあった。

5 神奈川商店（個人企業　決算年１回　12月31日）の総勘定元帳勘定残高と決算整理事項は，次のとおりであった。よって，精算表を完成しなさい。

元帳勘定残高

現　金	¥3,775,000	当座預金	¥2,472,000	受取手形	¥2,250,000
売掛金	2,850,000	貸倒引当金	100,000	有価証券	2,900,000
繰越商品	560,000	建　物	3,450,000	建物減価償却累計額	2,070,000
備　品	800,000	備品減価償却累計額	200,000	支払手形	1,887,000
買掛金	3,115,000	借入金	1,632,000	資本金	8,000,000
売　上	6,992,000	受取家賃	1,800,000	受取手数料	40,000
仕　入	5,434,000	給　料	183,000	発送費	473,000
支払地代	250,000	保険料	350,000	租税公課	50,000
雑　費	35,000	支払利息	4,000		

決算整理事項

a．期末商品棚卸高　¥655,000

b．貸倒見積高　受取手形と売掛金の期末残高に対し，それぞれ2％と見積もり，貸倒引当金を設定する。

c．減価償却高　建物：定額法による。ただし，残存価額は零（0）耐用年数は10年とする。
　備品：定率法による。ただし，償却率は25％とする。

d．有価証券評価高　有価証券は，売買目的で保有している次の株式であり，時価によって評価する。
　東京商事株式会社　50株　時価　1株　¥57,000

e．収入印紙未使用高　未使用分¥12,000を次期に繰り延べる。

f．保険料前払高　保険料のうち¥276,000は，本年4月1日に1年分の保険料として支払ったものであり，前払高を次期に繰り延べる。

g．家賃前受高　¥40,000

h．利息未払高　¥14,000

i．手数料未収高　¥5,000

6 石川商事株式会社（決算年１回　3月31日）の下記の各勘定と資料によって，次の金額を計算しなさい。

a．売上原価　　b．決算日における法人税等の未払額

c．繰越利益剰余金勘定の次期繰越高

損　　益

3/31	仕　入	（　　）	3/31	売　上	6,320,000
〃	給　料	834,000			
〃	減価償却費	400,000			
〃	雑　費	70,000			
〃	法人税等	770,000			
〃	繰越利益剰余金	（　　）			
		6,320,000			6,320,000

繰越利益剰余金

6/27	未払配当金	900,000	4/1	前期繰越	2,450,000
〃	利益準備金	90,000	3/31	損　益	（　　）
〃	別途積立金	1,340,000			
3/31	次期繰越	（　　）			
		（　　）			（　　）

資　　料

i　期首商品棚卸高　¥850,000

ii　期末商品棚卸高　¥640,000

iii　当期商品仕入高　¥2,240,000

iv　中間申告時の納付額　¥310,000

公益財団法人全国商業高等学校協会主催・文部科学省後援

第6回　簿記実務検定第2級模擬試験問題　商業簿記　（制限時間1時間30分）

1 下記の取引の仕訳を示しなさい。ただし，勘定科目は，次のなかからもっとも適当なものを使用すること。

現金	当座預金	受取手形	有価証券
不渡手形	貸付金	手形貸付金	備品減価償却累計額
支払手形	営業外支払手形	仮受消費税	売上
受取利息	固定資産売却益	支払手数料	固定資産売却損

a．商品代金として秋田商店から裏書きのうえ譲り受けていた約束手形 ¥100,000 が不渡りとなったため，同店に償還請求をした。なお，この償還請求の諸費用 ¥2,000 を現金で支払った。

b．約束手形によって貸し付けていた ¥800,000 の返済を受け，その利息 ¥16,000 とともに小切手で受け取り，ただちに当座預金とした。

c．売買目的で高知商事株式会社の株式40株を1株につき ¥22,000 で買い入れ，代金は買入手数料 ¥5,000 とともに小切手を振り出して支払った。

2 次の各問いに答えなさい。

(1) 愛媛商店（個人企業）の下記の資料によって，次の金額を求めなさい。

a．売上原価　　b．期首の売掛金

資料

i　売掛金および商品

	（期首）	（期末）
売掛金	¥ □	¥1,200,000
商品	350,000	430,000

ii　期間中の売上高　¥3,950,000（掛け ¥2,830,000　現金 ¥1,120,000）

iii　期間中の仕入高　¥2,400,000（掛け ¥1,820,000　現金 ¥ 580,000）

iv　売掛金回収高　¥1,950,000（現金 ¥ 890,000　約束手形 ¥1,060,000）

v　売掛金貸し倒れ高　¥ 70,000

(2) 次の文について，下記の各問いに答えなさい。

決算にあたり，受取家賃などの<u>収益</u>の受取高のうちに，次期以降の収益となる部分が含まれている場合は，前受高を収益の勘定から差し引くとともに，前受家賃勘定などに記入し，次期に繰り延べる。これを，収益の繰り延べという。前受家賃などは前受収益という □ であるため，貸借対照表に記載する。

a．下線部＿＿＿を英語表記にした場合にあてはまる語を選び，その番号を記入しなさい。

1．revenues　　2．assets　　3．expenses

b．□ にあてはまる語を選び，その番号を記入しなさい。

1．資産　　2．負債　　3．資本

(3) 支店会計が独立している岐阜商店の下記の取引について，各支店と本店の仕訳を示しなさい。ただし，岐阜商店は本店集中計算制度を採用している。なお，勘定科目は，次のなかからもっとも適当なものを使用すること。

当座預金　受取手形　売掛金　支払手形
広告料　本店　三重支店　愛知支店

a．三重支店は，愛知支店の広告料 ¥450,000 を小切手を振り出して支払った。愛知支店と本店はこの通知を受けた。

b．三重支店は，愛知支店の得意先に対する売掛金 ¥200,000 を約束手形で受け取った。本店と愛知支店はこの通知を受けた。

3 埼玉商店の5月17日の略式伝票から，仕訳集計表の（ア）から（エ）の金額を計算しなさい。ただし，次の取引について，必要な伝票に記入したうえで計算すること。なお，仕入・売上の各取引については，代金の決済条件にかかわらず，すべて，いったん掛け取引として処理する方法によっている。

取　引

5月17日　神奈川商店に商品 ¥350,000 を売り渡し，代金は千葉商店振り出し神奈川商店あての約束手形を裏書譲渡された。

〃日　東京商店から商品代金の内金として ¥50,000 を現金で受け取った。

入金伝票

科目	金額
売掛金	252,000
売掛金	659,000
当座預金	660,000
売掛金	237,600
受取利息	600
売掛金	432,000
(　　)	(　　)

出金伝票

科目	金額
支払手数料	700
旅費	94,800
当座預金	649,800
雑費	5,400
広告料	40,300
買掛金	840,000
当座預金	297,600
(　　)	(　　)

振替伝票（借方）・振替伝票（貸方）

借方科目	金額	貸方科目	金額
売掛金	580,600	売上	580,600
売掛金	936,000	売上	936,000
売上	66,000	売掛金	66,000
買掛金	221,000	当座預金	221,000
支払手形	165,200	当座預金	165,200
仕入	1,017,300	買掛金	1,017,300
給料	270,000	当座預金	270,000
(　　)	(　　)	(　　)	(　　)
(　　)	(　　)	(　　)	(　　)

仕訳集計表

令和○年5月17日

借方	元丁	勘定科目	元丁	貸方
（ア）		現金		
		当座預金		（イ）
		受取手形		
		売掛金		（ウ）
		支払手形		
		買掛金		
		前受金		
		売上		
		受取利息		
		仕入		
		給料		
		広告料		
		旅費		
		支払手数料		
		雑費		
（エ）				（エ）

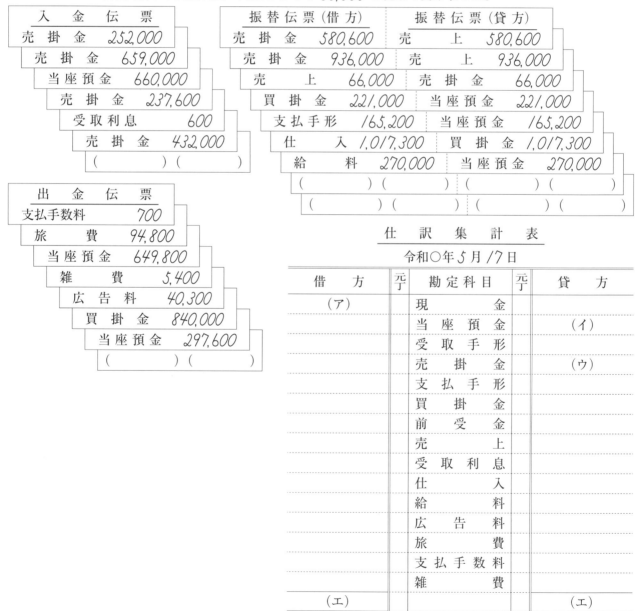

4 北海道商店の下記の取引について,

(1) 総勘定元帳に記入しなさい。

(2) 補助簿である現金出納帳,受取手形記入帳,支払手形記入帳,売掛金元帳,商品有高帳に記入しなさい。

ただし,i 総勘定元帳の記入は,日付と金額を示せばよい。

ii 商品有高帳は,先入先出法により記帳している。

iii 現金出納帳,売掛金元帳,商品有高帳は月末に締め切るものとする。

取　　引

5月11日 宮城商店に次の商品を売り渡し,代金は掛けとした。

C 品	100枚	@¥5,500

13日 岩手商店から次の商品を仕入れ,代金はさきに支払ってある内金 ¥70,000 を差し引き,残額は掛けとした。

A 品	100枚	@¥1,350

15日 秋田商店に次の商品を売り渡し,代金は掛けとした。

A 品	70枚	@¥3,300
B 品	130 〃	〃〃4,000

17日 青森商店から次の商品を仕入れ,代金は掛けとした。

A 品	150枚	@¥1,500
B 品	200 〃	〃〃1,800

22日 青森商店に対する買掛金 ¥170,000 について,現金で支払った。

24日 秋田商店に対する売掛金 ¥230,000 について,同店振り出しの小切手#25で受け取った。

28日 岩手商店に対する買掛金の支払いとして,次の約束手形を振り出した。

金　額 ¥260,000　手形番号 11

振出日 5月28日　支払期日 7月28日

支払場所 東銀行本店

29日 宮城商店から売掛金の一部について,次の同店振り出しの約束手形で受け取った。

金　額 ¥120,000　手形番号 7

振出日 5月29日　支払期日 8月29日

支払場所 北銀行本店

30日 福島商店あてに振り出していた約束手形 ¥200,000(#10)が期日となり,当店の当座預金口座から支払われたむね,取引銀行から通知を受けた。

5 熊本商店（個人企業　決算年１回　12月31日）の総勘定元帳勘定残高と付記事項および決算整理事項は，次のとおりであった。よって，

(1) 総勘定元帳の損益勘定に必要な記入をおこないなさい。

(2) 貸借対照表に記載する有価証券の金額を求めなさい。

元帳勘定残高

現金	¥5,557,000	当座預金	¥5,049,000	受取手形	¥3,742,000
売掛金	6,308,000	貸倒引当金	19,000	有価証券	5,131,000
繰越商品	750,000	建物	3,210,000	建物減価償却累計額	1,926,000
支払手形	2,471,000	買掛金	4,080,000	借入金	2,138,000
資本金	16,068,000	売上	31,390,000	受取家賃	239,000
受取手数料	59,000	仕入	18,990,000	給料	7,063,000
広告料	626,000	支払地代	600,000	保険料	1,270,000
通信費	15,000	雑費	45,000	支払利息	34,000

付記事項

① 広告料 ¥150,000 を現金で支払ったさい，誤って貸借反対に記帳していたので，これを訂正した。

決算整理事項

a．期末商品棚卸高　¥800,000

b．貸倒見積高　受取手形と売掛金の期末残高に対し，それぞれ２％と見積もり，貸倒引当金を設定する。

c．建物減価償却高　定額法による。ただし，残存価額は零（0）耐用年数は15年とする。

d．有価証券評価高　有価証券は，売買目的で保有している次の株式であり，時価によって評価する。

　　青森産業株式会社　1,000株　時価　1株 ¥4,898

e．保険料前払高　保険料のうち ¥938,400 は，本年６月１日に１年分の保険料として支払ったものであり，前払高を次期に繰り延べる。

f．地代未払高　¥120,000

g．家賃未収高　¥72,000

6 下記の取引の仕訳を示しなさい。ただし，勘定科目は，次のなかからもっとも適当なものを使用すること。

現金	当座預金	仮払法人税等	未払法人税等
未払配当金	利益準備金	別途積立金	繰越利益剰余金
創立費	開業費	法人税等	損益

a．福井商事株式会社は，開業準備のための諸費用 ¥600,000 を小切手を振り出して支払った。

b．石川商事株式会社（決算年１回）は，法人税・住民税及び事業税の中間申告をおこない，前年度の法人税・住民税及び事業税の合計額 ¥2,200,000 の２分の１を，現金で納付した。

c．富山商事株式会社は，第７期の株主総会において，繰越利益剰余金 ¥6,000,000 について，次のとおり剰余金の配当および処分が決議された。

　　配当金 ¥3,500,000　　利益準備金 ¥350,000　　別途積立金 ¥2,000,000

公益財団法人全国商業高等学校協会主催・文部科学省後援

第7回　簿記実務検定第2級模擬試験問題　商業簿記

（制限時間1時間30分）

1

下記の取引の仕訳を示しなさい。ただし，勘定科目は，次のなかからもっとも適当なものを使用すること。

現金	売掛金	営業外受取手形	仮払消費税	
支払手形	借入金	未払消費税	仮受消費税	
引出金	売上	受取手数料	雑益	
仕入	租税公課	雑損	現金過不足	

a．かねて，現金の実際有高を調べたところ ¥200,000 であり，帳簿残高より ¥10,000 多かったため，現金過不足勘定で処理し原因を調査していたが，¥8,000 については仲介手数料の記帳もれであることが判明した。なお，残額については，決算日になっても原因が不明であるため，雑損または雑益として処理する。

b．事業主が私用のため，原価 ¥4,000 の商品を使用した。

c．沖縄商店は商品 ¥462,000（消費税 ¥42,000 を含む）を売り渡し，代金は掛けとした。ただし，消費税の処理方法は税抜き方式による。

2

次の各問いに答えなさい。

(1) 埼玉商店（個人企業　決算年1回　12月31日）の決算日における支払家賃勘定は次のとおりであった。よって，（　①　）に入る勘定科目と（　②　）に入る金額を記入しなさい。ただし，毎年7月末と1月末に経過した6か月分の家賃を支払う契約となっている。

支　払　家　賃

1/31	現　金	(　　　)	1/1	(　①　)	325,000
7/31	現　金	(　　　)	12/31	(　　　)	(　②　)
12/31	(　　　)	(　　　)			
		(　　　)			(　　　)

(2) 次の文について，下記の各問いに答えなさい。

建物・備品・車両運搬具などの固定資産は，使用したり，時が経過したりするにつれ価値が減少するため，決算にあたり，減価償却をおこなう必要がある。減価償却の記帳法のうち，固定資産ごとに設けた減価償却累計額勘定に当期の減価償却費を記入する方法を，［　　　　］という。

a．下線部＿＿＿＿を英語表記にした場合にあてはまる語を選び，その番号を記入しなさい。

1．fixed assets　　2．stock ledger　　3．net assets

b．［　　　　］にあてはまる語を選び，その番号を記入しなさい。

1．定額法　　2．定率法　　3．直接法　　4．間接法

(3) 支店会計が独立している長野商店の下記の取引について，本店と支店の仕訳を示しなさい。ただし，勘定科目は，次のなかからもっとも適当なものを使用すること。

現　　金	当座預金	受取手形	売　掛　金
仕　　入	給　　料	本　　店	支　　店

a．本店は，支店の得意先から売掛金 ¥300,000 を約束手形で受け取り，支店にこの通知をした。

b．本店は，支店に商品 ¥400,000（原価）を送付し，支店はこれを受け取った。

3 沖縄商店の下記の伝票を集計し，1月21日の仕訳集計表を作成して，総勘定元帳の売上勘定に転記しなさい。

ただし，i　次の取引について，必要な伝票に記入したうえで集計すること。

ii　総勘定元帳の記入は，日付・金額を示せばよい。

iii　仕入・売上の各取引については，取引を分解して処理する方法で起票すること。

取　　引

1月21日　鹿児島商店に商品 ¥540,000 を売り渡し，代金のうち ¥300,000 は同店振り出しの約束手形を受け取り，残額は掛けとした。

〃 日　九州百貨店発行の商品券 ¥150,000 を発行元に引き渡し，同額を現金で受け取った。

入金伝票	
普通預金	504,000
受取家賃	272,000
売掛金	162,900
受取利息	52,500
売上	393,700
売掛金	446,000
売上	262,000
売上	720,000
(　　　)	(　　　)

出金伝票	
旅費	80,000
普通預金	300,000
借入金	200,000
広告料	400,000
仕入	526,000
雑費	2,200
普通預金	12,900
消耗品費	30,200
(　　　)	(　　　)

振替伝票（借方）		振替伝票（貸方）	
普通預金	135,000	受取家賃	135,000
仕入	353,000	買掛金	353,000
普通預金	1,504,000	売掛金	1,504,000
給料	550,000	普通預金	550,000
受取手形	179,000	売上	179,000
仕入	800,000	買掛金	800,000
買掛金	300,000	普通預金	300,000
売掛金	1,200,000	売上	1,200,000
(　　　)	(　　　)	(　　　)	(　　　)
(　　　)	(　　　)	(　　　)	(　　　)

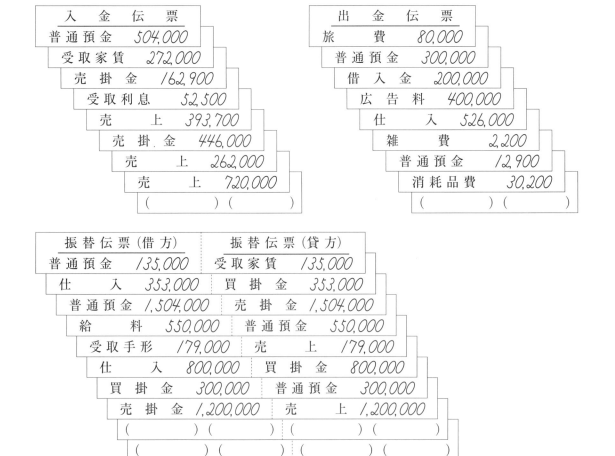

4 神奈川商店の下記の取引について，

(1) 総勘定元帳に記入しなさい。

(2) 補助簿である当座預金出納帳，売上帳，受取手形記入帳，売掛金元帳，買掛金元帳に記入しなさい。

ただし，i 総勘定元帳の記入は，日付と金額を示せばよい。

ii 当座預金出納帳，売上帳，売掛金元帳，買掛金元帳は月末に締め切るものとする。

取　　引

1月3日 相模原商店に次の商品を売り渡し，代金のうち ¥325,000 は以下の同店振り出しの約束手形を受け取り，残額は掛けとした。

B　品　100個　@¥300

C　品　500 〃　〃〃740

金　額 ¥325,000　手形番号 10

振出日 1月3日　支払期日 1月30日

支払場所 東銀行本店

7日 従業員の出張にあたり，旅費の概算額 ¥100,000 を現金で渡した。

10日 相模原商店に3日に売り渡した商品について，品違いがありC品100個が返品された。なお，この代金は売掛金から差し引くことにした。

12日 横須賀商店から次の商品を仕入れ，代金は掛けとした。

A　品　450個　@¥280

14日 横浜商店に対する売掛金 ¥150,000 について，次の同店振り出しの約束手形で受け取った。

金　額 ¥150,000　手形番号 12

振出日 1月14日　支払期日 3月14日

支払場所 南銀行本店

18日 横須賀商店に対する買掛金 ¥130,000 について，小切手#5を振り出して支払った。

22日 横浜商店に次の商品を売り渡し，代金は掛けとした。なお，当店負担の発送費 ¥2,000 は現金で支払った。

A　品　800個　@¥900

26日 横須賀商店から次の商品を仕入れ，代金のうち ¥150,000 は横浜商店振り出しの約束手形#12を裏書譲渡し，残額は掛けとした。

C　品　600個　@¥390

30日 相模原商店から受け取っていた約束手形#10の支払期日が到来し，当店の当座預金口座に入金されたとの連絡が取引銀行からあった。

5 山形商店（個人企業　決算年１回　12月31日）の総勘定元帳勘定残高と付記事項および決算整理事項は，次のとおりであった。よって，

⑴　貸借対照表を完成しなさい。

⑵　売上総利益を求めなさい。

元帳勘定残高

現　　　金	¥1,084,000	当座預金（貸方残高）	¥270,000	受取手形	¥1,680,000
売　掛　金	2,950,000	貸倒引当金	9,600	有価証券	2,304,000
繰越商品	337,200	備　　　品	1,440,000	備品減価償却累計額	360,000
支払手形	1,110,000	買　掛　金	1,828,800	前　受　金	120,000
仮　受　金	100,000	資　本　金	4,542,400	売　　　上	10,035,500
有価証券売却益	108,000	仕　　　入	4,435,400	給　　　料	2,559,400
発　送　費	278,400	支払家賃	936,000	保　険　料	259,200
租税公課	109,500	雑　　　費	111,200		

付記事項

①　仮受金¥100,000は，秋田商店に対する売掛金の回収額であることが判明した。

決算整理事項

a．期末商品棚卸高　　¥320,000

b．貸倒見積高　　受取手形と売掛金の期末残高に対し，それぞれ1％と見積もり，貸倒引当金を設定する。

c．備品減価償却高　　定率法による。ただし，償却率は25％とする。

d．有価証券評価高　　有価証券は，売買目的で保有している次の株式であり，時価によって評価する。
　　東京産業株式会社　50株　　時価　1株　¥48,000

e．収入印紙未使用高　　未使用分¥40,000を次期に繰り延べる。

f．保険料前払高　　保険料のうち¥195,000は，本年5月1日に1年分の保険料として支払ったものであり，前払高を次期に繰り延べる。

g．家賃未払高　　¥60,000

h．当座預金の貸方残高¥270,000を当座借越勘定に振り替える。なお，当店は取引銀行との間に¥2,000,000を借越限度額とする当座借越契約を締結している。

6 下記の取引の仕訳を示しなさい。ただし，勘定科目は，次のなかからもっとも適当なものを使用すること。

現　　　金	当座預金	仮払法人税等	未払法人税等
未払配当金	資　本　金	利益準備金	別途積立金
繰越利益剰余金	株式交付費	法人税等	損　　　益

a．兵庫商事株式会社は，株主総会で決議された配当金¥4,200,000の支払いを取引銀行に委託し，小切手を振り出して支払った。

b．大阪商事株式会社（決算年1回）は，法人税・住民税及び事業税の中間申告をおこない，前年度の法人税・住民税及び事業税の合計額¥3,500,000の2分の1を，現金で納付した。

c．京都商事株式会社は，第3期の決算の結果，当期純利益¥900,000を計上した。

公益財団法人全国商業高等学校協会主催・文部科学省後援

第８回　簿記実務検定第２級模擬試験問題　商業簿記　（制限時間１時間30分）

1　下記の取引の仕訳を示しなさい。ただし，勘定科目は，次のなかからもっとも適当なものを使用すること。

現金	当座預金	受取手形	営業外受取手形
未収入金	仮払消費税	備品	備品減価償却累計額
借入金	手形借入金	売上	有価証券売却益
受取利息	固定資産売却益	支払利息	固定資産売却損

a．さきに北海道商店から商品代金として受け取っていた同店振り出し，当店あての約束手形 ¥120,000 について，支払期日の延期の申し出があり，これを承諾した。よって，支払期日の延期にともなう利息 ¥1,800 を加えた新しい手形 ¥121,800 を受け取り，旧手形と交換した。

b．期首に，これまで使用してきた取得原価 ¥1,400,000 の備品を ¥800,000 で売却し，代金のうち ¥500,000 は約束手形で受け取り，残額は月末に受け取ることにした。なお，この備品に対する減価償却累計額は ¥650,000 であり，これまでの減価償却高は間接法で記帳している。

c．広島商店は，岡山商店から ¥250,000 を約束手形を振り出して借り入れた。なお，利息 ¥5,000 を差し引かれた手取金は岡山商店振り出しの小切手で受け取り，ただちに当座預金に預け入れた。

2　次の各問いに答えなさい。

⑴　次の取引における，a．有価証券の取得原価，b．有価証券売却益または有価証券売却損の金額を求めなさい。また，有価証券売却益の場合は売却益，有価証券売却損の場合は売却損を○で囲みなさい。

取　引

6月 1日　売買を目的として熊本商事株式会社の株式 1,000 株を 1 株につき ¥800 で買い入れ，買入手数料 ¥4,000 とともに小切手を振り出して支払った。

10月 2日　熊本商事株式会社の株式 ¥1,000 株のうち 300 株を 1 株につき ¥850 で売却し，代金は当店の当座預金口座に振り込まれた。

総勘定元帳

有価証券

6/1 当座預金　(　　　　)	10/2 (　　　　) (　　　　)

⑵　次の簿記に関する用語を英語にしなさい。ただし，もっとも適当な語を下記の語群から選び，その番号を記入すること。

ア．財務諸表　　イ．現金過不足　　ウ．取　引

1．bank overdraft	2．transactions	3．financial statements
4．expenses	5．cash over and short	6．principle of equilibrium

(3) 支店会計が独立している中部商店（個人企業　決算年1回　12月31日）の下記の資料によって，次の金額を計算しなさい。

a．支店勘定残高と本店勘定残高の一致額　　b．本支店合併後の売上原価

資　　料

i　12月30日における元帳勘定残高（一部）

	本　店	支　店
繰越商品	¥90,000	¥75,000
買掛金	300,000	250,000
支　店	359,000（借方）	―――
本　店	―――	270,000（貸方）
仕　入	856,000	403,000

ii　12月31日における本支店間の取引

① 本店は，支店の買掛金¥122,000を現金で支払った。支店はその報告を受けた。

② 支店は，本店が12月29日に送付していた商品¥89,000（原価）を受け取った。

iii　決算整理事項（一部）

期末商品棚卸高　本店　¥73,000

支店　¥143,000（資料ii②の商品も含まれている）

3 愛知商店の下記の伝票を集計し，(1)1月19日の仕訳集計表を作成し，(2)総勘定元帳に転記後の仕入勘定の残高を計算しなさい。なお，1月18日の仕入勘定の残高は¥5,478,000（借方）であった。

ただし，i　次の取引について，必要な伝票に記入したうえで集計すること。

ii　仕入・売上の各取引については，代金の決済条件にかかわらず，すべて，いったん掛け取引として処理する方法によっている。

取　　引

1月19日　広島商店から商品¥600,000を仕入れ，代金のうち¥380,000は，同店あての約束手形#7を振り出し，残額は現金で支払った。

入金伝票	
売掛金	1,225,000
売掛金	217,300
売掛金	595,000
借入金	525,000
当座預金	363,300
売掛金	960,800
受取家賃	350,000
当座預金	315,000
(　　　)	(　　　)

出金伝票	
備品	439,000
買掛金	420,300
買掛金	1,051,400
給料	595,000
発送費	51,800
当座預金	1,797,600
修繕費	39,500
支払利息	16,600
(　　　)	(　　　)

振替伝票（借方）		振替伝票（貸方）	
売掛金	2,177,800	売上	2,177,800
買掛金	242,600	当座預金	242,600
仕入	2,336,200	買掛金	2,336,200
支払手形	405,600	当座預金	405,600
仕入	470,800	買掛金	470,800
当座預金	181,300	受取家賃	181,300
受取手形	394,000	売掛金	394,000
当座預金	672,000	売掛金	672,000
(　　　)	(　　　)	(　　　)	(　　　)
(　　　)	(　　　)	(　　　)	(　　　)

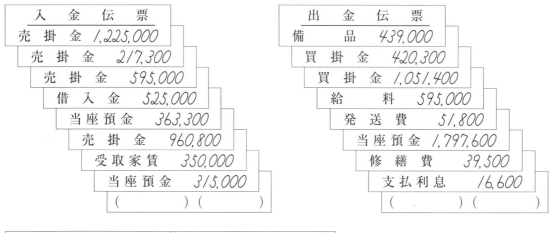

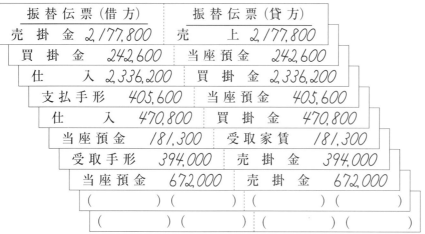

4 福島商店の下記の取引について，

(1) 総勘定元帳に記入しなさい。

(2) 補助簿である当座預金出納帳，仕入帳，売掛金元帳，買掛金元帳，商品有高帳に記入しなさい。

ただし，ⅰ 総勘定元帳の記入は，日付と金額を示せばよい。

ⅱ 商品有高帳は，先入先出法により記帳している。

ⅲ 当座預金出納帳，仕入帳，売掛金元帳，買掛金元帳，商品有高帳は月末に締め切るものとする。

取　　引

1月5日 白河商店に次の商品を売り渡し，代金は同店振り出しの小切手#9で受け取り，ただちに当座預金に預け入れた。

C 品 180個 @¥2,100

8日 喜多方商店から次の商品を仕入れ，代金は掛けとした。

A 品 300個 @¥1,800

B 品 100 〃 〃 〃 3,280

10日 郡山商店に次の商品を売り渡し，代金は掛けとした。

B 品 100個 @¥6,560

14日 8日に喜多方商店から仕入れた商品について，品違いがあり次のとおり返品した。なお，代金は買掛金から差し引くことにした。

B 品 10個 @¥3,280

18日 郡山商店に対する売掛金¥1,050,000について，同店振り出しの小切手#17で受け取り，ただちに当座預金に預け入れた。

21日 いわき商店から次の商品を仕入れ，代金は掛けとした。

C 品 500個 @¥1,100

25日 二本松商店に対し振り出していた約束手形#8の支払期日が到来し，手形金額¥350,000が当店の当座預金口座から引き落とされたとの通知が取引銀行からあった。

29日 いわき商店に対する買掛金¥450,000について，現金で支払った。

30日 南相馬商店に次の商品を売り渡し，代金はさきに受け取っていた内金¥360,000を差し引き，残額は掛けとした。

C 品 550個 @¥2,000

5 徳島商店（個人企業　決算年１回　12月31日）の総勘定元帳勘定残高と付記事項および決算整理事項は，次のとおりであった。よって，

(1)　損益計算書を完成しなさい。

(2)　建物の帳簿価額を求めなさい。

元帳勘定残高

現　　金	¥7,795,000	当座預金	¥7,307,000	受取手形	¥3,222,000
売掛金	5,473,000	貸倒引当金	105,900	有価証券	4,419,000
繰越商品	646,000	建　　物	12,760,000	建物減価償却累計額	1,914,000
支払手形	2,128,000	買掛金	3,513,000	借入金	2,000,000
資本金	30,578,000	売　　上	29,030,000	受取家賃	164,000
受取手数料	51,000	仕　　入	19,352,000	給　　料	6,173,000
発送費	539,000	支払地代	620,000	保険料	1,092,000
租税公課	18,000	雑　　費	38,000	支払利息	29,900

付記事項

①　現金の実際有高は¥7,780,000であり，不足額¥15,000は原因不明のため雑損として処理する。

決算整理事項

a．期末商品棚卸高　¥720,000

b．貸倒見積高　受取手形と売掛金の期末残高に対し，それぞれ2％と見積もり，貸倒引当金を設定する。

c．建物減価償却高　定額法による。ただし，残存価額は零（0）　耐用年数は20年とする。

d．有価証券評価高　有価証券は，売買目的で保有している次の株式であり，時価によって評価する。

愛媛産業株式会社　3,500株　　時価　1株　¥1,400

e．保険料前払高　保険料のうち¥904,800は，本年3月1日に1年分の保険料として支払ったものであり，前払高を次期に繰り延べる。

f．利息未払高　借入金¥2,000,000は本年10月1日に借入期間1年，年利率7.3％で取引銀行から借り入れたものであり，利息は元金の返済時に支払うことになっている。利息の未払高¥36,500を計上した。

g．家賃未収高　¥42,000

6 下記の取引の仕訳を示しなさい。ただし，勘定科目は，次のなかからもっとも適当なものを使用すること。

現　　金	当座預金	仮払法人税等	未払法人税等
未払配当金	利益準備金	別途積立金	繰越利益剰余金
創立費	開業費	法人税等	損　　益

a．高知商事株式会社は，会社の設立に要した諸費用¥400,000を，発起人に小切手を振り出して支払った。

b．香川商事株式会社は，法人税・住民税及び事業税の確定申告をおこない，決算で計上した法人税等¥700,000を小切手を振り出して納付した。

c．富山商事株式会社（発行済株式数20,000株）は，第4期の株主総会において，繰越利益剰余金¥9,000,000について，次のとおり剰余金の配当および処分が決議された。

配当金　1株につき¥350　　利益準備金　¥700,000　　別途積立金　¥1,000,000

公益財団法人全国商業高等学校協会主催・文部科学省後援

第９回　簿記実務検定第２級模擬試験問題　商業簿記　（制限時間１時間30分）

1

下記の取引の仕訳を示しなさい。ただし，勘定科目は，次のなかからもっとも適当なものを使用すること。

当座預金	受取手形	売掛金	貸倒引当金
有価証券	不渡手形	備品	備品減価償却累計額
買掛金	借入金	売上	有価証券売却益
固定資産売却益	貸倒損失	有価証券売却損	固定資産売却損

a．前期に商品代金として受け取っていた南北商店振り出し，当店あての約束手形 ¥600,000 が不渡りとなり，償還請求の諸費用 ¥1,200 とあわせて南北商店に支払請求していたが，本日，全額回収不能となったので，貸し倒れとして処理した。ただし，貸倒引当金の残高が ¥400,000 ある。

b．栃木商店に対する買掛金の支払いとして，さきに得意先群馬商店から商品代金として受け取っていた約束手形 ¥320,000 を裏書譲渡した。

c．売買目的で保有している東京商事株式会社の株式 80 株（1 株の帳簿価額 ¥35,000）を 1 株につき ¥33,000 で売却し，代金は当店の当座預金口座に振り込まれた。

2

次の各問いに答えなさい。

(1)　東京商店（個人企業）の下記の仕訳帳と資料によって，次の金額を計算しなさい。

a．仕入高　　　b．期首の負債総額

仕　訳　帳　　18

令和○年		摘要		元丁	借方	貸方
		決算仕訳				
12	31	売上		省	7,089,000	
			損益			7,089,000
	〃	損益			(　　　)	
			仕入			(　　　)
			給料			759,000
			減価償却費			410,000
			雑費	略		21,000
	〃	損益			478,000	
			資本金			478,000

資　料

i　期首の資産総額 ¥3,420,000
（うち商品 ¥730,000）

ii　期末の資産総額 ¥3,203,000
（うち商品 ¥430,000）

iii　期末の負債総額 ¥2,045,000

iv　期間中の追加元入額 ¥250,000

v　期間中の引出金 ¥90,000

(2)　次の簿記に関する用語を英語にしなさい。ただし，もっとも適当な語を下記の語群から選び，その番号を記入すること。

ア．資本　　イ．売上原価　　ウ．精算表

1．capital　　2．general ledger　　3．cost of goods sold
4．sales book　　5．work sheet　　6．expenses

(3) 支店会計が独立している鳥取商店の下記の取引について，各支店と本店の仕訳を示しなさい。ただし，鳥取商店は本店集中計算制度を採用している。なお，勘定科目は，次のなかからもっとも適当なものを使用すること。

現　　　金	当 座 預 金	売　　　上	仕　　　入
広 告 料	本　　　店	山 口 支 店	岡 山 支 店

a．岡山支店は，本店の広告料 ¥600,000 と山口支店の広告料 ¥300,000 を現金で支払った。山口支店と本店はこの通知を受けた。

b．山口支店は，岡山支店が発送した商品 ¥200,000（原価）を受け取った。本店はこの通知を受けた。

3 北海道商店の下記の伝票を集計し，1月20日の仕訳集計表を作成して，総勘定元帳の現金勘定に転記しなさい。

ただし，i　次の取引について，必要な伝票に記入したうえで集計すること。

ii　総勘定元帳の記入は，日付・金額を示せばよい。

iii　仕入・売上の各取引については，取引を分解して処理する方法で起票すること。

取　　引

1月20日　青森商店から商品 ¥400,000 を仕入れ，代金のうち ¥300,000 は約束手形を振り出して支払い，残額は掛けとした。

〃 日　岩手家具店から営業用の机 ¥250,000 を購入し，代金は現金で支払った。

入 金 伝 票	
売 掛 金	108,600
売　　上	262,500
売　　上	297,500
当座預金	336,000
受取家賃	181,600
売　　上	175,000
受取利息	35,000
売　　上	480,400
当座預金	612,500
(　　　)	(　　　)

出 金 伝 票	
支払手数料	8,300
交 通 費	19,700
当座預金	210,100
雑　　費	4,500
従業員立替金	80,000
広 告 料	76,000
仕　　入	105,300
当座預金	25,900
消耗品費	60,500
(　　　)	(　　　)

振替伝票（借方）		振替伝票（貸方）	
受取手形	1,197,000	売　　上	1,197,000
当座預金	90,600	受取家賃	90,600
仕　　入	235,400	買 掛 金	235,400
広 告 料	276,100	当座預金	276,100
当座預金	336,000	売 掛 金	336,000
仕　　入	1,168,100	買 掛 金	1,168,100
支払手形	202,800	当座預金	202,800
買 掛 金	121,300	当座預金	121,300
売 掛 金	88,900	売　　上	88,900
(　　　)	(　　　)	(　　　)	(　　　)
(　　　)	(　　　)	(　　　)	(　　　)

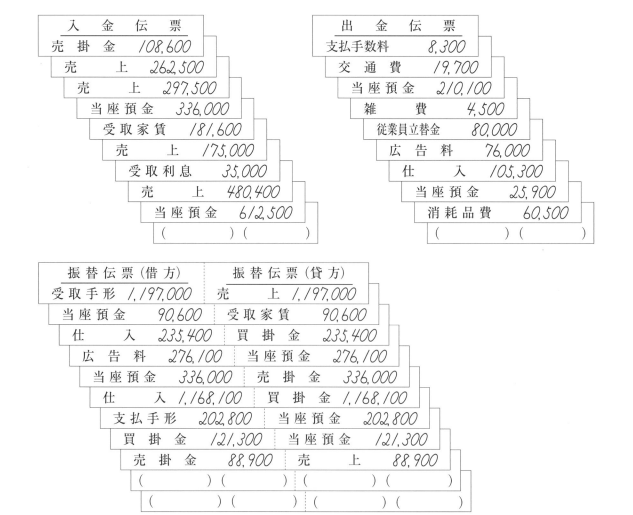

4 山形商店の下記の取引について，

(1) 総勘定元帳に記入しなさい。

(2) 補助簿である現金出納帳，受取手形記入帳，支払手形記入帳，売掛金元帳，買掛金元帳，商品有高帳に記入しなさい。

ただし，i 総勘定元帳の記入は，日付と金額を示せばよい。

ii 商品有高帳は，移動平均法により記帳している。

iii 現金出納帳，売掛金元帳，買掛金元帳，商品有高帳は月末に締め切るものとする。

取　　引

1月12日 石川商店に次の商品を売り渡し，代金は掛けとした。

A 品 40枚 @¥2,500

13日 新潟商店から次の商品を仕入れ，代金は現金で支払った。

A 品 100枚 @¥2,060

18日 福島商店から売掛金の一部について，次の同店振り出しの約束手形で受け取った。

金　額 ¥120,000 手形番号 7
振出日 1月18日 支払期日 4月18日
支払場所 北銀行本店

19日 福島商店に次の商品を売り渡し，代金は掛けとした。

C 品 100枚 @¥2,000

20日 富山商店から次の商品を仕入れ，代金はさきに支払ってある内金¥200,000を差し引き，残額は掛けとした。

A 品 120枚 @¥2,090
B 品 200〃 〃〃1,800

23日 富山商店に対する買掛金¥170,000を現金で支払った。

25日 石川商店に対する売掛金¥80,000を，同店振り出しの小切手#15で受け取った。

27日 新潟商店に対する買掛金の支払いとして，次の約束手形を振り出した。

金　額 ¥260,000 手形番号 13
振出日 1月27日 支払期日 3月27日
支払場所 東銀行本店

31日 岐阜商店あてに振り出していた約束手形¥500,000（#12）が期日となり，当店の当座預金口座から支払われたむね，取引銀行から通知を受けた。

5 静岡商店(個人企業　決算年1回　12月31日)の総勘定元帳勘定残高と決算整理事項は，次のとおりであった。よって，

(1) 繰越試算表を完成しなさい。
(2) 当期純利益を求めなさい。

元帳勘定残高

現金	¥2,149,000	当座預金	¥2,841,000	受取手形	¥3,766,000
売掛金	3,334,000	貸倒引当金	200,000	有価証券	5,114,000
繰越商品	748,000	建物	3,200,000	建物減価償却累計額	1,920,000
備品	1,550,000	備品減価償却累計額	310,000	支払手形	2,442,000
買掛金	4,031,000	借入金	2,112,000	資本金	11,000,000
売上	8,846,000	受取家賃	2,346,000	受取手数料	40,000
仕入	5,726,000	給料	2,680,000	発送費	318,000
支払地代	1,077,000	保険料	650,000	通信費	43,000
雑費	46,000	支払利息	5,000		

決算整理事項

a. 期末商品棚卸高　¥880,000
b. 貸倒見積高　受取手形と売掛金の期末残高に対し，それぞれ3％と見積もり，貸倒引当金を設定する。
c. 減価償却高　建物：定額法による。ただし，残存価額は零（0）　耐用年数は20年とする。
　備品：定率法による。ただし，償却率は20％とする。
d. 有価証券評価高　有価証券は，売買目的で保有している次の株式であり，時価によって評価する。
　東京産業株式会社　200株　時価　1株　¥27,570
e. 郵便切手未使用高　未使用分¥3,500を次期に繰り延べる。
f. 保険料前払高　保険料のうち¥408,000は，本年10月1日に1年分の保険料として支払ったものであり，前払高を次期に繰り延べる。
g. 家賃前受高　¥90,000
h. 利息未払高　¥2,000
i. 手数料未収高　¥6,000

6 富山商事株式会社（決算年1回　12月31日）の下記の資料によって，次の金額を答えなさい。

a. 期末商品棚卸高　　b. 決算日における法人税等の未払額
c. 繰越利益剰余金勘定の次期繰越高

資料

i　3月28日におこなわれた株主総会において，前期の繰越利益剰余金の配当および処分が次のとおり決議されている。

配当金　¥300,000　　利益準備金　¥30,000　　新築積立金　¥100,000

ii　総勘定元帳（一部）

繰越商品

1/1	前期繰越	450,000	12/31	仕入	450,000
12/31	仕入	(　　)	〃	次期繰越	(　　)
		(　　)			(　　)

繰越利益剰余金

3/28	諸口	(　　)	1/1	前期繰越	750,000
12/31	次期繰越	(　　)	12/31	損益	(　　)
		(　　)			(　　)

仮払法人税等

8/27	当座預金	130,000	12/31	法人税等	130,000

損益

12/31	仕入	4,723,000	12/31	売上	8,008,000
〃	給料	1,800,000			
〃	減価償却費	500,000			
〃	雑費	20,000			
〃	法人税等	289,500			
〃	繰越利益剰余金	(　　)			
		(　　)			8,008,000

iii　当期商品仕入高　¥4,560,000

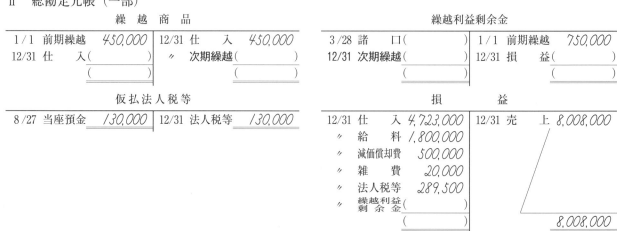

公益財団法人全国商業高等学校協会主催・文部科学省後援

第10回　簿記実務検定第２級模擬試験問題　商業簿記　（制限時間１時間30分）

1　下記の取引の仕訳を示しなさい。ただし，勘定科目は，次のなかからもっとも適当なものを使用すること。

現金	当座預金	受取手形	売掛金
不渡手形	仮払消費税	車両運搬具	車両運搬具減価償却累計額
買掛金	支払手形	未払金	営業外支払手形
売上	支払手数料	手形売却損	現金過不足

a．現金の実際有高を調べたところ，帳簿残高より ¥6,000 多かった。よって，帳簿残高を修正して，その原因を調査することにした。

b．静岡商店から，商品代金として受け取っていた同店振り出しの約束手形 ¥300,000 を取引銀行で割り引き，割引料 ¥1,500 を差し引かれた手取金は当座預金とした。

c．営業用の小型トラック１台 ¥1,200,000 を買い入れ，代金のうち ¥800,000 は約束手形を振り出して支払い，残額は月末に支払うことにした。

2　次の各問いに答えなさい。

(1)　香川商店（個人企業　決算年１回　12月31日）の下記の各勘定と資料によって，次の金額を計算しなさい。

a．当期商品仕入高　　b．期末の負債総額

繰越商品

1/1 前期繰越	410,000	12/31 仕入	410,000
12/31 仕入	630,000	〃 次期繰越	630,000
	1,040,000		1,040,000

資本金

12/31 引出金	96,000	1/1 前期繰越	780,000
〃 次期繰越	(　　)	7/31 現金	70,000
		12/31 損益	(　　)
	(　　)		(　　)

資料

i　期間中の収益および費用

売上高 ¥4,524,000
受取手数料 ¥63,000
売上原価 ¥2,037,000
給料 ¥1,870,000
雑費 ¥120,000

ii　期末の資産総額 ¥2,884,000

(2)　次の簿記に関する用語を英語にしなさい。ただし，もっとも適当な語を下記の語群から選び，その番号を記入すること。

ア．現金出納帳　　イ．精算表　　ウ．移動平均法

1．work sheet　　2．cash book　　3．first-in first-out method
4．trial balance　　5．bank book　　6．moving average method

(3) 支店会計が独立している新潟商店の下記の取引について，本店と支店の仕訳を示しなさい。ただし，勘定科目は，次のなかからもっとも適当なものを使用すること。

現金	当座預金	受取手形	売掛金
仕入	給料	本店	支店

a．支店は，本店から送付された商品の一部に品違いがあったため，本店に商品 ¥50,000（原価）を返品した。本店はこれを受け取った。

b．本店は，従業員の給料 ¥700,000 を現金で支払った。ただし，このうち半分は支店の負担分である。

3 山梨商店の下記の伝票を集計し，(1)1月14日の仕訳集計表を作成して，(2)総勘定元帳に転記後の売掛金勘定の残高を計算しなさい。なお，1月13日の売掛金勘定の残高は ¥3,460,000 であった。

ただし，i 次の取引について，必要な伝票に記入したうえで集計すること。

ii 仕入・売上の各取引については，代金の決済条件にかかわらず，すべて，いったん掛け取引として処理する方法によっている。

取　　引

1月14日 長野商店に商品 ¥500,000 を売り渡し，代金はさきに受け取っていた商品代金の内金 ¥50,000 を差し引き，残額は掛けとした。

入金伝票	
売掛金	340,000
売掛金	890,400
売掛金	1,850,000
当座預金	100,400
売掛金	230,000
売掛金	205,300
受取手数料	30,000
売掛金	60,000
当座預金	458,900
(　　　)	(　　　)

出金伝票	
買掛金	350,000
雑費	6,400
当座預金	780,000
旅費	45,900
買掛金	600,000
広告料	120,000
買掛金	240,000
租税公課	8,500
支払手数料	1,450
(　　　)	(　　　)

振替伝票（借方）		振替伝票（貸方）	
当座預金	750,000	受取手形	750,000
売掛金	345,000	売上	345,000
仕入	1,300,000	買掛金	1,300,000
買掛金	112,000	当座預金	112,000
支払手形	67,000	当座預金	67,000
給料	350,000	当座預金	350,000
仕入	256,000	買掛金	256,000
売掛金	659,000	売上	659,000
備品	50,080	当座預金	50,080
(　　　)	(　　　)	(　　　)	(　　　)
(　　　)	(　　　)	(　　　)	(　　　)

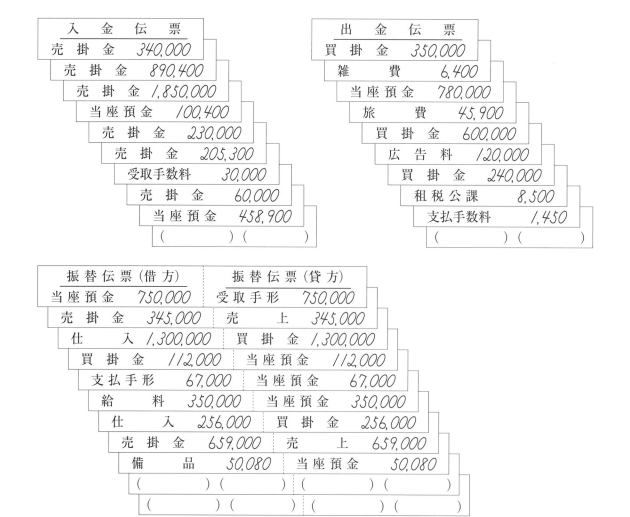

4 大分商店の下記の取引について，

(1) 総勘定元帳に記入しなさい。

(2) 補助簿である当座預金出納帳，仕入帳，売掛金元帳，買掛金元帳，商品有高帳に記入しなさい。

ただし，ⅰ 総勘定元帳の記入は，日付と金額を示せばよい。

ⅱ 商品有高帳は，移動平均法により記帳している。

ⅲ 当座預金出納帳，仕入帳，売掛金元帳，買掛金元帳，商品有高帳は月末に締め切るものとする。

取　　引

1月6日 日田商店に次の商品を売り渡し，代金は掛けとした。

A 品 200個 @¥1,500

9日 由布商店から次の商品を仕入れ，代金は掛けとした。なお，引取運賃 ¥2,000 は現金で支払った。

C 品 250個 @¥1,000

10日 9日に由布商店から仕入れた商品について，品違いがありC品10個を返品した。なお，この代金は買掛金から差し引くことにした。

16日 佐伯商店に対する買掛金 ¥150,000 について，小切手＃19を振り出して支払った。

20日 佐伯商店から次の商品を仕入れ，代金は掛けとした。

A 品 200個 @¥1,040

B 品 800〃 〃〃 900

24日 日田商店に対する売掛金 ¥550,000 について，次の約束手形を受け取った。

No. 10　約 束 手 形

大分県大分市大手町5丁目-7

大分商店　大 分 花 子 殿

収入印紙 200円

金額 ¥550,000※

上記金額をあなたまたはあなたの指図人へこの約束手形と引き替えにお支払いいたします

支払期日 令和○年 3月24日

支払地 大分県日田市

支払場所 南銀行本店

大分 4461
1550-083

令和○年 1月24日

振出地 住所 大分県日田市田島5丁目-2

振出人 日田商店　日 田 三 郎

27日 営業用の交通系ICカードに現金 ¥50,000 を入金した。なお当店では，ICカード入金時に仮払金勘定に計上し，ICカード利用時に交通費勘定に計上している。

30日 かねて竹田商店から受け取っていた約束手形＃8 ¥350,000 を取引銀行で割り引き，割引料 ¥4,000 を差し引かれた手取金は当座預金とした。

5 香川商店（個人企業　決算年1回　12月31日）の総勘定元帳勘定残高と付記事項および決算整理事項は，次のとおりであった。よって，

(1) 損益計算書を完成しなさい。

(2) 貸借対照表に記載する商品の金額を求めなさい。

元帳勘定残高

現　金	¥3,504,000	当座預金	¥3,159,000	受取手形	¥3,385,000
売掛金	2,315,000	貸倒引当金	85,000	有価証券	1,900,000
繰越商品	277,000	備　品	2,487,000	備品減価償却累計額	829,000
土　地	3,000,000	支払手形	915,000	買掛金	1,510,000
借入金	860,000	資本金	15,000,000	売　上	12,741,000
受取地代	88,000	固定資産売却益	21,000	仕　入	8,321,000
給　料	2,658,000	発送費	231,000	支払家賃	266,000
保険料	510,000	租税公課	8,000	雑　費	16,000
支払利息	12,000				

付記事項

① 前期末の売掛金のうち¥50,000は，得意先南東商店が倒産したため，回収不能となった。

決算整理事項

a. 期末商品棚卸高　¥350,000

b. 貸倒見積高　受取手形と売掛金の期末残高に対し，それぞれ2％と見積もり，貸倒引当金を設定する。

c. 備品減価償却高　定額法による。ただし，残存価額は零（0）耐用年数は6年とする。

d. 有価証券評価高　有価証券は，売買目的で保有している次の株式であり，時価によって評価する。

高知物産株式会社　2,500株　時価　1株　¥700

e. 収入印紙未使用高　未使用分¥1,500を次期に繰り延べる。

f. 保険料前払高　保険料のうち¥456,000は，本年2月1日に1年分の保険料として支払ったものであり，前払高を次期に繰り延べる。

g. 利息未払高　¥17,200

h. 地代前受高　¥28,000

6 下記の取引の仕訳を示しなさい。ただし，勘定科目は，次のなかからもっとも適当なものを使用すること。

当座預金	仮払法人税等	未払法人税等	未払配当金
資本金	資本準備金	利益準備金	新築積立金
繰越利益剰余金	創立費	株式交付費	法人税等

a. 兵庫商事株式会社は，会社設立のため，株式900株を1株につき¥80,000で発行し，全額の引き受け・払い込みを受け，払込金は当座預金とした。ただし，払込金額のうち，1株につき¥40,000は資本金として計上しないことにした。なお，設立に要した諸費用¥500,000は小切手を振り出して支払った。

b. 鳥取商事株式会社（決算年1回）は，決算にさいし，当期の法人税・住民税及び事業税の合計額¥1,160,000を計上した。ただし，中間申告のさいに¥700,000を納付しており，仮払法人税等勘定で処理している。

c. 岡山商事株式会社は，第3期の株主総会において，繰越利益剰余金¥2,400,000について，次のとおり剰余金の配当および処分が決議された。

配当金　¥1,800,000　　利益準備金　配当金の10分の1の金額　　新築積立金　¥400,000

第95回　簿記実務検定第2級試験問題　商業簿記　（制限時間1時間30分）

1 下記の取引の仕訳を示しなさい。ただし，勘定科目は，次のなかからもっとも適当なものを使用すること。

普通預金	受取手形	売掛金	有価証券
仮払消費税	支払手形	買掛金	未払消費税
仮受消費税	売上	受取利息	有価証券売却益
仕入	支払利息	有価証券売却損	

a．売買目的で保有している大阪商事株式会社の株式200株（1株の帳簿価額¥7,000）を1株につき¥8,500で売却し，代金は当店の普通預金口座に振り込まれた。

b．富山商店は，さきに西南商店から商品代金として受け取っていた同店振り出し，富山商店あての約束手形¥2,700,000について，支払期日延期の申し出があり，これを承諾した。よって，支払期日の延期にともなう利息¥9,000を加えた新しい手形を受け取り，旧手形と交換した。

c．北海道商店は商品¥693,000（消費税¥63,000を含む）を仕入れ，代金は掛けとした。ただし，消費税の処理方法は税抜き方式により，仮払消費税勘定を用いている。

2 次の各問いに答えなさい。

(1) 奈良商店（個人企業　決算年1回　12月31日）の売掛金に関する下記の資料から，損益計算書に記載する次の金額を計算しなさい。なお，売り上げはすべて掛け取引であり，返品，値引きはなかった。

a．売上高　　b．貸倒損失

資　料

i　売掛金勘定残高

前期末　¥800,000

当期末　¥650,000

決算にさいし，売掛金の期末残高に対し，毎期末に2％の貸倒引当金を設定している。

ii　当期中の売掛金に関する取引

売上高　¥［　　　］

回収額　¥2,000,000

貸し倒れ発生額　¥20,000（すべて前期の売掛金より発生した。）

(2) 次の文について，下記の各問いに答えなさい。

企業では，決算において，残高試算表から損益計算書と貸借対照表を作成する手続きを一つにまとめた表を作成することがある。この一覧表を［　　　］という。

a．下線部＿＿＿を英語表記にした場合にあてはまる語を選び，その番号を記入しなさい。

1. Balance Sheet　　2. Profit and Loss Statement（Income Statement）

b．［　　　］にあてはまる語を選び，その番号を記入しなさい。

1. 精算表　　2. 棚卸表

(3) 支店会計が独立している兵庫商店の下記の取引について，仕訳を示しなさい。ただし，兵庫商店は本店集中計算制度を採用している。なお，勘定科目は，次のなかからもっとも適当なものを使用すること。

現金	売掛金	買掛金	売上	
仕入	神戸支店	西宮支店	本店	

a．神戸支店は，本店の得意先に対する売掛金 ¥340,000 を現金で受け取った。（神戸支店の仕訳）

b．本店は，神戸支店から発送された商品 ¥250,000（原価）を西宮支店が受け取ったとの報告を受けた。（本店の仕訳）

3 石川商店の下記の伝票を集計し，1月16日の仕訳集計表を作成して，総勘定元帳の当座預金勘定に転記しなさい。

ただし，i 次の取引について，必要な伝票に記入したうえで集計すること。

ii 総勘定元帳の記入は，日付・金額を示せばよい。

取　　引

1月16日 かねて，福井事務機店から事務用コピー機を購入し，後日支払うことになっていた代金 ¥283,000 を現金で支払った。

〃 日 新潟商店から借用証書によって借り入れていた ¥500,000 を小切手#12を振り出して返済した。

入金伝票	
売掛金	156,400
当座預金	380,900
売上	248,000
売掛金	257,000
売上	174,000
売掛金	187,600
(　　)	(　　)

出金伝票	
消耗品費	2,900
当座預金	270,000
買掛金	189,000
買掛金	390,000
雑費	500
水道光熱費	3,400
(　　)	(　　)

振替伝票（借方）		振替伝票（貸方）	
仕入	563,000	買掛金	563,000
広告料	61,900	当座預金	61,900
買掛金	215,000	当座預金	215,000
当座預金	437,000	売掛金	437,000
仕入	256,000	買掛金	256,000
売掛金	940,000	売上	940,000
(　　)	(　　)	(　　)	(　　)

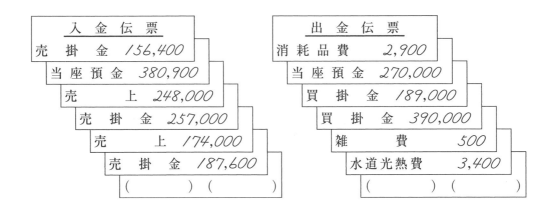

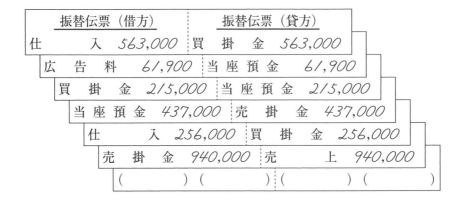

4 三重商店の下記の取引について，

(1) 総勘定元帳に記入しなさい。

(2) 補助簿である当座預金出納帳，売上帳，売掛金元帳，商品有高帳に記入しなさい。

ただし，i 総勘定元帳の記入は，日付と金額を示せばよい。

ii 商品有高帳は，先入先出法により記帳している。

iii 当座預金出納帳・売上帳・売掛金元帳・商品有高帳は月末に締め切るものとする。

取　　引

1月10日 亀山商店に8日に売り渡した商品の一部について，次のとおり返品された。なお，この代金は売掛金から差し引くことにした。

A 品　12個　@¥800

12日 津商店から次の商品を仕入れ，代金は掛けとした。

A 品　550個　@¥620
B 品　600〃　〃〃520

13日 四日市商店に次の商品を売り渡し，代金は同店振り出しの小切手で受け取り，ただちに当座預金に預け入れた。

A 品　400個　@¥800
B 品　750〃　〃〃640

16日 伊勢商店から次の商品を仕入れ，代金はさきに支払ってある内金¥200,000を差し引き，残額は掛けとした。

A 品　800個　@¥630

19日 亀山商店に対する売掛金¥924,000を，同店振り出しの約束手形で受け取った。

23日 津商店に対する買掛金¥698,000を小切手#9を振り出して支払った。

27日 仕入先伊勢商店あてに振り出していた約束手形¥524,000が，本日，支払期日となり当座預金口座から支払われたとの連絡を取引銀行から受けた。

5 滋賀商店(個人企業　決算年1回　12月31日)の総勘定元帳勘定残高と決算整理事項は，次のとおりであった。よって，

(1) 貸借対照表を完成しなさい。

(2) 損益計算書に記載する売上原価の金額を求めなさい。

元帳勘定残高

現金	¥ 375,000	当座預金	¥ 2,536,000	受取手形	¥ 900,000
売掛金	3,200,000	貸倒引当金	3,000	有価証券	1,800,000
繰越商品	976,000	備品	2,150,000	備品減価償却累計額	860,000
土地	1,600,000	支払手形	547,000	買掛金	1,295,000
借入金	2,080,000	所得税預り金	98,000	営業外支払手形	439,000
資本金	7,265,000	売上	20,493,000	受取地代	77,000
仕入	16,285,000	給料	1,896,000	支払家賃	864,000
保険料	274,000	租税公課	83,000	雑費	75,000
支払利息	143,000				

決算整理事項

a．期末商品棚卸高　¥863,000

b．貸倒見積高　受取手形と売掛金の期末残高に対し，それぞれ1％と見積もり，貸倒引当金を設定する。

c．備品減価償却高　定率法による。ただし，償却率は40％とする。

d．有価証券評価高　有価証券は，売買目的で保有している次の株式であり，時価によって評価する。

東西商事株式会社　2,500株　時価　1株　¥710

e．保険料前払高　保険料のうち¥162,000は，本年9月1日からの1年分を支払ったものであり，前払高を次期に繰り延べる。

f．利息未払高　¥ 13,000

g．地代未収高　¥ 7,000

6 下記の取引の仕訳を示しなさい。ただし，勘定科目は，次のなかからもっとも適当なものを使用すること。

現金	当座預金	仮払法人税等	未払法人税等
資本金	資本準備金	繰越利益剰余金	創立費
株式交付費	法人税等	損益	

a．和歌山物産株式会社は，法人税・住民税及び事業税の確定申告をおこない，決算で計上した法人税等¥1,048,000から中間申告のさいに納付した¥425,000を差し引いた額を，本日，現金で納付した。

b．南北産業株式会社は，決算の結果，当期純損失¥307,000を計上した。

c．京都商事株式会社は，事業拡張のため，あらたに株式800株を1株につき¥29,000で発行し，全額の引き受け・払い込みを受け，払込金は当座預金とした。ただし，1株の払込金額のうち¥14,500は資本金に計上しないことにした。なお，この株式の発行に要した諸費用¥360,000は小切手を振り出して支払った。

第96回　簿記実務検定第2級試験問題　商業簿記　（制限時間1時間30分）

1

下記の取引の仕訳を示しなさい。ただし，勘定科目は，次のなかからもっとも適当なものを使用すること。

現金	普通預金	当座預金	有価証券
営業外受取手形	備品	備品減価償却累計額	営業外支払手形
売上	雑益	固定資産売却益	交通費
通信費	雑損	固定資産売却損	現金過不足

a．売買目的で宮城商事株式会社の株式300株を1株につき¥6,100で買い入れ，代金は買入手数料¥15,000とともに小切手を振り出して支払った。

b．青森商店は，取得原価¥1,780,000の事務用の備品を¥560,000で売却し，代金は同店振り出しの約束手形で受け取った。なお，この備品の売却時における帳簿価額は¥712,000であり，これまでの減価償却高は間接法で記帳している。

c．かねて計上していた現金過不足勘定の借方残高¥13,000について，原因を調査していたが，決算日に，交通費¥12,000の記入漏れが判明した。なお，残額は原因が不明のため，雑益または雑損として処理した。

2

次の各問いに答えなさい。

(1) 鳥取商店（決算年1回　12月31日）における次の勘定の（　①　）に入る勘定科目と（　②　）に入る金額を記入しなさい。ただし，利息は毎年同じ金額を4月末日と10月末日に経過した6か月分を現金で受け取っている。

未収利息

1/1 前期繰越	12,800	1/1 （　①　）	12,800
12/31 受取利息	（　　　）	12/31 次期繰越	（　　　）
	（　　　）		（　　　）

受取利息

1/1 （　　　）	12,800	4/30 現金	（　　　）
12/31 損益	（　②　）	10/31 現金	（　　　）
		12/31 未収利息	（　　　）
	（　　　）		（　　　）

(2) 次の文を読み，下記のaとbに答えなさい。

商品有高帳の記帳にあたり，払出単価の計算について先入先出法を採用しているときに，物価が上昇し商品の仕入価格が高くなってくると，商品有高帳に記載される商品の次月繰越高は移動平均法を採用しているときと比べ，［　　　］なる。

a．下線部＿＿＿＿を英語表記にした場合にあてはまる語を選び，その番号を記入しなさい。

1．balance sheet　　2．moving average method　　3．first-in first-out method

b．［　　　］にあてはまる語を選び，その番号を記入しなさい。

1．大きく　　2．等しく　　3．小さく

(3) 支店会計が独立している岩手商店の下記の取引について，仕訳を示しなさい。ただし，岩手商店は本店集中計算制度を採用している。なお，勘定科目は，次のなかからもっとも適当なものを使用すること。

現　　　金	当 座 預 金	売　掛　金	買　掛　金
花 巻 支 店	北 上 支 店	本　　　店	損　　　益

a．北上支店は，北上支店の仕入先に対する買掛金 ¥682,000 を花巻支店が現金で支払ったとの通知を受けた。(北上支店の仕訳)

b．花巻支店は，決算の結果，当期純利益 ¥473,000 を計上し，本店に報告した。(花巻支店の仕訳)

3 岡山商店の6月1日の略式伝票から，仕訳集計表の（ア）から（エ）の金額を計算しなさい。ただし，次の取引について，必要な伝票に記入したうえで計算すること。

取　　引

6月 1日　島根商店から商品 ¥176,000 を仕入れ，代金は掛けとした。

〃日　岡山市水道局に水道料金 ¥35,000 を現金で支払った。

入金伝票

売　掛　金	187,000
売　　　上	594,000
売　掛　金	341,000
売　　　上	759,000
売　掛　金	462,000
受 取 手 形	185,000
(　　　)	(　　　)

振替伝票(借方)／振替伝票(貸方)

振替伝票(借方)		振替伝票(貸方)	
売　掛　金	407,000	売　　　上	407,000
仕　　　入	264,000	買　掛　金	264,000
広　告　料	83,800	未　払　金	83,800
買　掛　金	191,400	普 通 預 金	191,400
売　掛　金	396,000	売　　　上	396,000
(　　　)	(　　　)	(　　　)	(　　　)

出金伝票

買　掛　金	297,000
仕　　　入	385,000
前　払　金	57,200
買　掛　金	204,600
通　信　費	29,000
仕　　　入	237,600
(　　　)	(　　　)

仕訳集計表
令和○年6月1日

借　方	元丁	勘定科目	元丁	貸　方
		現　　　金		（ア）
		普 通 預 金		
		受 取 手 形		
		売　掛　金		
		前　払　金		
（イ）		買　掛　金		
		未　払　金		
		売　　　上		
（ウ）		仕　　　入		
		広　告　料		
		水道光熱費		
		通　信　費		
（エ）				（エ）

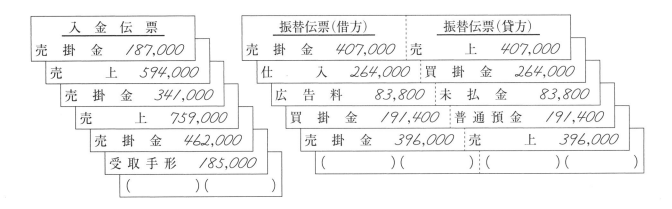

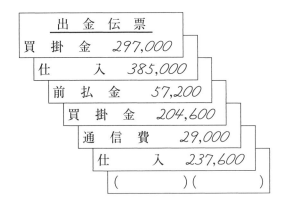

4 広島商店の下記の取引について，

(1) 総勘定元帳に記入しなさい。

(2) 補助簿である当座預金出納帳，支払手形記入帳，買掛金元帳，商品有高帳に記入しなさい。

ただし，i 総勘定元帳は，日付と金額のみを記入すればよい。

ii 商品有高帳は，移動平均法により記帳している。

iii 当座預金出納帳，買掛金元帳，商品有高帳は月末に締め切るものとする。

取　　引

6月 2日 府中商店から次の商品を仕入れ，代金は掛けとした。

A 品 30個 @¥1,980

B 品 20〃 〃〃3,670

6日 福山商店に対する買掛金を，次の約束手形を振り出して支払った。

金　額 ¥76,000 手形番号 20

振 出 日 6月6日 支払期日 8月6日

支払場所 南銀行本店

9日 大竹商店に次の商品を売り渡し，代金は掛けとした。

A 品 20個 @¥2,310

B 品 15〃 〃〃4,580

16日 大竹商店に対する売掛金 ¥97,400 について，当店の当座預金口座に振り込まれたとの通知を取引銀行から受けた。

21日 三原商店に次の商品を売り渡し，代金は小切手で受け取り，ただちに当座預金とした。

C 品 5個 @¥3,560

23日 福山商店から次の商品を仕入れ，代金はさきに支払ってある内金 ¥25,000 を差し引き，残額は掛けとした。

A 品 40個 @¥1,900

28日 三原商店に対する売掛金 ¥64,700 について，同店振り出しの小切手で受け取った。

30日 府中商店あてに振り出していた約束手形 #18 ¥147,900 が期日となり，当店の当座預金口座から支払われたとの通知を取引銀行から受けた。

5 沖縄商店（個人企業　決算年1回　12月31日）の総勘定元帳残高と付記事項および決算整理事項は，次のとおりであった。よって，

(1)　損益計算書を完成しなさい。

(2)　前払保険料の金額を求めなさい。

元帳勘定残高

現　　金	¥ 619,000	当座預金	¥2,378,000	受取手形	¥ 1,550,000
売掛金	4,050,000	貸倒引当金	39,000	有価証券	1,620,000
繰越商品	760,000	備　　品	2,250,000	備品減価償却累計額	1,125,000
土　　地	2,300,000	支払手形	948,000	買掛金	2,548,600
借入金	1,600,000	資本金	8,537,000	売　　上	17,973,000
受取地代	156,000	有価証券売却益	7,000	仕　　入	15,012,900
給　　料	1,680,000	支払家賃	420,000	保険料	116,000
通信費	42,000	雑　　費	39,700	支払利息	96,000

付記事項

①　かねて受け取っていた得意先那覇商店振り出しの約束手形 ¥380,000 が，期日に当座預金口座に入金されたとの連絡を取引銀行から受けていたが，記帳していなかった。

決算整理事項

a．期末商品棚卸高　¥824,000

b．貸倒見積高　受取手形と売掛金の期末残高に対し，それぞれ2%と見積もり，貸倒引当金を設定する。

c．備品減価償却高　定額法による。ただし，残存価額は零（0）　耐用年数は6年とする。

d．有価証券評価高　有価証券は，売買目的で保有している次の株式であり，時価によって評価する。

　　山口産業株式会社　400株　　時価　1株　¥4,350

e．保険料前払高　保険料のうち ¥84,000 は，本年5月1日からの1年分を支払ったものであり，前払高を次期に繰り延べる。

f．地代前受高　¥ 12,000

g．利息未払高　¥ 18,000

6 下記の取引の仕訳を示しなさい。ただし，勘定科目は，次のなかからもっとも適当なものを使用すること。

現　　金	当座預金	仮払法人税等	未払法人税等
未払配当金	資本金	利益準備金	別途積立金
繰越利益剰余金	創立費	株式交付費	法人税等

a．山形商事株式会社（発行済株式数5,600株）は，株主総会において，繰越利益剰余金を次のとおり配当および処分することを決議した。ただし，繰越利益剰余金勘定の貸方残高は ¥2,830,000 である。

　　配当金　1株につき ¥200　　利益準備金　¥112,000　　別途積立金　¥1,400,000

b．福島物産株式会社（決算年1回）は，決算にあたり，当期の法人税・住人税及び事業税の合計額 ¥3,820,000 を計上した。ただし，中間申告のさい ¥1,570,000 を納付しており，仮払法人税等勘定で処理している。

c．秋田商事株式会社は，設立にさいし，株式40,000株を1株につき ¥1,150 で発行し，全額の引き受け・払い込みを受け，払込金は当座預金とした。なお，設立に要した諸費用 ¥594,000 は小切手を振り出して支払った。

2級模擬試験問題 第1回〔解答用紙〕

1

	借方	貸方
a		
b		
c		

2

(1)

a	¥	b	¥

(2)

a	b

(3)

	借方	貸方
a		
b		

1 得点		**2** 得点		**3** 得点		**4** 得点		**5** 得点		**6** 得点	

合計	

組	番号	名前

3

仕　訳　集　計　表

令和○年1月22日

借　方	元丁	勘定科目	元丁	貸　方
		現　金		
		当座預金		
		売掛金		
		未収入金		
		買掛金		
		(　　　)		
		売　上		
		仕　入		
		広告料		
		水道光熱費		
		消耗品費		
		雑　費		

（注意）当座預金勘定の記録は，合計額で示してある。

当　座　預　金　2

8,500,000	4,200,000

4

(1)

総　勘　定　元　帳

現　金　1

1/1　1,200,000	

当座預金　2

1/1　3,300,000	

受取手形　3

1/1　1,500,000	

売　掛　金　4

1/1　2,500,000	
8　330,000	

前　払　金　10

1/1　150,000	

支払手形　17

	1/1　800,000

買　掛　金　18

	1/1　1,800,000

売　上　24

	1/8　330,000

仕　入　30

(2)（注意）各帳簿は締め切ること。

当　座　預　金　出　納　帳　1

令和○年		摘　要	預　入	引　出	借または貸	残　高
1	1	前月繰越	3,300,000		借	3,300,000

売　　上　　帳

1

令和○年		摘　　　要	内　訳	金　額
1	8	呉商店　　　　　掛け		
		A品　200個　@¥900	180,000	
		C品　300 〃　〃 〃 500	150,000	330,000

売　掛　金　元　帳

呉　商　店

1

令和○年		摘　要	借　方	貸　方	借または貸	残　高
1	1	前月繰越	1,300,000		借	1,300,000
	8	売り上げ	330,000		〃	1,630,000

商　品　有　高　帳

(先入先出法)　　(品名)　B　品　　(単位：個)

令和○年		摘　要	受入 数量	受入 単価	受入 金額	払出 数量	払出 単価	払出 金額	残高 数量	残高 単価	残高 金額
1	1	前月繰越	300	550	165,000				300	550	165,000

組	番号	名　前

3	
得点	

4	
得点	

5

(1) 貸借対照表

山梨商店　令和○年12月31日　(単位：円)

資産		金額	負債および純資産	金額
現金			支払手形	
当座預金			買掛金	
受取手形	( )		借入金	
貸倒引当金	( )		所得税預り金	
売掛金	( )		( )	
貸倒引当金	( )		( )	
( )			営業外支払手形	
商品			資本金	
( )			当期純利益	
備品	( )			
減価償却累計額	( )			
土地				

(2)

損益計算書に記載する売上原価の金額	¥

6

	借方	貸方
a		
b		
c		

5 得点		6 得点	

2級模擬試験問題　第2回〔解　答　用　紙〕

1

	借　　方	貸　　方
a		
b		
c		

2

(1)

a	¥	b	¥

(2)

a	b

(3)

a	¥	b	¥

1 得点		**2** 得点		**3** 得点		**4** 得点		**5** 得点		**6** 得点	

合計	

組	番号	名　　前

3

ア	¥
イ	¥
ウ	¥
エ	¥

4

(1) (注意) 各勘定の記録は５月末までの合計額で示してある。

総　勘　定　元　帳

現　金　1

1,971,300	1,102,400

当座預金　2

3,100,000	1,300,000

受取手形　3

1,450,000	611,000

売掛金　4

2,465,000	1,593,000

前払金　10

280,000	210,000

支払手形　17

375,000	920,000

買掛金　18

1,121,000	1,891,000

売　上　24

31,600	3,157,400

仕　入　30

2,231,200	26,400

(2) (注意) 各帳簿は締め切ること。

当座預金出納帳　12

令和○年		摘　要	預　入	引　出	借または貸	残　高
6	1	前月繰越	1,800,000		借	1,800,000

仕　入　帳

15

令和○年		摘　要	内　訳	金　額

買　掛　金　元　帳

浦　和　商　店

1

令和○年		摘　要	借　方	貸　方	借または貸	残　高
6	1	前月繰越		150,000	貸	150,000

商　品　有　高　帳

(移動平均法)　(品名) B　品　(単位：個)

令和○年		摘　要	受　入			払　出			残　高		
			数量	単価	金　額	数量	単価	金　額	数量	単価	金　額
6	1	前月繰越	100	820	82,000				100	820	82,000

組	番号	名　前

3 得点		4 得点	

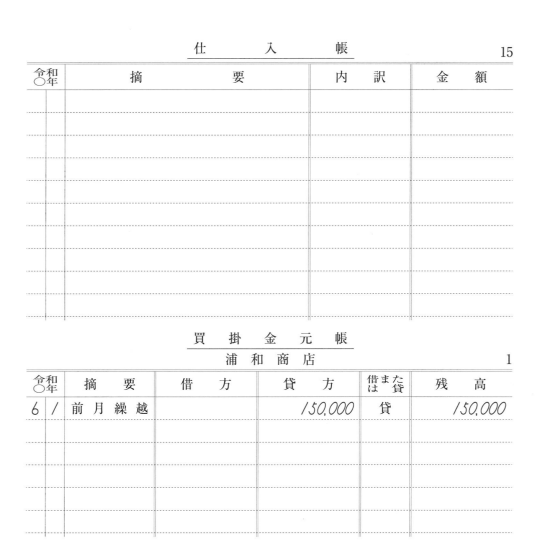

5

(1)

損　益　計　算　書

東京商店　　令和○年1月1日から令和○年12月31日まで　　(単位：円)

費　用	金　額	収　益	金　額
(　　　)		売上高	
給料		受取地代	
(　　　)		(　　　)	
(　　　)			
支払家賃			
保険料			
租税公課			
雑費			
支払利息			
(　　　)			

(2)

貸借対照表に記載する商品の金額	¥

6

	借　方	貸　方
a		
b		
c		

5 得点	

6 得点	

2級模擬試験問題　第3回〔解　答　用　紙〕

1

	借　　　　方	貸　　　　方
a		
b		
c		

2

(1)

①		②	¥

(2)

a	b

(3)

	借　　　　方	貸　　　　方
a		
b		

1 得点		**2** 得点		**3** 得点		**4** 得点		**5** 得点		**6** 得点	

合計	

組	番号	名　　　　前

3

仕　訳　集　計　表

令和○年 / 月 /8 日

借　方	元丁	勘定科目	元丁	貸　方
		現　　金		
		当座預金		
		受取手形		
		売 掛 金		
		備　　品		
		支払手形		
		買 掛 金		
		借 入 金		
		売　　上		
		受取家賃		
		仕　　入		
		給　　料		
		修 繕 費		
		発 送 費		
		支払利息		

（注意）現金勘定の記録は，合計額で示してある。

現　　金　1

2,501,000	1,520,000

4

(1)

総　勘　定　元　帳

現　　金　1

1/1	800,000		

当座預金　2

1/1	1,200,000		

受取手形　3

売掛金　4

1/1	550,000		

支払手形　17

		1/3	150,000

買掛金　18

		1/1	400,000

前受金　20

		1/1	300,000

売　　上　24

仕　　入　30

1/3	150,000		

(2)（注意）当座預金出納帳，売掛金元帳，買掛金元帳，商品有高帳は締め切ること。

当 座 預 金 出 納 帳　1

令和○年		摘　要	預　入	引　出	借または貸	残　高
/	/	前月繰越	1,200,000		借	1,200,000

受取手形記入帳

令和○年		摘要	金額	手形種類	手形番号	支払人	振出人または裏書人	振出日		満期日		支払場所	てん末		
													月	日	摘要

支払手形記入帳

令和○年		摘要	金額	手形種類	手形番号	受取人	振出人	振出日		満期日		支払場所	てん末		
													月	日	摘要
1	3	仕入れ	150,000	約手	3	茨城商店	当店	1	3	1	30	東銀行本店			

売掛金元帳

神奈川商店　2

令和○年		摘要	借方	貸方	借または貸	残高
1	1	前月繰越	250,000		借	250,000

買掛金元帳

千葉商店　1

令和○年		摘要	借方	貸方	借または貸	残高
1	1	前月繰越		280,000	貸	280,000

商品有高帳

(先入先出法)　(品名)　A品　(単位：枚)

令和○年		摘要	受入			払出			残高		
			数量	単価	金額	数量	単価	金額	数量	単価	金額
1	1	前月繰越	100	3,500	350,000				100	3,500	350,000

組	番号	名前

3 得点	

4 得点	

5

(1)

貸借対照表

石川商店　　令和○年12月31日　　(単位：円)

資産		金額	負債および純資産	金額
現金			支払手形	
当座預金			買掛金	
受取手形	( )		借入金	
貸倒引当金	( )		( )	
売掛金	( )		資本金	
貸倒引当金	( )		( )	
( )				
( )				
( )				
( )				
備品	( )			
減価償却累計額	( )			

(2)

損益計算書に記載する貸倒引当金繰入の金額	¥

6

	借方	貸方
a		
b		
c		

5 得点		6 得点	

2級模擬試験問題　第4回〔解　答　用　紙〕

1

	借　　方	貸　　方
a		
b		
c		

2

(1)

①	¥	②	¥

(2)

ア	イ	ウ

(3)

	借　　方	貸　　方
a		
b		

1 得点		**2** 得点		**3** 得点		**4** 得点		**5** 得点		**6** 得点	

合計	

組	番号	名　　前

3

ア	¥
イ	¥
ウ	¥
エ	¥

4

(1)

総　勘　定　元　帳

現　　金　1

1/1 1,210,000	

当座預金　2

1/1 950,000	

受取手形　3

1/1 350,000	

売掛金　4

1/1 850,000	

前払金　10

支払手形　18

買掛金　19

	1/1 1,700,000

売　　上　24

仕　　入　30

(2)（注意）当座預金出納帳，仕入帳，買掛金元帳は締め切ること。

当　座　預　金　出　納　帳

1

令和○年		摘　　要	預　入	引　出	借または貸	残　高
1	1	前　月　繰　越	950,000		借	950,000

仕　入　帳　　1

令和○年		摘　要	内　訳	金　額

支払手形記入帳

令和○年		摘　要	金　額	手形種類	手形番号	受取人	振出人	振出日		満期日		支払場所	てん末		
													月	日	摘　要

買　掛　金　元　帳

松　本　商　店　　1

令和○年		摘　要	借　方	貸　方	借または貸	残　高
/	/	前月繰越		800,000	貸	800,000

上　田　商　店　　2

令和○年		摘　要	借　方	貸　方	借または貸	残　高
/	/	前月繰越		620,000	貸	620,000

組	番号	名　前

3 得点	

4 得点	

5

(1)

損　益　計　算　書

千葉商店　　令和○年 1 月 1 日から令和○年 12 月 31 日まで　　(単位：円)

費　　用	金　　額	収　　益	金　　額
売上原価		売上高	
給料		受取手数料	
(　　　)		(　　　)	
(　　　)			
発送費			
支払家賃			
保険料			
通信費			
雑費			
支払利息			
(　　　)			
(　　　)			

(2)

貸借対照表に記載する貸倒引当金控除後の売掛金の金額	¥

6

	借　　方	貸　　方
a		
b		
c		

5 得点	

6 得点	

2級模擬試験問題　第5回〔解　答　用　紙〕

1

	借　　方	貸　　方
a		
b		
c		

2

(1)

a	¥	b	¥

(2)

ア	イ	ウ

(3)

a	¥	b	¥

1 得点		**2** 得点		**3** 得点		**4** 得点		**5** 得点		**6** 得点	

合計	

組	番号	名　　前

3

仕訳集計表

令和○年1月15日

借方	元丁	勘定科目	元丁	貸方
		現金		
		当座預金		
		売掛金		
		受取商品券		
		買掛金		
		前受金		
		売上		
		仕入		
		交通費		
		租税公課		
		水道光熱費		
		雑費		
		支払利息		

(注意)売掛金勘定の記録は，合計額で示してある。

売掛金 4

1,440,300	912,400

4

(1)

総勘定元帳

現金 1

1/1	500,000		

当座預金 2

1/1	820,000		

受取手形 3

1/1	400,000		

売掛金 4

1/1	850,000		

支払手形 17

		1/1	280,000

買掛金 18

		1/1	400,000

前受金 20

		1/1	200,000

売上 24

仕入 30

(2) (注意) 各帳簿は締め切ること。

当座預金出納帳

1

令和○年		摘要	預入	引出	借または貸	残高
1	1	前月繰越	820,000		借	820,000

売　上　帳

1

令和○年		摘　要	内　訳	金　額

売　掛　金　元　帳

阿　蘇　商　店　　2

令和○年		摘　要	借　方	貸　方	借または貸	残　高
1	1	前月繰越	342,000		借	342,000

買　掛　金　元　帳

八　代　商　店　　3

令和○年		摘　要	借　方	貸　方	借または貸	残　高
1	1	前月繰越		335,000	貸	335,000

商　品　有　高　帳

(移動平均法)　(品名)　A　品　(単位：個)

令和○年		摘　要	受入			払出			残高		
			数量	単価	金　額	数量	単価	金　額	数量	単価	金　額
1	1	前月繰越	600	240	144,000				600	240	144,000

組	番号	名　前

3 得点		4 得点	

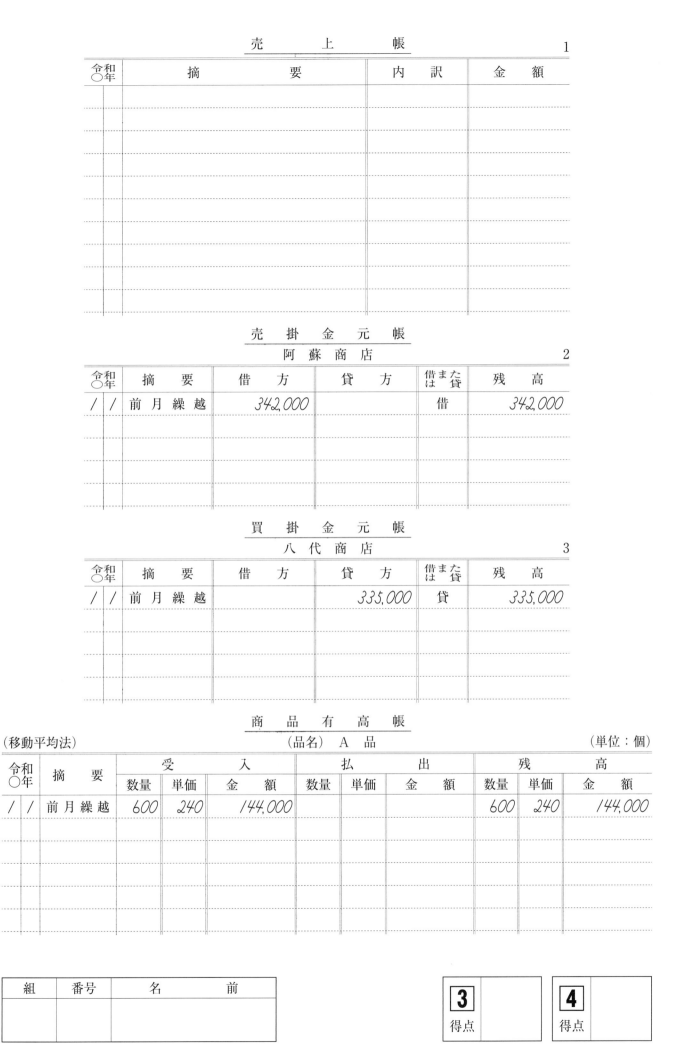

5

精　算　表

令和○年12月31日

勘定科目	残高試算表		整理記入		損益計算書		貸借対照表	
	借方	貸方	借方	貸方	借方	貸方	借方	貸方
現金	3,775,000							
当座預金	2,472,000							
受取手形	2,250,000							
売掛金	2,850,000							
貸倒引当金		100,000						
有価証券	2,900,000							
繰越商品	560,000							
建物	3,450,000							
建物減価償却累計額		2,070,000						
備品	800,000							
備品減価償却累計額		200,000						
支払手形		1,887,000						
買掛金		3,115,000						
借入金		1,632,000						
資本金		8,000,000						
売上		6,992,000						
受取家賃		1,800,000						
受取手数料		40,000						
仕入	5,434,000							
給料	183,000							
発送費	473,000							
支払地代	250,000							
保険料	350,000							
租税公課	50,000							
雑費	35,000							
支払利息	4,000							
	25,836,000	25,836,000						
貸倒引当金繰入								
減価償却費								
有価証券評価(　)								
貯蔵品								
前払保険料								
(　)家賃								
(　)利息								
(　)手数料								
当期純(　)								

6

a	¥	b	¥	c	¥

5 得点		**6** 得点	

2級模擬試験問題　第6回〔解　答　用　紙〕

1

	借　　方	貸　　方
a		
b		
c		

2

(1)

a	¥	b	¥

(2)

a	b

(3)

		借　　方	貸　　方
a	本　　店		
	三重支店		
	愛知支店		
b	本　　店		
	三重支店		
	愛知支店		

1 得点		**2** 得点		**3** 得点		**4** 得点		**5** 得点		**6** 得点	

合計	

組	番号	名　　前

3

ア	¥
イ	¥
ウ	¥
エ	¥

4

(1) (注意) 各勘定の記録は４月末までの合計額で示してある。

総　勘　定　元　帳

現　　金　1

2,150,000	1,300,000

当座預金　2

3,010,200	1,990,600

受取手形　3

980,000	980,000

売　掛　金　4

4,311,500	2,871,300

前　払　金　8

540,000	370,000

支払手形　17

360,000	560,000

買　掛　金　18

2,251,000	3,114,800

売　　上　24

412,500	5,382,100

仕　　入　30

4,089,800	227,300

(2) (注意) 現金出納帳，売掛金元帳，商品有高帳は締め切ること。

現　金　出　納　帳　　9

令和○年		摘　　要	収　入	支　出	残　高
5	1	前　月　繰　越	850,000		850,000

受　取　手　形　記　入　帳

令和○年		摘　要	金　額	手形種類	手形番号	支払人	振出人または裏書人	振出日		満期日		支払場所	てん末 月	日	摘　要

支払手形記入帳

令和○年		摘要	金額	手形種類	手形番号	受取人	振出人	振出日		満期日		支払場所	てん末		
													月	日	摘要
3	30	仕入れ	200,000	約手	10	福島商店	当店	3	30	5	30	東銀行本店			

売掛金元帳

宮城商店　1

令和○年		摘要	借方	貸方	借または貸	残高
5	1	前月繰越	340,000		借	340,000

秋田商店　2

令和○年		摘要	借方	貸方	借または貸	残高
5	1	前月繰越	420,000		借	420,000

商品有高帳

(先入先出法)　(品名) A品　(単位：枚)

令和○年		摘要	受入			払出			残高		
			数量	単価	金額	数量	単価	金額	数量	単価	金額
5	1	前月繰越	60	1,400	84,000				60	1,400	84,000

組	番号	名前

3 得点	

4 得点	

5

(1)

総勘定元帳

損益 31

12/31	仕入	(　　)	12/31	売上	(　　)
〃	給料	(　　)	〃	受取家賃	(　　)
〃	(　　)	(　　)	〃	受取手数料	(　　)
〃	(　　)	(　　)			
〃	広告料	(　　)			
〃	支払地代	(　　)			
〃	保険料	(　　)			
〃	通信費	(　　)			
〃	雑費	(　　)			
〃	支払利息	(　　)			
〃	(　　)	(　　)			
〃	(　　)	(　　)			
		(　　)			(　　)

(2)

貸借対照表に記載する有価証券の金額	¥

6

	借方	貸方
a		
b		
c		

5 得点	

6 得点	

2級模擬試験問題　第7回〔解　答　用　紙〕

1

	借　　　方	貸　　　方
a		
b		
c		

2

(1)

①		②	¥

(2)

a	b

(3)

		借　　　方	貸　　　方
a	本　店		
	支　店		
b	本　店		
	支　店		

1 得点		2 得点		3 得点		4 得点		5 得点		6 得点	

合計	

組	番号	名　　前

3

仕　訳　集　計　表

令和○年/月21日

借　方	元丁	勘定科目	元丁	貸　方
		現　　金		
		普通預金		
		受取手形		
		売掛金		
		受取商品券		
		買掛金		
		借入金		
		売　　上		
		受取家賃		
		受取利息		
		仕　　入		
		給　　料		
		広告料		
		旅　　費		
		消耗品費		
		雑　　費		

（注意）売上勘定の記録は，合計額で示してある。

売　上　20

56,400	9,761,500

4

(1)

総　勘　定　元　帳

現　金　1

1/1	500,000		

当座預金　2

1/1	700,000		

受取手形　3

売掛金　4

1/1	630,000		

仮払金　10

買掛金　17

		1/1	500,000

売　上　24

仕　入　30

発送費　34

(2)（注意）当座預金出納帳，売上帳，売掛金元帳，買掛金元帳は締め切ること。

当座預金出納帳　1

令和○年		摘　要	預　入	引　出	借または貸	残　高
1	1	前月繰越	700,000		借	700,000

売　上　帳

1

令和○年		摘　　要	内　　訳	金　　額

受取手形記入帳

令和○年		摘　要	金　額	手形種類	手形番号	支払人	振出人または裏書人	振出日		満期日		支払場所	てん末		
													月	日	摘　要

売　掛　金　元　帳

横　浜　商　店

1

令和○年		摘　　要	借　　方	貸　　方	借または貸	残　　高
1	1	前月繰越	250,000		借	250,000

買　掛　金　元　帳

横　須　賀　商　店

2

令和○年		摘　　要	借　　方	貸　　方	借または貸	残　　高
1	1	前月繰越		280,000	貸	280,000

組	番号	名　　前

3 得点		4 得点	

5

(1)

貸　借　対　照　表

山形商店　　　令和○年12月31日　　　(単位：円)

資　　　産	金　　額	負債および純資産	金　　額
現　　　金		支　払　手　形	
受　取　手　形（　　　）		買　掛　金	
貸倒引当金（　　　）		（　　　）	
売　掛　金（　　　）		（　　　）	
貸倒引当金（　　　）		前　受　金	
（　　　）		資　本　金	
（　　　）		（　　　）	
貯　蔵　品			
（　　　）			
備　　　品（　　　）			
減価償却累計額（　　　）			

(2)

売　上　総　利　益　¥

6

	借　　方	貸　　方
a		
b		
c		

5 得点	

6 得点	

2級模擬試験問題　第8回〔解　答　用　紙〕

1

	借　　方	貸　　方
a		
b		
c		

2

(1)

a	¥	b	有価証券（売却益・売却損）¥

(2)

ア	イ	ウ

(3)

a	¥	b	¥

1 得点		**2** 得点		**3** 得点		**4** 得点		**5** 得点		**6** 得点	

合計	

組	番号	名　　前

3

(1) 仕　訳　集　計　表

令和○年/月/9日

借　　方	元丁	勘定科目	元丁	貸　　方
		現　　　金		
		当　座　預　金		
		受　取　手　形		
		売　掛　金		
		備　　　品		
		支　払　手　形		
		買　掛　金		
		借　入　金		
		売　　　上		
		受　取　家　賃		
		仕　　　入		
		給　　　料		
		修　繕　費		
		発　送　費		
		支　払　利　息		

(2)

総勘定元帳に転記後の 仕入勘定の残高	¥

4

(1) 総　勘　定　元　帳

現　金　1

1/1	650,000		

当座預金　2

1/1	1,450,000		

受取手形　3

1/1	240,000		

売　掛　金　4

1/1	750,000		

支払手形　16

		1/1	350,000

買　掛　金　17

		1/1	440,000

前　受　金　20

		1/1	360,000

売　上　24

仕　入　30

(2) (注意) 各帳簿は締め切ること。

当　座　預　金　出　納　帳　　1

令和○年		摘　　　要	預　　入	引　　出	借または貸	残　　高
/	/	前　月　繰　越	1,450,000		借	1,450,000

仕　入　帳

1

令和○年		摘　要	内　訳	金　額

売　掛　金　元　帳

郡　山　商　店

1

令和○年		摘　要	借　方	貸　方	借または貸	残　高
1	1	前月繰越	600,000		借	600,000

買　掛　金　元　帳

い　わ　き　商　店

1

令和○年		摘　要	借　方	貸　方	借または貸	残　高
1	1	前月繰越		300,000	貸	300,000

商　品　有　高　帳

(先入先出法)　　(品名)　C　品　　(単位：個)

令和○年		摘　要	受入			払出			残高		
			数量	単価	金　額	数量	単価	金　額	数量	単価	金　額
1	1	前月繰越	450	1,200	540,000				450	1,200	540,000

組	番号	名　前

3 得点	

4 得点	

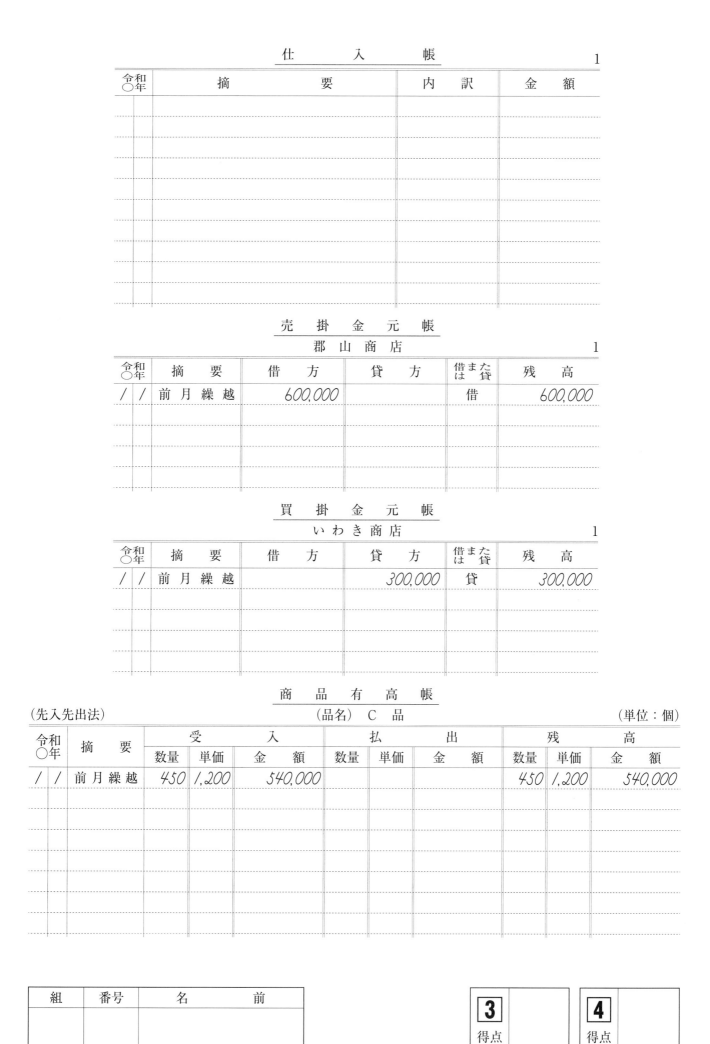

5

(1)

損　益　計　算　書

徳島商店　　令和○年 1 月 1 日から令和○年 12 月 31 日まで　　(単位：円)

費用	金額	収益	金額
売上原価		売上高	
給料		受取家賃	
(　　　)		受取手数料	
(　　　)		(　　　)	
発送費			
支払地代			
保険料			
租税公課			
雑費			
支払利息			
(　　　)			
(　　　)			

(2)

建物の帳簿価額　¥

6

	借方	貸方
a		
b		
c		

5 得点		**6** 得点	

2級模擬試験問題　第9回〔解　答　用　紙〕

1

	借　　方	貸　　方
a		
b		
c		

2

(1)

a	¥	b	¥

(2)

ア	イ	ウ

(3)

		借　　方	貸　　方
a	本　　店		
	岡山支店		
	山口支店		
b	本　　店		
	岡山支店		
	山口支店		

1 得点	2 得点	3 得点	4 得点	5 得点	6 得点

合計	

組	番号	名　　前

3

仕訳集計表

令和○年1月20日

借方	元丁	勘定科目	元丁	貸方
		現金		
		当座預金		
		受取手形		
		売掛金		
		従業員立替金		
		備品		
		支払手形		
		買掛金		
		売上		
		受取家賃		
		受取利息		
		仕入		
		広告料		
		交通費		
		消耗品費		
		支払手数料		
		雑費		

（注意）現金勘定の記録は，残高で示してある。

現金 1

借方	貸方
4,530,000	

4

(1)

総勘定元帳

現金 1

1/1 690,000	

当座預金 2

1/1 2,500,000	

受取手形 3

売掛金 4

1/1 750,000	

前払金 8

1/1 200,000	

支払手形 17

	1/10 500,000

買掛金 18

	1/1 1,050,000

売上 24

仕入 30

1/10 500,000	

(2) （注意）現金出納帳，売掛金元帳，買掛金元帳，商品有高帳は締め切ること。

現金出納帳

1

令和○年		摘要	収入	支出	残高
1	1	前月繰越	690,000		690,000

受取手形記入帳

令和○年		摘要	金額	手形種類	手形番号	支払人	振出人または裏書人	振出日		満期日		支払場所	てん末		
													月	日	摘要

支払手形記入帳

令和○年		摘要	金額	手形種類	手形番号	受取人	振出人	振出日		満期日		支払場所	てん末		
													月	日	摘要
1	10	仕入れ	500,000	約手	12	岐阜商店	当店	1	10	1	31	東銀行本店			

売掛金元帳

福島商店　　2

令和○年		摘要	借方	貸方	借または貸	残高
1	1	前月繰越	430,000		借	430,000

買掛金元帳

富山商店　　2

令和○年		摘要	借方	貸方	借または貸	残高
1	1	前月繰越		220,000	貸	220,000

商品有高帳

(移動平均法)　(品名) A 品　(単位：枚)

令和○年		摘要	受入			払出			残高		
			数量	単価	金額	数量	単価	金額	数量	単価	金額
1	1	前月繰越	60	2,000	120,000				60	2,000	120,000

組	番号	名前

3 得点	

4 得点	

5

(1)

繰越試算表

令和○年12月31日

借方	勘定科目	貸方
	現金	
	当座預金	
	受取手形	
	売掛金	
	貸倒引当金	
	有価証券	
	繰越商品	
	建物	
	建物減価償却累計額	
	備品	
	備品減価償却累計額	
	貯蔵品	
	前払保険料	
	(　　)手数料	
	支払手形	
	買掛金	
	借入金	
	(　　)家賃	
	(　　)利息	
	資本金	

(2)

当期純利益 ¥

6

a	¥	b	¥	c	¥

5 得点		6 得点	

2級模擬試験問題　第10回〔解　答　用　紙〕

1

	借　　　方	貸　　　方
a		
b		
c		

2

(1)

a	¥	b	¥

(2)

ア	イ	ウ

(3)

		借　　　方	貸　　　方
a	本　店		
	支　店		
b	本　店		
	支　店		

1 得点		**2** 得点		**3** 得点		**4** 得点		**5** 得点		**6** 得点	

合計	

組	番号	名　　前

3

(1)

仕訳集計表

令和○年/月/4日

借方	元丁	勘定科目	元丁	貸方
		現金		
		当座預金		
		受取手形		
		売掛金		
		備品		
		支払手形		
		買掛金		
		前受金		
		売上		
		受取手数料		
		仕入		
		給料		
		広告料		
		旅費		
		租税公課		
		支払手数料		
		雑費		

(2)

総勘定元帳に転記後の売掛金勘定の残高	¥

4

(1)

総勘定元帳

現金 1

1/1 700,000	

当座預金 2

1/1 1,450,000	

受取手形 3

1/1 350,000	

売掛金 4

1/1 800,000	

仮払金 9

買掛金 17

	1/1 400,000

売上 24

仕入 30

手形売却損 38

(2) (注意) 各帳簿は締め切ること。

当座預金出納帳

1

令和○年		摘要	預入	引出	借または貸	残高
1	1	前月繰越	1,450,000		借	1,450,000

仕　入　帳　　1

令和○年		摘　要	内　訳	金　額

売　掛　金　元　帳

日　田　商　店　　3

令和○年		摘　要	借　方	貸　方	借または貸	残　高
1	1	前月繰越	400,000		借	400,000

買　掛　金　元　帳

佐　伯　商　店　　2

令和○年		摘　要	借　方	貸　方	借または貸	残　高
1	1	前月繰越		200,000	貸	200,000

商　品　有　高　帳

(移動平均法)　　(品名)　A　品　　(単位：個)

令和○年		摘　要	受入 数量	受入 単価	受入 金額	払出 数量	払出 単価	払出 金額	残高 数量	残高 単価	残高 金額
1	1	前月繰越	250	960	240,000				250	960	240,000

組	番号	名　前

3 得点	

4 得点	

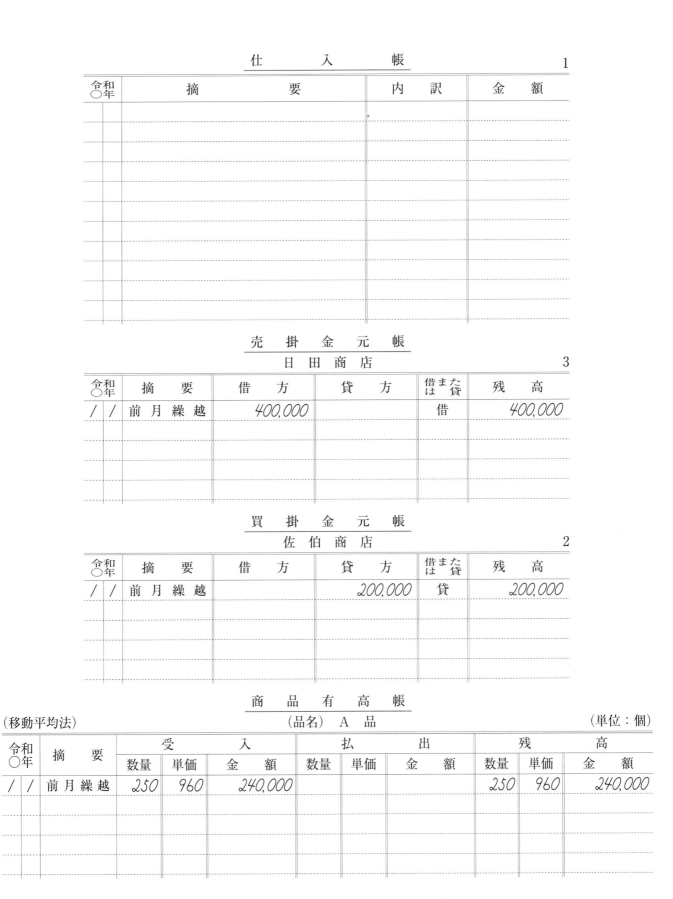

5

(1)

損益計算書

香川商店　　令和○年1月1日から令和○年12月31日まで　　(単位：円)

費用	金額	収益	金額
売上原価		売上高	
給料		受取地代	
(　　)		固定資産売却益	
(　　)			
発送費			
支払家賃			
保険料			
租税公課			
雑費			
支払利息			
(　　)			
(　　)			

(2)

貸借対照表に記載する商品の金額	¥

6

	借方	貸方
a		
b		
c		

5 得点	

6 得点	

公益財団法人 全国商業高等学校協会主催・文部科学省後援

第95回 簿記実務検定 2級 商業簿記 〔解答用紙〕

1

	借 方	貸 方
a		
b		
c		

2

(1)

a	¥	b	¥

(2)

a	b

(3)

	借 方	貸 方
a		
b		

1 得点		2 得点		3 得点		4 得点		5 得点	
6 得点		総得点							

試験場校	受験番号

3

仕訳集計表
令和○年1月16日

借　方	元丁	勘定科目	元丁	貸　方
		現　金		
		当座預金		
		売掛金		
		買掛金		
		借入金		
		未払金		
		売　上		
		仕　入		
		広告料		
		消耗品費		
		水道光熱費		
		雑　費		

（注意）当座預金勘定の記録は，合計額で示してある。

当座預金　2

借方	貸方
8,493,600	4,710,200

4

(1)

総勘定元帳

現　金　1

借方	貸方
1/1　619,200	

当座預金　2

借方	貸方
1/1　2,743,500	

受取手形　5

借方	貸方
1/1　767,000	

売掛金　6

借方	貸方
1/1　1,721,000	
8　835,000	

前払金　8

借方	貸方
1/1　200,000	

支払手形　17

借方	貸方
	1/1　524,000

買掛金　18

借方	貸方
	1/1　1,185,000

売　上　24

借方	貸方
	1/8　835,000

仕　入　30

借方	貸方

(2) （注意）各帳簿は締め切ること。

当座預金出納帳　1

令和○年		摘　要	預　入	引　出	借または貸	残　高
1	1	前月繰越	2,743,500		借	2,743,500

売　上　帳

1

令和○年		摘　要		内　訳	金　額
1	8	亀山商店	掛け		
		A品　700個　@￥800		560,000	
		C品　500〃　〃　〃550		275,000	835,000

売　掛　金　元　帳

亀　山　商　店

1

令和○年		摘　要	借　方	貸　方	借または貸	残　高
1	1	前月繰越	924,000		借	924,000
	8	売り上げ	835,000		〃	1,759,000

商　品　有　高　帳

(先入先出法)　　品名　B品　　単位：個

令和○年		摘　要	受入			払出			残高		
			数量	単価	金　額	数量	単価	金　額	数量	単価	金　額
1	1	前月繰越	300	500	150,000				300	500	150,000

3 得点		4 得点	

5

(1)

貸借対照表

滋賀商店　　令和○年12月31日　　(単位：円)

資産	金額	負債および純資産	金額
現金		支払手形	
当座預金		買掛金	
受取手形 (　　)		借入金	
貸倒引当金 (　　)		所得税預り金	
売掛金 (　　)		(　　)	
貸倒引当金 (　　)		営業外支払手形	
(　　)		資本金	7,265,000
商品		当期純利益	
(　　)			
(　　)			
備品 (　　)			
減価償却累計額 (　　)			
土地			

(2)

¥

6

	借方	貸方
a		
b		
c		

5 得点	

6 得点	

公益財団法人 全国商業高等学校協会主催・文部科学省後援

第96回 簿記実務検定 2級 商業簿記〔解答用紙〕

1

	借方	貸方
a		
b		
c		

2

(1)

①		②	￥

(2)

a	b

(3)

	借方	貸方
a		
b		

1 得点		2 得点		3 得点		4 得点		5 得点	

6 得点		総得点	

試験場校	受験番号

3

ア	¥
イ	¥
ウ	¥
エ	¥

4

(1) (注意) 各勘定の記録は５月末までの合計額で示してある。

総　勘　定　元　帳

現　金　1

323,200	272,000

当座預金　2

408,100	240,600

売掛金　4

684,100	489,400

前払金　7

131,200	98,400

支払手形　16

76,500	253,000

買掛金　17

69,000	281,300

売　上　21

8,700	741,100

仕　入　28

546,000	13,000

(2) (注意) 当座預金出納帳, 買掛金元帳, 商品有高帳は締め切ること。

当　座　預　金　出　納　帳　　12

令和○年		摘要	預入	引出	借または貸	残高
6	1	前月繰越	167,500		借	167,500

支払手形記入帳

令和○年		摘要	金額	手形種類	手形番号	受取人	振出人	振出日		満期日		支払場所	てん末		
													月	日	摘要
4	30	仕入れ	147,900	約手	18	府中商店	当店	4	30	6	30	南銀行本店			
5	15	仕入れ	28,600	約手	19	福山商店	当店	5	15	7	15	南銀行本店			

買掛金元帳

府中商店 1

令和○年		摘要	借方	貸方	借または貸	残高
6	1	前月繰越		82,900	貸	82,900

福山商店 2

令和○年		摘要	借方	貸方	借または貸	残高
6	1	前月繰越		90,000	貸	90,000

商品有高帳

(移動平均法) 品名 A品 単位：個

令和○年		摘要	受入			払出			残高		
			数量	単価	金額	数量	単価	金額	数量	単価	金額
6	1	前月繰越	10	1,960	19,600				10	1,960	19,600

3 得点		4 得点	

5

(1)

損　益　計　算　書

沖縄商店　　令和○年1月1日から令和○年12月31日まで　　(単位：円)

費　用	金　額	収　益	金　額
(　　　)		売上高	
給料		受取地代	
貸倒引当金繰入		有価証券売却益	
(　　　)		(　　　)	
支払家賃			
保険料			
通信費			
雑費			
支払利息			
(　　　)			

(2)

¥

6

	借　方	貸　方
a		
b		
c		

5 得点		6 得点	